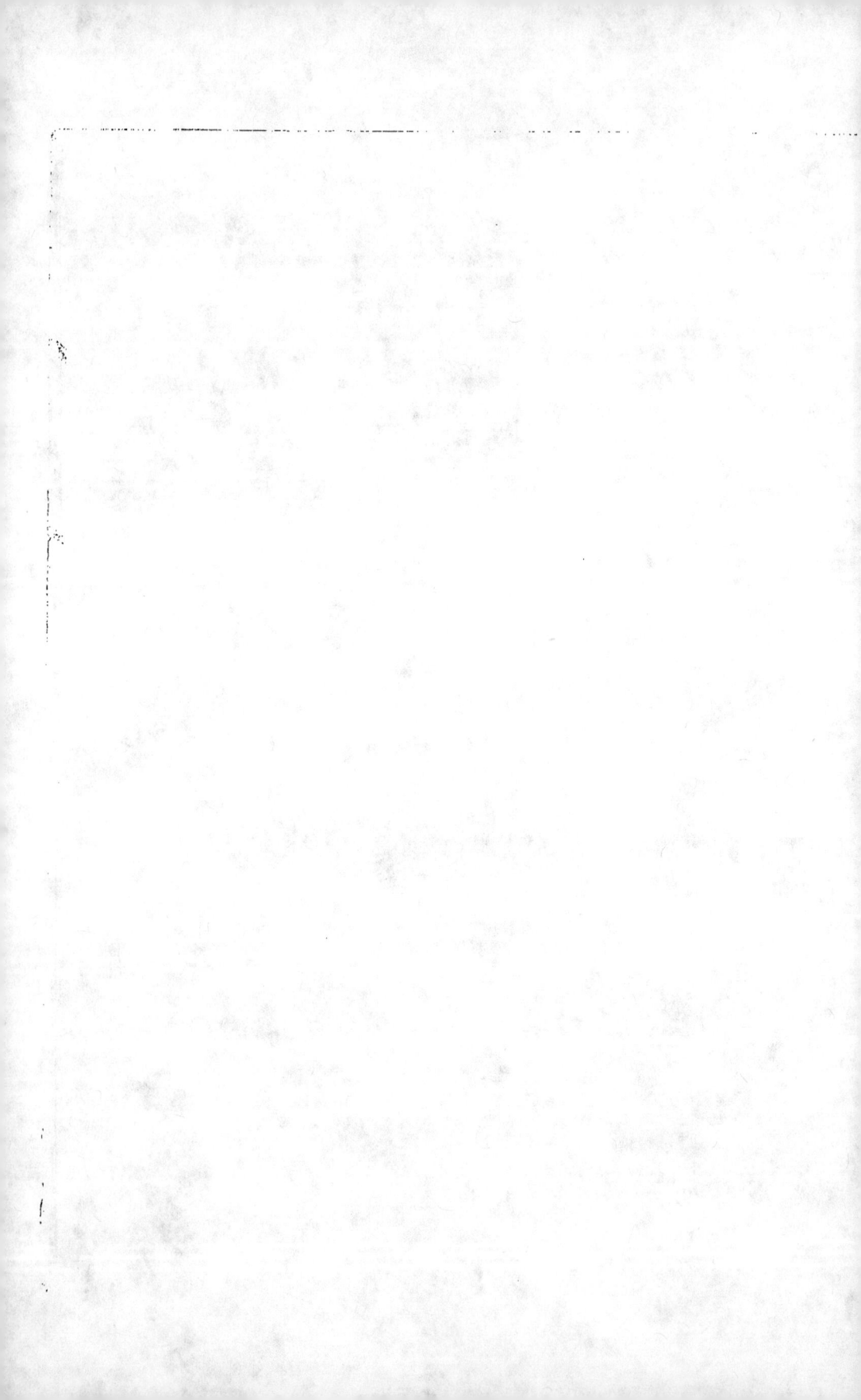

L'ART

DE CONNOISTRE

LES HOMMES.

PREMIERE PARTIE.

Où sont contenus

LES DISCOVRS PRELIMINAIRES
qui seruent d'Introduction
à cette Science.

Par le Sieur DE LA CHAMBRE, Conseiller du Roy
en ses Conseils, & son Medecin Ordinaire.

A PARIS,

Chez P. R o c o l e t, Imprimeur & Libraire ordinaire
du Roy; Au Palais, en la Gallerie des Prisonniers,
aux Armes du Roy & de la Ville.

M. DC. LIX.
Auec Priuilege de sa Majesté.

A MONSEIGNEVR
MONSEIGNEVR
FOVCQVET,
PROCVREVR GENERAL,
SVR-INTENDANT
DES FINANCES,
ET MINISTRE D'ESTAT.

ONSEIGNEVR,

*Voicy l'Entrée & le Frontispice du plus
grand & du plus hardy dessein qui se soit*

ã ij

EPISTRE.

peut-estre iamais entrepris dans l'Empire
des Lettres, & qui sans doute, s'il estoit
bien executé, seroit le plus digne Present
que l'on vous pûst faire, & le plus conforme à cette Grandeur d'Ame qui vous est
naturelle, & à ces nobles Passions que vous
auez pour toutes les grandes choses. Ce
dessein, MONSEIGNEVR, est la
Connoissance generale de tous les Hommes;
c'est l'Art qui apprend à decouurir leurs
plus secretes Inclinations, les Mouuemens
de leur Ame, leurs Vertus & leurs Vices.
Ie ne croy pas qu'on vous puisse rien pre-
senter qui vous doiue estre plus agreable ny
plus auantageux que le moyen qui peut
vous faire connoistre les autres & vous faire connoistre aux autres. Ie ne parle pas
de cette Connoissance publique qui frappe
les yeux du peuple, & qui est ordinairement masquée; mais de celle que donne la
vie priuée, le cabinet, & le fonds du

Cœur. Car bien qu'il y ait peu de perſonnes qui vouluſſent eſtre connuës ainſy, ie ſuis tellement perſuadé que vous eſtes de ce nombre, qu'il m'a ſemblé que vous eſtiez preſque le ſeul à qui ie pouuois dédier vn Ouurage de cette nature, ſans crainte de luy déplaire. Ie ſçay bien que voſtre modeſtie s'oppoſera à tous ces ſentimens : Mais ie penſe, MONSEIGNEVR, que vous ne l'en deuez pas croire, puiſque vous ſçauez bien que c'eſt vne vertu qui eſt ialouſe de toutes celles qui ont de l'éclat & qui eſt ſouuent injurieuſe au public en le priuant des plus beaux exemples qui le peuuent inſtruire. Apres tout quelque ſeuerité qu'elle ait, elle doit eſtre bien aiſe que l'Art que ie mets au iour la décharge des reproches qu'on luy peut faire, & que ſans bleſſer ſes maximes il découure des veritez qu'elle veut tenir cachées & qui doiuent eſtre connuës de tout le monde. Ce n'eſt pas neantmoins la ſeule

ã iij

raiſon qui m'a engagé à vous l'offrir; Outre
que i'ay penſé m'acquiter par là d'vne partie des obligations que ie vous ay ; ie me
ſuis apperceu que ce que i'auois eu enuie
de faire par reconnoiſſance, i'eſtois obligé
de le faire par neceſſité, & que ie ne pouuois ſans vous, ny acheuer vn ſi long &
ſi penible trauail, ny en attendre meſme
aucune eſtime dans le monde. Vous ſçauez,
MONSEIGNEVR, qu'il ne ſuffit pas à
vn Artiſan de ſçauoir parfaitement l'Art
qu'il veut enſeigner ſi l'on n'en eſt perſuadé,
& s'il n'en a fait quelques experiences. Ne
deuois-je donc pas en voulant àprendre aux
autres l'Art de connoiſtre les Hommes,
faire voir au public que ie n'en ignore pas la
practique, & que le choix que i'ay fait en
eſt vne preuue indubitable. Outre cela,
MONSEIGNEVR, combien m'al-
lez-vous abreger de temps & de matieres ?
De combien de peines & de difficultez m'al-

EPISTRE.

lez-vous décharger? I'ay à décrire les Paſſions & les Vices, les Inlinations & les
Vertus communes; cela ne me ſera pas mal-
aiſé à faire ayant tant d'exemples qui me
pourront ſeruir de modelles. Mais quand il
me faudra parler de ces Vertus extraordinaires qui ont fait autrefois les Heros &
qui ne ſont preſque plus en vſage, ie n'ay garde d'entreprendre vne choſe ſi difficile, ie ren-
uoyeray ceux qui s'en voudront inſtruire,
à l'Inſcription de mon Ouurage qui leur
apprendra; Que dans le Siecle le plus vicieux qui fut iamais, il s'eſt encore trouué
vn Homme qui fait des actions dignes des
temps Heroïques: Qui a ioint la Magnifi-
cence auec la Moderation, la Liberalité
auec le Ménage, l'amour des beaux Arts
auec le ſoin des grandes Affaires: Qui enfin
a fermé la bouche à l'Enuie & à la Medi-
ſance, & l'a ouuerte à tout le monde pour
publier ſa Generoſité, ſa Douceur, ſa Fide-

EPISTRE.

lité, & pour faire des vœux au Ciel que la France puisse joüir long-temps de tant de qualitez illustres. C'est là, MONSEI-GNEVR, la derniere perfection que mon dessein attend de vous, & l'artifice dont ie me veux seruir pour imiter les Tableaux de ce Peintre ingenieux qui occupoient moins les yeux que l'esprit & qui donnoient à penser plus de choses qu'ils n'en represen-toient. Ie laisseray par ce moyen à l'Imagina-tion de mes Lecteurs la liberté de conceuoir ce que ie n'auray pû exprimer: Et peut-estre que vous mesme aurez la bonté de faire vn semblable jugement des actions de graces que ie tasche de vous rendre, & de la pas-sion que i'ay d'estre toute ma vie,

MONSEIGNEVR,

Vostre tres-humble, tres-obeis-
sant, & tres-obligé seruiteur,
LA CHAMBRE.

TABLE.

ẽ

TABLE.

TABLE.

ē ij

TABLE.

Ch. **D**Es Vertus & des Vices dont cét Art peut iu-
V.   ger.   238

TABLE.

LIVRE II.

TABLE.

TABLE.

TABLE.

Fin de la Table.

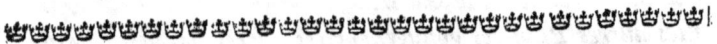

♛♛♛♛♛♛♛♛♛♛♛♛♛♛♛♛♛♛♛♛♛♛♛♛♛♛♛♛♛♛

E R R A T A.

PAge 1.   ligne 9.   fonds,   *liſez* fond.
Pag. 28.   lig. 1.   pour,   *liſez* par.
Pag 33.   lig. 14.   propoſée,   *liſ.* propoſé.
Pag. 50.   lig. 18.   tous,   *liſ.* toutes.
Pag. 71.   lig. 10.   qu'elle fait,   *liſ.* qu'elle la fait.
Pag. 209: lig. 15.   que des,   *liſ.* que de.
Pag. 233. lig. 3.   toutes,   *liſ.* & toutes.
Pag. 406. lig. 2.   quoy,   *liſ.* pourquoy.
Pag. 427. lig. 5.   qu'il ait,   *liſ.* qu'il y ait.
Pag. 461. lig. 9.   21.   *liſ.* 22.

De l'Imprimerie de P. ROCOLET, Imprimeur &
Libraire ordinaire du Roy & de la Maiſon
de Ville ; Au Palais. 1659.

PREFACE.

Où il est parlé de l'Excellence de l'Art
de connoistre les hommes, &
du dessein de l'Autheur.

ELVY-là n'auoit pas raison, qui se plaignoit autrefois, de ce que la Nature n'auoit pas mis vne fenestre au deuant du Cœur, pour voir les pensées & les desseins des hommes. Non seulement parce que ce sont des choses qui ne tombent pas sous les sens, & que quand les yeux verroient tout le fonds & tous les replis du Cœur, ils n'y pourroient rien remarquer qui leur en donnast la moindre cónoissance. Mais encore parce que la Na-

A

ture a pourueu à cette découuerte , & a
trouué des moyens plus certains pour la
faire, que n'euſt eſté cette eſtrange ouuerture que Momus s'eſtoit imaginée.

Car elle n'a pas ſeulement donné à l'Homme la voix & la langue, pour eſtre les in-
terpretes de ſes penſées ; Mais dans la deffiance qu'elle a euë qu'il en pouuoit abuſer , elle a fait encore parler ſon front & ſes
yeux pour les démentir quand elles ne ſeroient pas fidelles. En vn mot elle a répandu toute ſon ame au dehors , & il n'eſt
point beſoin de feneſtre pour voir ſes mouuemens , ſes inclinations & ſes habitudes,
puis qu'elles paroiſſent ſur le viſage , &
qu'elles y ſont écrites en characteres ſi vi-
ſibles & ſi manifeſtes.

Ce ſont ces Characteres-là dont nous
auons deſſein de former le plus grand & le
plus vtile Ouurage qui ait peut-eſtre iamais eſté entrepris ; où les plus belles & les
plus neceſſaires connoiſſances que l'homme puiſſe acquerir ſont contenuës ; où enfin on peut trouuer le ſecret & la perfectió
de la Sageſſe & de la Prudence humaine.

On ne doutera pas de ces hautes promeſſes quand on ſçaura que c'eſt l'Art de
Connoistre les Hommes que nous
entreprenons , qui doit apprendre à chacun à ſe connoiſtre ſoy-meſme , en quoy
conſiſte le haut poinct de la Sageſſe , & à
connoiſtre les autres , qui eſt le chef-d'œuure de la Prudence.

En effet le ſecret de la Sageſſe conſiſte
à ſçauoir ce que l'on eſt , ce que l'on peut ,
& ce que l'on doit faire ; Et celuy de la
Prudence , à connoiſtre auſſi ce que ſont
les autres , ce qu'ils peuuent & ce qu'ils
deſirent. Y a-t-il aucune connoiſſance qui
doiue eſtre plus agreable & plus vtile que
celles-là , & celuy qui les auroit acquiſes
ne ſe pourroit-il pas vanter de jouïr des
plus grands auantages qui ſe puiſſent trouuer dans la vie ?

Cependant l'Art de connoiſtre les hommes enſeigne toutes ces choſes. Car quoy
qu'il ſemble n'auoir autre but que de découurir les Inclinations , les Mouuemens
de l'ame , les vertus & les vices qui ſont en
autruy ; ſi eſt-ce qu'il apprend en meſme

temps à chacun à les reconnoiſtre en ſoy-
meſme , & à en faire des iugemens plus iuſtes & plus finceres, que s'il les confideroit
d'abord en ſa perſonne.

Oüy ſans doute , nous ne ſçaurions bien
nous connoiſtre par nous-meſmes, & l'ame
reſſemble en cela à noſtre viſage, qu'elle ne
ſe peut voir que dans les miroirs non plus
que luy. Si elle entreprend de ſe regarder
autrement , la peine qu'elle a de ſe replier
ſur ſoy la rebute & la laſſe , & l'amour propre corrompt tous les iugemens qu'elle
fait d'elle meſme.

Certainement vn homme en colere ne
peut faire vn iugement equitable de ſa paſſion , qui toute furieuſe qu'elle puiſſe eſtre
penſe toûjours auoir le droit & la iuſtice
de ſon coſté. Vn auare croit que ſes ſoins
les plus ſordides ſont des effets de la prudence & de la neceſſité. En vn mot toutes nos inclinations & nos habitudes
nous plaiſent , toutes nos paſſions nous
ſemblent raiſonnables. Qui pourroit donc
les ſentir & les condamner eſtant ſoû-
tenuës du plaiſir & de l'apparence de la

raiſon , qui ſont les deux plus grands
corrupteurs de nos ſentimens ? Pour ſçauoir les deffauts qu'elles ont , il les faut
voir en autruy, c'eſt vn miroir qui ne flat-
te point; Et quoy que ceux dont nous nous
ſeruons repreſentent des Images qui s'effacent incontinant de la memoire, il n'en eſt
pas de meſme de celuy-cy qui fait des portraits conſtans & durables , & dont on
perd rarement le ſouuenir. Enfin c'eſt vne
choſe certaine,qu'il n'y a point de meilleur
moyen pour apprendre ce que l'on eſt, que
de s'eſtudier dans les autres.

   C'eſt donc ainſi que l'Art que nous enſeignons eſt capable de donner la connoiſſance de ſoy-meſme. Mais comme elle eſt
de deux ſortes, l'vne Phyſique & Naturelle,qui examine la compoſition de l'homme, la nature des facultez de l'ame, & l'œ-
conomie admirable qui ſe trouue dans
leurs fonctions ; l'autre Morale qui regarde les mœurs , & qui fait connoiſtre
les Inclinations, les Paſſions, les vertus &
les vices: Il eſt vray qu'il n'entreprend pas
de donner la premiere en toute l'eſtenduë

        A iij

qu'elle peut auoir; il en laiſſe l'entiere &
l'exacte recherche à la Medecine & à la
Philoſophie. Mais comme il eſt obligé
d'examiner à fonds les choſes qui regardent les Mœurs, il eſt impoſſible qu'en
cherchant leurs cauſes, & la maniere dont
elles ſe forment dans l'ame, il ne faſſe entrer en ſon deſſein la plus belle & la plus
curieuſe partie de la Phyſique, & qu'en
parlant de la Conformation des parties, des
Temperamens, des Eſprits & des Humeurs,
des Inclinations, des Paſſions & des Habitudes, il ne découure ce qu'il y a de plus
caché dans le corps & dans l'ame.

JE dis bien dauantage, par toutes ces
connoiſſances il éleue l'eſprit iuſques au
Souuerain Createur de l'Vniuers. Car luy
faiſant voir les miracles ſans nombre qui
ſe trouuent dans l'homme, il le porte in-
ſenſiblement à glorifier l'Autheur de tant
de merueilles, & le conduit ainſi à la fin à
laquelle il eſt deſtiné.

En effet, quand il ne conſidereroit que la
ſtructure du corps humain, ne ſeroit-il pas

rauy d'eſtonnement, de voir l'ordre & la ju-
ſteſſe de tous les reſſorts qui font mouuoir
cette admirable machine? Et l'art inimi-
table qui y eſt caché, ne luy découuriroit-il
pas la main qui y a trauaillé, & l'intelligence du grand Maiſtre qui en a fait le deſſein?

Mais s'il vouloit porter ſes penſées plus
haut & penetrer dans les ſecrets de l'ame,
y chercher la maniere dont elle connoiſt
les choſes, comment elle ſe meut, & combien de mouuemens elle ſe donne à elle-
meſme: Quel excez de rauiſſement ne luy
cauſeroit pas la connoiſſance de tant de
merueilles? Quels ſentimens n'auroit-il
pas de la Bonté & de la Sageſſe de Dieu,
qui a logé tant de vertus en vn ſi petit eſpace, & qui n'a pas ſeulement racourcy
toutes les creatures dans l'Homme; mais
qui s'y eſt voulu abreger luy-meſme?

Car pour ne parler point de nos Myſte-
res ineffables, & pour demeurer dans les
bornes de la nature, l'Inclination qu'il luy
a donnée pour toutes ſortes de biens; la Lumiere dont il l'a eſclairé pour connoiſtre
toutes choſes, ne ſont-ce pas les effuſions

de ſa Bonté & de ſa Sageſſe infinie ? Mais ce
qui eſt le plus eſtonnant, n'a-t'il pas ren-
fermé dans l'eſprit humain, qui eſt finy , &
borné , toute l'eſtenduë & l'infinité de ſa
Puiſſance ? Et par vn miracle qui n'eſt preſque pas conceuable, ne luy a-t'il pas donné le pouuoir de créer toutes choſes comme luy ? Car enfin ſi l'entendement produit & crée en quelque ſorte les images
& les portraits des choſes qu'il connoiſt ,
il faut puiſqu'il a la puiſſance de les connoiſtre toutes , qu'il les crée auſſi toutes à
ſa maniere , & qu'il ſoit par conſequent
le Createur d'vn nouueau monde , ou du
moins le Copiſte de tous les Ouurages de
Dieu. Oüy ſans doute , quand il penſe au
Soleil, il faut qu'il faſſe en luy-meſme vn
autre Soleil : Il faut qu'il faſſe ainſi les Eſtoiles , les Cieux, les Elemens, en vn mot tout
ce qui eſt en l'Vniuers.

Mais ſi Dieu a fait vn miracle , en donnant vn pouuoir infiny à vne choſe bornée, il en a fait encore vn autre en joignant
la grandeur & la puiſſance auec la miſere &
la foibleſſe. Car il eſt certain que de toutes

tes les Creatures , il n'y en a point qui ſoit
ſujette à tant d'infirmitez & de miſeres que
l'Homme : Elles naiſſent meſme de ſes
auantages ; & s'il n'auoit la fecondité d'eſprit , & la delicate compoſition du corps
qu'il a , il ne ſeroit pas ſi malheureux ny ſi
miſerable qu'il eſt. De ſorte qu'on peut dire , que c'eſt par luy ſeul qu'il faut decider
ce fameux problême qu'on a tant de fois
propoſé , pour ſçauoir quelle eſt la choſe
du monde qui eſt tout enſemble la plus
grande & la plus petite.

Il n'a donc qu'à ſe contempler ſoy-meſme , pour entrer dans la connoiſſance qu'il
doit auoir de la Diuinité , & pour y trouuer des ſujets eternels de loüanges, de reſ-
pects, & d'actions de graces qu'il eſt obligé
de luy rendre à tous momens.

Ce ſont-là les hautes leçons que donne
l'Art de connoiſtre les hommes. Mais quand
on le voudroit reduire à celles qu'il employe, pour découurir les inclinations, les
mœurs & les deſſeins d'autruy , il faudroit
toûjours confeſſer, que c'eſt le guide le plus

affeuré que l'on puiffe prendre pour fe conduire dans la vie Ciuile , & que celuy qui
s'en voudra feruir, pourra éuiter mille fau-
tes & mille dangers, où il eft en hazard de
tomber à tous momens. Il ne faut point
de raifons pour perfuader vne chofe fi claire, puis qu'il eft certain, que fi cét Art peut
exccuter ce qu'il promet , il n'y a gueres
d'actions dans la vie où il ne foit neceffaire:
l'Inftitution des enfans , le choix des ferui-
teurs , des amis , des compagnies ne fe peuuent bien faire fans luy. Il montre l'occa-
fion & les momens fauorables où l'on doit
agir, où l'on doit parler ; il apprend la maniere dont on le doit faire ; Et s'il faut in-
fpirer vn confeil, vne paffion , vn deffein,
il fçait tous les paffages qui les peuuent faire entrer dans l'ame. Enfin fi l'on doit fuiure l'aduis du Sage, qui deffend de conuer-
fer auec vn homme colere & vn enuieux,
& de fe trouuer dans la compagnie des
meſchans , qui peut nous fauuer de ces
mauuaifes rencontres que l'Art dont nous
parlons ? Car la connoiffance que l'on peut
auoir des hommes eft trompeufe , fi on fe

regle par la reputation qu'ils ont ; & peril-
leuſe, ſi on la doit acquerir par la practique :
De ſorte qu'il n'y a que celle qu'il promet
de donner qui ſoit ſans fraude & ſans peril.

Mais il ne faut pas s'imaginer comme
quelques-vns ſans doute le pourront faire
d'abord : Que cét Art ne ſoit autre choſe
que la Phyſionomie, & que ſon pouuoir
ne s'eſtende pas plus loin qu'à faire connoiſtre les inclinations preſentes, & tirer
de là quelques legeres conjectures pour les
vertus & pour les vices. Car outre qu'il
fait tout cela comme elle, & qu'il le fait
auec bien plus d'exactitude, comme on verra cy-aprés : Il pretend de paſſer bien plus
auant, puis qu'il promet de marquer encore les inclinations & les paſſions paſſées
& à venir, la force & la foibleſſe des eſprits,
les diſpoſitions qu'ils ont à certains arts &
à certaines Sciences ; Les habitudes qu'ils
ont acquiſes : Et ce qui eſt de plus impor-
tant, il apprend à découurir les deſſeins
cachez, les actions ſecretes, & les autheurs
inconnus des actions connuës. Enfin il n'y
a point de diſſimulation ſi profonde où il

ne croye pouuoir penetrer, & à qui il ne
pretende oster la plus grande partie des
voiles dont elle se couure.

Or parceque toutes ces choses se peuuent reduire à quatre principales ; à sçauoir aux Inclinations, aux Mouuemens de
l'ame, aux Vertus & aux Vices, il est obligé, auant que de passer plus outre, de nous
dire premierement ce que c'est que l'Inclination, quelles en sont les causes, & comment elles se forment dans l'Ame. En 2. lieu,
cóment l'ame se meut, & en combien de façons elle se peut mouuoir, & mesme comment & pourquoy elle fait mouuoir le
cœur & les esprits dans les passions ; Enfin
en quoy consiste la vertu & le vice, & quel
est le nombre des especes de l'vn & de l'autre dont il peut faire iugement.

Mais encore, puis qu'il doit marquer l'excez & le deffaut qui se trouuent en toutes
ces choses, & montrer celles qui sont & ne
sont pas conuenables à la nature de l'homme en general ; mais aussi à chaque sexe, à
chaque aage, à chaque nation, & à chaque genre de vie : Il est necessaire, auant

toutes choſes qu'il nous donne vn Modelle & vne Idée de la perfection qui conuient à la nature de l'Homme, afin que
ce ſoit la regle & la meſure de tout ce qui
peut arriuer de bien & de mal à chacun en
particulier. Car il eſt certain qu'on ne
peut connoiſtre l'excez ny le deffaut qu'on
ne connoiſſe la perfection d'où l'vn & l'autre s'écartent, & que pour iuger de l'éloignement des extremitez, il faut ſçauoir le
milieu auquel elles ſe raportent.

Apres qu'il aura fait l'examen de toutes
ces choſes, il faudra encore qu'il nous apprenne de quels Moyens il ſe doit ſeruir
pour executer ce qu'il promet; qu'il nous
marque les Signes qu'il y doit employer;
qu'il nous inſtruiſe de leur nature, de leur
force, & de leur foibleſſe: Qu'il nous die
comment il ſe ſeruira des regles de la Phyſionomie, & ſi la Chiromancie & la Metopoſcopie luy ſeront vtiles: Enfin il faudra
qu'il nous faſſe le plan general de tout ſon
deſſein.

Ce ſont-là les Preliminaires qui ſeruent
d'Introduction à toute la ſcience, & qui

font contenus en cette premiere partie, laquelle fera diuifée en deux Liures; dont le premier traitera des matieres qui feruent d'objet à l'Art de connoiftre les Hommes: A fçauoir des Inclinations, des Mouuemens de l'Ame, des vertus & des vices. Le 2. examinera les Moyens par lefquels il doit découurir toutes ces chofes.

LIVRE PREMIER.

L'Idée de la Perfection naturelle
de l'Homme.

CHAPITRE PREMIER.

COMME chaque choſe eſt parfaite à qui rien ne manque, & qui a tout ce qui eſt neceſſaire pour l'accompliſſement de ſa nature; il faut que l'Homme, qui eſt compoſé de Corps & d'Ame, ait pour eſtre parfait tout, ce qui eſt neceſſaire pour l'accompliſſement & la perfection de ces deux parties.

Or la Perfection naturelle de l'Ame est, d'auoir toutes les facultez & toutes les puissances qui sont necessaires pour faire les fonctions ausquelles elle est destinée. Et la perfection du Corps consiste dans les dispositions que ces facultez y demandent pour seruir d'organes à leurs fonctions.

Mais parce qu'il y a des facultez plus nobles les vnes que les autres, & qu'en tout ordre de choses inégales il faut que la plus excellente soit la regle des autres; Il s'ensuit de là que l'Entendement, qui est la plus noble faculté qui soit en l'Homme, doit estre la regle & la mesure de toutes celles qui sont au dessous d'elle; Et que celles-cy soient tellement disposées, qu'elles soient conformes autant qu'elles le peuuent estre, à cette faculté superieure, afin qu'elles n'apportent point d'obstacle aux actions qu'elle doit faire.

De sorte que l'Entendement estant indifferent & indeterminé de sa nature, par ce qu'il peut iuger de toutes choses, & qu'il est par consequent toutes choses

en

en puiſſance, n'eſtant déterminé à pas vne πῶς ἔχι πάντα.
en particulier: Il faut que les facultez qui
luy ſont inferieures s'accommodent autant
qu'il eſt poſſible à cette indifference. Et
comme elles ne peuuent pas l'auoir auſſi
parfaite que luy , parce qu'elles ſont materielles, & par conſequent déterminées,
elles en doiuent auoir autant qu'elles en
ſont capables. Or toute l'indifference dont
elles ſont capables eſt reduitte à celle qui
ſe trouue dans la mediocrité , car le milieu
eſt moins déterminé que ne ſont ſes extremitez, eſtant indifferent à l'vne & à l'autre; Et par conſequent les facultez qui ſont
au milieu & dans la mediocrité ſont plus
conformes à l'Entendement, que lors qu'elles ſont dans l'excez & dans le deffaut.

Mais parce que les Inſtrumens doiuent
eſtre proportionnez aux puiſſances qui les
employent , il faut que la Conformation
des parties & le Temperament qui ſont les
Inſtrumens des facultez de l'Ame, ayent la
meſme mediocrité qu'elles ont. De ſorte
que les parties ne doiuent eſtre ny trop
grandes ny trop petites , ny les qualitez

C

qui compofent le temperament , exceller l'vne fur l'autre , mais toutes doiuent eftre dans vn égal equilibre, & dans vne iufte mediocrité.

Il n'y a que l'homme qui ait le Toucher parfait.

ET pour monftrer que cela eft du def-fein de la Nature , c'eft qu'il n'y a que l'Homme à qui elle ait donné ce parfait Temperament : Car il y a toufiours quel-que excez dans celuy des autres animaux; l'vn eft trop chaud ou trop froid , l'autre trop fec ou trop humide. Mais dans l'Hom-me toutes ces qualitez fe font vnies dans vne iufte moderation : C'eft pourquoy les fens qui font attachez au Temperament comme le Toucher & le Gouft qui eft vne forte de Toucher , comme dit Ariftote, font plus parfaits en luy qu'en aucun au-tre Animal. Parce que ces Sens-là , & prin-cipalement le Toucher , demandent dans leurs organes vne exacte temperature: Car ce qui doit iuger doit eftre au milieu pour

τὸ μεσον κριτικὸν. iuger fans préoccupation. Or comme il y a deux fortes de milieu , l'vn qui confifte dans la priuation entiere des objets , &

l'autre dans leur égale participation ; Il n'y
a que le Toucher qui iuge par celuy-cy.
Car tous les autres font priuez des qualitez dont ils iugent ; Comme l'œil qui
iuge des couleurs doit eftre fans couleur.
Mais parce que le Toucher iuge des premieres qualitez dont fon organe ne peut
eftre priué ; Il faut pour les connoiftre parfaitement qu'il les ait vnies en vne iufte
mediocrité pour iuger de leurs extremitez qu'il n'a pas, & de leur moderation en
n'y remarquant aucun excez.

Quoy qu'il en foit, la Nature n'a point eu
d'autre motif en deftinant à l'Homme cette parfaite temperature, que de rendre conforme à la plus noble Faculté de l'ame,
l'Inftrument general de fes fonctions , &
de le mettre au milieu afin qu'il fuft moins
determiné , & qu'il euft comme elle toute l'Indifference dont il eft capable; ce qui
n'eftoit point neceffaire aux animaux, dont
toutes les facultez font determinées.

D E cette verité ainfi eftablie on tire *Tout doit eftre*
vne confequence qui confirme ce que *mediocre dans l'homme.*

C ij

nous auons dit de la Mediocrité qui se doit
trouuer dans les puissances de l'ame, non
seulement dans celles qui sont subalternes;
mais encore dans celles qui sont superieu-
res comme est l'Entendement & la volonté. Car puis que le temperament modifie toutes les facultez, les rendant plus
ou moins fortes selon les degrez qu'il a, &
que s'il est chaud par exemple, il fortifie
l'imagination & affoiblit le Iugement ;
Qu'au contraire, s'il est froid, il sert au Iugement & nuit à l'Imagination, & ainsi
de toutes les autres : il s'enfuit que s'il doit
estre égal pour rendre l'homme parfait,
il faut que toutes les facultez de l'ame se
ressentent de cette iustesse, & qu'elles gardent la mesme moderation qui se rencontre dans le temperament.

De forte que la perfection naturelle de
l'homme ne demande pas vne Imagination trop viue, ny vn Iugement trop cir-
conspect, ny vne memoire trop heureuse :
Elle ne peut pas mesmes souffrir ces esprits
sublimes qui sont tousiours attachez à la
contemplation des choses hautes & diffi-

ciles ; non seulement parce qu'elle veut que l'Hôme qui est destiné pour la societé, s'applique également à la contemplation & à l'action : Mais principalement parce qu'il est impossible que le corps ait sa perfection naturelle quand il a les dispositions qui sont necessaires à la sublimité de l'esprit : Car il faut que le corps soit foible quand l'esprit est trop fort, comme la trop grande force du corps diminuë & affoiblit l'esprit, ainsi que nous montrerons plus amplement cy-aprés.

Il en est de mesme de toutes les autres facultez ; car si l'appetit est trop mobile, si les sens sont trop subtils, si la vertu qui cuit, si celle qui chasse ou qui retient est trop forte; ce sont autât de deffauts & de dereglemés ; il faut qu'elles soient toutes proportionnées à l'égalité du temperament qui ne souffre point ces perfections vitieuses.

ET pour monstrer que cela est veritable dans les facultez mesmes qui sont spirituelles ; c'est que l'action & la puissance doiuent estre conformes l'vn à l'autre,

Toutes les facultez doiuent estre mediocres.

C iij

parce que l'action n'est qu'vn progrez &
vn écoulement de la puissance actiue : De
sorte que telle est l'action, qu'elle est la
puissance, & telle est la puissance, qu'elle
est l'action.   S'il faut donc que les actions
soient moderées pour estre parfaites, il est
necessaire que les facultez le soient aussi.
Or c'est vne maxime receuë en toute sorte de Morale , que les actions pour estre
vertueuses doiuent estre dans la mediocrité , & par consequent les facultez d'où elles procedent y doiuent estre comme elles. Mais la premiere source de cette Mediocrité est l'indifference qui est naturelle
à l'Ame raisonnable : Car puis que l'action
est conforme à la puissance , il faut que ses
actions soient indifferentes comme elle, &
quoy qu'elle soit déterminée par l'action
qu'elle fait , elle y doit conseruer neantmoins son indifference par la mediocrité
qu'elle luy donne.   Dautant que ce qui est
au milieu est indifferent à ses extremitez
& que ce qui est à l'extremité est moins
indifferent & plus déterminé que ce qui est
au milieu comme nous auons desia dit.

Et c'eſt de là que vient la neceſſité qu'il
y a de moderer ſes paſſions ; Car quoy que
dans les animaux elles ſoient plus parfaites plus elles ſont grandes & fortes, & que
plus vn liévre eſt timide, plus vn tigre eſt
cruel, & plus chacun d'eux eſt parfait en
ſon eſpece ; il n'en eſt pas ainſi de celles de
l'homme qui doiuent eſtre au milieu de
l'excez & du deffaut, afin qu'elles ſoient
conformes à l'indifference de la partie ſuperieure.

JE ſçay bien que l'on n'aura pas de peine
à conceuoir ny à accorder toutes ces veritez, parce qu'elles ſont ſouſtenuës de la
raiſon & de l'experience. Mais il y en a
vne autre qui ſe tire des meſmes principes, qui ſemblera ſans doute fort eſtrange,
quoy qu'elle ne ſoit pas moins certaine.
C'eſt qu'encore qu'il y ait des Inclinations
qui ſont bonnes en elles - meſmes, & qui
meritent quelque loüange, comme celles
que l'on a pour les vertus : Ce ſont neantmoins des deffauts qui alterent la perfection naturelle qui conuient à la nature

*Toutes les In-
clinations natu-
relles ſont des
deffauts.*

humaine. Et certainement on n'a gueres
veu que ceux qui ont eu de naiſſance quelques vertus excellentes n'ayent eu de plus
grands vices qui les ont accompagées, parce qu'il faut de neceſſité tomber en des deffauts quand on s'éloigne de la perfection.
Or la Perfection de l'Homme eſt d'eſtre indifferent & ſans eſtre determiné à vne vertu particuliere, il faut qu'il ſoit capable de
toutes. Car les vertus qui viennent auec la
naiſſance ne ſont pas de veritables vertus;
Ce n'en ſont que les commencemens, ou
pluſtoſt ce ne ſont que les inclinations que
l'on a pour elles : Enfin ce ſont des bornes
& des limites qui reſtraignent la capacité
de l'Ame, qui eſt vniuerſelle, à vne habitude particuliere. L'Ame de ſa nature n'eſt
point determinée & doit eſtre capable de
toutes les actions humaines; Et comme elle peut connoiſtre toutes choſes, il faut
que l'appetit qui ſuit ſa connoiſſance, ſoit
en eſtat de ſe porter auſſi à toutes choſes.
Et cette capacité vniuerſelle eſt en meſme
temps vn effet de ſa nature ſpirituelle &
la cauſe de la liberté qu'elle a ; Car ſi elle
eſtoit

eſtoit materielle elle ſeroit determinée , &
ſi elle n'eſtoit indifferente elle ne ſeroit pas
libre.

Les Inclinations que l'Homme peut donc
auoir , quand elles ſeroient pour les plus
excellentes vertus,ſont des deffauts , il n'en
doit auoir pour aucune en particulier;
mais il faut qu'il les ait pour toutes enſemble. Et c'eſt ce que l'Ange de l'Eſchole a dit ſi iudicieuſement , quand il aſſeure qu'il n'y a point d'animal qui n'ait quelque Inclination à vne paſſion conforme à
ſa nature ; Mais que l'Homme ſeul eſt au
milieu de toutes , & qu'il faut qu'il en ſoit
également ſuſceptible , parce qu'il eſt indifferent & indeterminé de ſa nature.

En effet , puis que le Temperament & la
Côformation des parties ſont les deux principales cauſes des Inclinations naturelles
comme nous montrerons cy-aprés,& qu'elles font pancher l'ame aux actions qui leur
ſont conformes,il ne faut pas douter que la
mediocrité & le milieu qu'elles doiuent tenir dans l'Homme,ne donne auſſi à l'ame la
pente égale vers l'vne & l'autre de leurs ex-
tremités.   D

MAis il faut remarquer que dans le
partage du Temperament que la Nature a fait aux animaux, elle a premierement consideré leur espece, & a prescrit
pour chacune celuy qui luy estoit le plus
conuenable. Car elle a ordonné par exemple le temperament chaud & sec pour l'espece du Lyon, le chaud & humide pour
celle du Cheual, le froid & sec pour celle
de l'Asne, & ainsi de toutes les autres:
Mais comme elle a eu soin de la conserua-
tion de ces especes, & qu'elle leur a donné
pour ce sujet les deux sexès qui ont deu
auoir des qualitez differentes, elle a esté
obligée de diuiser ce premier temperament, & d'en donner vne portion au Masle,
& l'autre à la Femelle. Car quoy que dans
l'espece du Lyon le masle & la femelle soient
chauds & secs, il est certain que la femelle l'est moins que le masle, & ainsi de toutes les autres.

De sorte qu'il est vray que le Temperament iuste & égal dont nous auons parlé,
est celuy qui conuient à la Nature humai-

ne ; mais parce que l'Homme & la Femme
ont deu auoir des qualitez differentes ,
ce iufte temperament a efté partagé entre
eux deux , & fans s'éloigner beaucoup de
cette parfaite temperature , l'Homme a eu
vn peu plus de chaleur & de fechereffe, & la
Femme vn peu plus de froideur & d'humidité.

C'eft là le veritable fens qu'il faut donner à la fable de l'Androgyne , quand Platon dit que l'Homme & la Femme ne fai-
foient au commencement qu'vn mefme
corps qui eftoit de figure ronde ; qu'ils furent apres feparés en deux ; Et que l'a-
mour qu'ils ont l'vn pour l'autre n'eft que
le defir qu'ils ont de fe reünir, & vn moyen
de fe perpetuer. Car cette premiere vnion
de l'Homme & de la Femme n'eft autre chofe que la Nature humaine qui contient les
deux fexes , & qui a pour corps ce iufte
temperament qui eft femblable à la figure
ronde, dont toutes les parties font égales
& vniformes. Mais dans la feparation qui
a efté faite de cette nature en deux fexes,
ce Temperament a efté diuifé en deux, & a

formé deux corps diſſemblables pour les qualitez differentes qu'ils ont deu auoir pour la conſeruation de l'eſpece.

Pourquoy les Sexes ont eſté donnés aux animaux.

EN effet les ſexes n'ont eſté donnés que pour la generation, & où il n'y a point de generation à faire, il n'y a point de ſexes, comme dans les Anges. Mais parce que cette action auſſi bien que quelque autre que ce ſoit, a beſoin de deux cauſes principales, à ſçauoir de la cauſe efficiente & de la cauſe materielle; Il a eſté neceſſaire que chaque eſpece d'animal fuſt diuiſée en deux ſexes, pour faire la fonction de ces deux cauſes : Et c'eſt la raiſon pour laquelle il n'y a que deux ſexes, parce que ces deux cauſes ſuffiſent pour quelque action que ce ſoit.

Le maſle eſt chaud & ſec, & la femelle froide & humide, & pourquoy.

Or parce qu'il n'y a point de vertu ny de puiſſance qui n'ait beſoin de quelques diſpoſitions pour faire la fonction à laquelle elle eſt deſtinée, & qu'entre les diſpoſitions corporelles les premieres qualitez ſont les plus efficaces & les plus neceſſaires; il falloit que la chaleur & la ſecherreſſe,

qui font les plus actiues, fuſſent données
au Sexe qui fait la fonction de la cauſe efficiente, & que la froideur & l'humidité qui
font les plus paſſiues, ſe trouuaſſent au Sexe
qui tient lieu de cauſe materielle. Et voi-
là la raiſon originelle pourquoy l'Homme
eſt chaud & ſec, & pourquoy la Femme
eſt froide & humide, parce que l'Homme
a la vertu & les qualitez de la cauſe efficiente, & la Femme celles de la cauſe paſſiue.

Car quoy qu'il y ait conteſtation entre les Philoſophes pour la fonction de la
femelle dans la generation, & que les vns
tiennent qu'elle concourt à la production
de l'animal auſſi bien que le maſle : neantmoins ſans qu'il ſoit beſoin d'aporter les
raiſons & les experiences qui détruiſent
cette opinion, il eſt certain que quand elle
ſeroit veritable, il faut confeſſer que la vertu actiue qu'elle peut auoir, y eſt beaucoup
plus foible, & que la cauſe paſſiue y eſt plus
dominante : Ce qui ſuffit, pour montrer
que les qualitez paſſiues y dominent auſſi.

Et certainement il n'y a qu'à conſiderer
la conſtitution naturelle de la Femme pour

D iij

confentir à cette verité ; car la foiblefſe du
corps , la conformation des parties plus
petite , la timidité qui eſt née auec elle ,
la molleſſe de la chair , & la quantité d'humeurs dont elle abonde , ſont des marques
indubitables du temperament froid & humide qu'elle a.

En quoy conſiſte
la beauté des
Sexes.
CEla demeurant donc pour conſtât que
l'Homme eſt chaud & ſec, & la Femme
froide & humide , il faut voir maintenant
quelles diſpoſitions ces temperamens font
naiſtre dans l'ame, & quelle conſtitution ils
donnent à tout le corps. Car la perfection
& la Beauté de chaque Sexe conſiſte en ces
deux choſes , puis que la Beauté intelligi-
ble qui doit eſtre en eux, n'eſt rien que
l'aſſemblage de toutes les facultez qui leur
ſont neceſſaires pour faire les fonctions
auſquelles ils ſont deſtinés ; Et que la Beauté corporelle n'eſt rien auſſi que le con-
cours de toutes les diſpoſitions que ces
facultez demandent dans les parties , pour
ſeruir d'organes à leurs fonctions. Car vne
partie eſt belle qui a la grandeur , la figure,

& les autres difpofitions qui font neceſſaires à l'action qu'elle doit faire; Et ſi elles
n'y font pas, ou qu'il y en ait qui n'y ſoient
point neceſſaires, il faut qu'elle paroiſſe
laide & difforme.

Quoy qu'il en ſoit, il faut remarquer *Il y a deux ſor-*
icy vne choſe qui eſt tres-confiderable en *tes d'effets na-*
cette matiere, & en tous les effets de la *turels.*
Nature, c'eſt qu'il y en a de deux fortes; les
vns qui ſe font pour vne fin que la Nature
ſe propoſe; les autres qui ſe font par pure
neceſſité, ſans que la Nature ait eu deſſein
de les faire. Qu'vn homme ait du poil au
menton, aux paupieres, aux ſourcils, c'eſt
pour vne fin particuliere que la Nature
s'eſt propoſée, où elle ne manque iamais
d'arriuer en diſpoſant la matiere du poil, &
la conduiſant elle meſme en ces parties:
Mais qu'il en ait à l'eſtomach, ce n'eſt
point vn effet qui ſoit entré dans le deſſein
de la Nature, parce que tous les hommes
y en auroient, c'eſt l'abondance de la matiere qui en eſt la ſeule cauſe, & qui ſe fait
paſſage par tout où elle peut.

Cela ſe remarque encore tres-viſiblement

dans les paſſions: Car qu'vn homme en colere crie , qu'il menace , qu'il frappe ; Ce
ſont des actions par leſquelles il pretend ſe
vanger qui eſt la fin de la paſſion ; Mais que
ſon viſage s'enflamme, que ſon front ſe ri-
de , que ſes paroles s'entrecoupent , ce ſont
des effets qui ſe font par neceſſité , ſans que
l'ame ait deſſein de les faire , parce qu'ils
ne ſeruent de rien à la vangeance où elle tend.

Il y a des Facul-
tez & des Incli-
nations que la
Nature a deſ-
ſein de donner
aux Sexes , &
d'autres non.

SVR ce fondement , nous pouuons dire
qu'il y a des Facultez & des Inclinations que la Nature a données à l'vn & à
l'autre Sexe de deſſein formé ; telles que
ſont les facultez de l'ame conſiderées en
ſoy & dans leur origine ſans eſtre modi-
fiées par le temperament , comme la Faculté raiſonnable, la ſenſitiue, la vegetatiue , & en ſuitte les Inclinations qui les
accompagnent ; car toute puiſſance animale laiſſe dans l'appetit l'Inclination à faire ſes Actions propres: Mais pour les puiſſances & les Inclinations qui viennent du
temperament , comme la force ou la foibleſſe

bleffe de ces premieres facultez, l'Inclinatiõ
à la hardiffe ou à la timidité, à la liberalité
ou à l'auarice, &c. La nature n'a point deffein de les dõner à l'vn ny à l'autre Sexe, parce que la perfection naturelle de l'efpece
humaine n'en fouffre aucune en particulier deuant eftre capable de toutes également, à caufe qu'elle eft Indeterminée &
Indifferente, comme nous auons dit. C'eft
donc par pure neceffité qu'elles naiffent
dans l'ame, & par la connexion & la fuitte
ineuitable que les effets ont auec leurs
caufes.

IL eft vray ; la Nature s'eft propofée de
donner à l'Homme, outre les facultez qui
conuiennent à fon efpece, celles qui font
propres à fon Sexe, à fçauoir la vertu actiue
pour engendrer, & la chaleur & lã fechereffe
pour feruir d'Inftrumét à cette vertu ; comme elle a donné à la Femme la puiffance paf-
fiue & la froideur & l'humidité pour faire
la fonction de la caufe materielle. Mais toutes les Inclinations qui viennent en fuitte
de ces qualitez là, comme la hardieffe ou

E

la timidité, la liberalité ou l'auarice, ce sont
des dispositions qui se forment dans l'ame
à son desçeu & contre son intention. Elles
sont à la verité naturelles , parce qu'elles
se trouuent par accident dans l'ordre de la
Nature , & qu'elles suiuent les causes qui
dépendent de la matiere. Ce sont mesmes
des perfections & si elles venoient à manquer , il y auroit du deffaut, puis que les
causes d'où elles procedent exigent par
necessité cette suite & cét enchaisne-
ment qu'elles ont auec elles ; Car vn
Homme qui ne seroit pas courageux , ou
vne Femme qui ne seroit pas timide, auroient la mesme imperfection qu'vn lyon
qui seroit timide , & qu'vn liévre qui seroit
hardy.

Il y a des parties que la Nature a dessein de for- mer , & d'au- tres non. ON en peut dire autant de la Conformation des parties , car la Nature a
dans ses idées la figure qui conuient à chaque espece & qu'elle donneroit à tous les
indiuidus, si elle n'estoit empeschée par les
causes particulieres , tel qu'est le Temperament. Et quoy qu'elle donne à chaque

Sexe vne conftruction de corps differente,
elle y conferue toufiours autant qu'elle
peut le charactere de la figure qui eft propre à l'efpece. Car quoy que la Femme
ait la Conformation differente de celle
de l'Homme , elle reffemble neantmoins
plus à l'Homme qu'à quelque autre animal que ce foit.

Or il eft certain qu'il y a des parties qui
font propres à chaque Sexe, & que la Nature a deffein de former de telle & telle
façon ; Comme celles qui feruent d'organes aux fonctions aufquelles chacun eft
deftiné : Mais pour toutes les autres , comme la taille plus haute, la tefte plus groffe , le vifage quarré , &c. qui fe trouuent
dans l'Homme ; comme la ftature plus baffe , la tefte plus petite, le vifage rond &c.
qui font propres à la femme ; Toute cette
varieté dis-je, n'eft point du deffein de la
Nature , elle vient par pure neceffité en
fuitte du Temperament qui eft propre à
l'vn & à l'autre , quoy qu'elle ferue à la
perfection & à la beauté du corps pour la
raifon que nous auons dite.

E ij

En quoy consiste la Perfection du Sexe Masculin.

CEla presupposé, nous pouuons maintenant marquer les Inclinations qui suiuent le Temperament de l'Homme. La Nature l'a fait *chaud & sec*, pour la fin que nous auons marquée : Mais parce qu'il est chaud, il faut de necessité qu'il soit *Fort*, & qu'en suite il soit naturellement *Hardy*, *Glorieux*, *Magnanime*, *Franc*, *Liberal*, *Clement*, *Iuste*, *Reconnoissant* : Et parce qu'il est sec, il faut qu'il soit *Ferme*, *Constant*, *Patient Modeste*, *Fidelle*, *Iudicieux*.

Les raisons de tous ces effets sont faciles à trouuer : Car comme l'Ame se sert de ces qualitez, elle connoist ce qu'elle peut faire par leur moyen, & se porte aux actions qui sont conformes à leur vertu : Ainsi en sentant la chaleur, qui est le principe de la force & du courage, elle prend confiance en elle-mesme ; & sur cela elle veut commander, elle entreprend hardi-

ment , & méprife les petits dangers : Et
parce qu'elle eft hardie , elle eft franche,
libre & fans artifice : Elle eft encore liberale , parce qu'outre que c'eft le propre de
la chaleur de fe répandre , la confiance
qu'elle a en foy-mefme luy ofte l'appre-
henfion de manquer des chofes qui luy
font neceffaires : Elle pardonne facilement , parce qu'elle croit qu'on ne la peut
offenfer : Elle eft jufte , parce qu'elle defire peu de chofes eftant fatisfaite d'elle-
mefme : Enfin elle eft reconnoiffante , parce qu'elle eft jufte & liberale.

D'vn autre cofté , comme la fechereffe
fait contenir les chofes dans leurs bornes
& empefche qu'elles ne s'efcoulent & ne
fe diffipent ; l'ame s'acommode à cette
vertu , & s'affermit en elle - mefme , ne
changeant pas facilement les refolutions
qu'elle prend, fouftenant patiemment les
chofes fafcheufes qui luy arriuent , gar-
dant conftamment la foy qu'elle a donnée , & ne fe laiffant pas emporter à la
vanité des honneurs qu'elle ne merite pas.
Enfin la fechereffe fert à la pureté des ef-

prits, & arreste la fougue de l'imagination, donnant le temps que l'entendement demande pour considerer les choses, d'où vient la prudence & la solidité du jugement.

Ais il faut observer icy que toutes ces vertus naturelles ne peuuent compatir auec ces deux qualitez si elles sont excessiues : Car si la chaleur est trop grande, au lieu de la hardiesse, elle fera naistre la temerité, la gloire se changera en orgueil, la magnanimité en insolence, la liberalité en profusion, la justice en seuerité, la clemence en indulgence, & la gratitude en faste & en vanité : De mesme si la seicheresse est trop forte, la fermeté de l'Ame deuiendra opiniastreté, dureté, insensibilité, austerité. C'est pourquoy la perfection du Temperament qui conuient à l'Homme à cause de son sexe, ne doit pas s'éloigner beaucoup de l'exacte temperature qui est propre à la Nature humaine, comme nous auons dit ; Et l'on peut asseurer qu'il ne doit estre chaud &

Le Temperament de l'Homme est chaud & sec au premier degré.

fec qu'au premier degré , tout ce qui fe
paffe au delà , le mettant dans l'excez &
dans l'imperfection : Parce que la Nature
qui tafche toufiours de donner aux Sexes
le Temperament qui conuient à l'efpece,
ne s'éloigne de ce Temperament qu'autant
qu'il eft neceffaire, pour les mettre dans
l'ordre des caufes dont ils doiuent faire la
fonction. De forte que le moindre degré
de chaleur & de feichereffe que l'Homme
puiffe auoir au deffus de l'exacte temperature, fuffit pour luy donner la vertu &
l'efficace de la caufe efficiente.

Il en faut dire autant de la Conformation des parties : Car il y en a vne qui
conuient à l'efpece & qui eft mitoyenne
entre celles qui font propres à l'vn & à
l'autre Sexe. Car comme tout doit eftre
mediocre dans la Nature humaine pour les
raifons que nous auons dites ; Il faudroit
que la conformation du corps fuft auffi
au milieu de l'excez & du deffaut qui s'y
peuuent rencontrer : Mais parce que le
temperament modifie la vertu formatrice
& la contraint de donner aux parties la

grandeur & la figure qui luy font propres; Il a fa... a que celles de l'Homme ref-
... udiff... a..x deux qualitez qui deuoient
... ... n luy , & qu'elles fuffent plus
gra... , non feulement que celles de la
Fe... ; m... encore plus que celles qui
...uient ... ...nées à l'efpece humaine.

Quel eft le
modelle de la fi-
gure de l'Hom-
me.
A...iftote a reglé la f... ... de l'Homme fur ...lle du Lyon, comme s'il n'y
auoit point d'animal où la forme du sexe
Mafculin fuft plus parfaite , & que ce
... euft eftre le mo...l... qui deuo..t regler
celle d... ...omm... ...ais outre que l'Homme eft le plus pa...ait des animaux ...
ce doit eftre par confequent la m...t...
tous ...   ... Lyon eft plus
pre pour ...rmer l'idée de la fo...ce ...
de l... ...fe...ion du sexe : ...
q...lité ...   de plu... de ch...
cher...   fa
Et d...
moin...
...uen...
qui ...iuient ...

temperament eſt trop éloigné de la mediocrité qui conuient à la nature humaine, & qui le voudroit comparer auec celuy de l'Homme qui n'eſt chaud & ſec qu'au
premier degré, trouueroit qu'il va iuſques
au troiſiéme.

   En effet l'atrabile domine dans le Lyon,
& dans vn Homme fort & robuſte ; c'eſt
pourquoy ils ont tous deux la bouche
grande, le poil dur & eſpais, le front ramaſ-
ſé entre les ſourcils, les extremitez grandes & fortes, les chairs dures & muſculeuſes, la voix groſſe & qui reſonne, dans
le goſier, le marcher graue & qui ſe balance d'vn coſté à l'autre ; qui ſont les marques d'vne chaleur & d'vne ſeichereſſe
exceſſiue, comme nous monſtrerons ailleurs.

   Et il y a de l'apparence qu'Ariſtote n'a
pas icy conſidéré l'Homme ſimplement ſelon la vertu de ſon ſexe, mais ſelon la qualité qui eſtoit la plus eſtimable dans
l'opinion des Hommes, à ſçauoir la Force
Heroïque, qui eſt la ſource de la valeur,
qui a droict de commander, & à qui on a

F

toufiours referué les plus grands honneurs
& les plus nobles récompenses. En effet
quand il propose la Panthere pour l'idée
du Sexe feminin, il fait bien voir qu'il confidere bien plus la force dans les Sexes que
leur perfection naturelle ; puis que c'eſt
vn animal qui eſt fort courageux & qui
n'a point la docilité, la timidité & les autres qualitez qui conuiennent à la Femme.

Quelle doit
eſtre la figure
des parties de
l'Homme.

POVR nous qui ne ſuiuons pas les opinions des Hommes, mais les deſſeins &
les ordres de la Nature, nous ne pouuons
repreſenter la figure de l'Homme qui conuient à ſon Sexe que ſur la meſure des qualitez qui luy ſont naturelles ; Et par la comparaiſon qu'il en faut faire auec celle de
la Femme, n'y ayant rien dans les animaux
qui ait plus de rapport auec l'Homme
qu'elle.

De ſorte qu'il faut dire qu'il a *la Taille*
plus haute & plus libre que la Femme.

Que *ſa teſte* eſt plus groſſe.

Ses cheueux vn peu plus fermes & anne-
lez aux extremitez.

Que *son front* eſt moins rond & moins
vny, & preſque quarré.

Que *ſes ſourcils* ſont plus gros & plus
forts.

Que *ſes yeux* ſont plus vifs.

Que *le nez* deſcendant du front en droite ligne eſt vn peu plus gros à l'extremité.

Que *les narines* en ſont vn peu plus ouuertes.

Que *la bouche* en eſt plus grande:

Les lévres plus minces.

La voix plus forte.

Le menton moins rond.

Et tout *le viſage* approchant de la forme quarrée.

Le col doit eſtre plus gros.

Les eſpaules & *la poitrine* plus larges &
plus fortes.

Les feſſes & les cuiſſes moins charnuës.

Toutes les *iointures* plus libres.

Les extremitez plus grandes & plus fortes.

Les chairs plus dures & plus muſculeuſes.

La mine & le *maintien* plus noble, & le
marcher plus vigoureux.

F ij

OR qui confiderera exactement toute cette Conformation, trouuera qu'elle vient de ces deux qualitez moderées, comme nous auons dit. Car la grandeur de la taille, de la tefte & de la bouche, l'ouuerture des narines, la groffeur du col, la largeur des épaules & de la poitrine, la viuacité des yeux, la force de la voix, la liberté des iointures, & la nobleffe de la mine, du maintien & du marcher, font des effets de la chaleur qui eftend les parties, & qui en rend le mouuement plus actif & plus vigoureux.

D'vn autre cofté la dureté du poil, la fermeté des chairs, la folidité des iointures, l'inégalité du front & fa figure moins ronde, la fubtilité des lévres, la figure du menton plus obtufe, & celle de tout le vifage prefque quarrée, font des effets de la feichereffe qui endurcit les parties, & qui refifte au Mouuement des humeurs, les empefchant de prendre la figure ronde qui leur eft propre & naturelle, comme nous monftrerons plus particulierement dans la fuite de cét Ouurage.

MAIS ce qu'il y a encore à remarquer dans toutes ces parties, c'est qu'elles ont rapport auec les facultez & auec les Inclinations que le Sexe donne à l'Ame, en sorte qu'elles seruent de marques & de signes pour les découurir ; soit parce que ce sont les Instrumens de ces puissances-là, & que la connoissance de l'Instrument découure la cause à laquelle il sert ; soit parce que les vnes & les autres procedent du Temperament comme de leur principe commun, & que la Conformation des parties faisant connoistre le Temperament, le Temperament fait apres connoistre les facultez & les Inclinations dont il est la cause.

La figure des parties marque les inclinations.

En effet la largeur de la poitrine & des épaules, la liberté & la force des jointures, l'ouuerture des narines, & la grandeur de la bouche, sont des marques de Hardiesse. Le col gros, les chairs dures & musculeuses, les extremitez grandes, sont signe de Force, tant au corps qu'à l'ame.

Le front quarré, le nez vn peu gros, les

F iij

lévres fubtiles , le menton vn pèu large ,
marquent la Magnanimité & la grandeur
du courage.

La taille haute & droite , les fourcils
éleuez , le marcher noble , les yeux vifs defignent la Gloire.

Le front & le vifage quarré , & la tefte
groffe, font des marques de Sageffe, de Conftance & de Iuftice : Et ainfi du refte, comme nous ferons voir en fon lieu. De forte
que l'on peut dire que de toutes les parties
qui font la Beauté Mafle , & qui eft bien-
feante à vn Homme, il n'y en a pas vne qui
ne foit la marque d'vne Inclination à quelque vertu particuliere.

Voila donc en quoy confifte la Perfection naturelle de l'Homme , tant à l'égard
des puiffances de l'ame , que de la Conformation du corps qui conuiennent à fon
sexe.

En quoy consiste la perfection naturelle de la Femme.

IL faut maintenant examiner celle de la Femme. Mais que cette entreprise est difficile ! qu'elle est perilleuse ! puis qu'elle ne se peut executer qu'on ne choque la plus grande & la plus formidable puissance qui soit dans le monde. Car enfin il faut déthrosner cette Beauté qui commande aux Roys & aux Monarques, qui se fait obeïr par les Philosophes, & qui a causé les plus grands changemens qui se soient iamais faits sur la terre. Il faut de ce haut point de gloire & de perfection où elle s'est placée, l'abaisser dans l'ordre des choses vicieuses, & monstrer que tous ces attraits & cette grace charmante dont elle est parée n'est autre chose qu'vn masque trompeur qui cache vn nombre infiny de deffauts. Oüy sans doute, s'il y a quelque certitude dans le raisonnement humain, si les principes que la Nature a versés dans nostre

Ame pour la connoiſſance de la verité ont
quelque choſe de ſolide , il faut de neceſſité qu'il n'y ait pas vne de toutes les
parties qui ſont neceſſaires pour former la
Beauté de la Femme , qui ne ſoit la marque d'vne inclination à quelque vice.

Mais pourquoy faut-il que nous décou-
urions des choſes que la Nature a eu tant
de ſoin de cacher ? pourquoy allons-nous
condamner celles qui ſont approuuées &
reſpectées de tout le monde ? Certainement
nous pouuons dire que nous nous trou-
uons au meſme eſtat qu'vn Iuge qui eſt
contraint de faire le procez à ſon amy,
par l'obligation qu'il a à la Iuſtice. Qui eſt-
ce qui n'aymeroit pas la Beauté ? Mais qui
eſt-ce auſſi qui pourroit reſiſter à la verité , qui eſt plus forte qu'elle ? C'eſt donc
la verité qui nous force à condamner cette Beauté , & à donner vn iugement contre
elle , qui tout ſeuere qu'il ſoit eſt neantmoins juſte & neceſſaire. Car ſi l'on peut
faire comprendre que ce n'eſt qu'vne belle apparence qui cache vne infinité de deffauts , & que bien loin d'eſtre la fleur de la
bonté

bonté , comme on l'a flattée autrefois ; on
peut dire que c'eſt l'écorce qui couure les
vices de la Nature : il eſt impoſſible que cela n'abaiſſe l'orgueil dont elle eſt accompagnée , & qu'il ne releue le courage de
ceux qui l'adorent auec tant de baſſeſſe.

Apres tout , il le faut confeſſer , nous fai-
ſons le mal plus grand qu'il n'eſt , nous ne
parlons que des Inclinations , c'eſt à dire
des premieres ſemences des affections de
l'Ame , que l'on peut étouffer auant qu'elles ayent pris racine ; Et pour parler plus
exactement , l'Inclination n'eſt qu'vn poids
ſecret qui fait pancher l'Ame à certaines
actions , & qu'il eſt facile de redreſſer par
l'exemple , par l'inſtitution & par des habitudes contraires. En quoy il faut rendre cét honneur aux Femmes , que ces
moyens-là font plus d'effet ſur elles que
ſur les hommes, & qu'ordinairement nous
voyons la pratique des vertus eſtre plus
exacte en ce Sexe qu'en l'autre.

Auec cette precaution nous pouuons
dire ſur le principe que nous auons eſtably,
que la Femme eſt *Froide & humide* pour la
G

fin que la Nature s'eſt propoſée , & que
parce qu'elle eſt froide il faut qu'elle ſoit
Foible & en ſuite *Timide* , *Puſillanime* ,
Soubçonneuſe, *Deffiante*, *Ruſée* , *Diſſimulée*,
Flateuſe , *Menteuſe* , *ayſée à offenſer*, *Vindi-
catiue* , *Cruelle en ſes vengeances* , *Iniuſte* ,
Auare , *Ingrate* , *Superſtitieuſe*.　Et parce
qu'elle eſt humide il faut auſſi qu'elle ſoit
Mobile, *Legere*, *Infidelle* , *Impatiente* , *facile
à perſuader* , *Pitoyable* , *Babillarde*.

*Les raiſons de
ces Inclinations.*
LEs raiſons de toutes ces Inclinations
ſont éuidentes & neceſſaires.　Car
puis que la chaleur eſt le principe de la
force , du courage , & de la hardieſſe , il
faut que la froideur le ſoit de la foibleſſe,
de la baſſeſſe de cœur , & de la timidité.
Et de ces trois-là naiſſent tous les autres
qui accompagnent le Temperament froid;
Car la deffiance & le ſoubçon viennent de
la foibleſſe & de la timidité ; C'eſt pourquoy les hommes forts & courageux ne
ſont ny ſoubçonneux ny deffians. L'artifice accompagne auſſi la foibleſſe , parce
qu'il ſupplée au deffaut des forces ; Et nous

voyons que tous les animaux qui font foibles font plus rufez que les autres ; Au contraire, tous ceux qui font de grande taille
ne font pas malicieux, parce que la force
accompagne ordinairement la grandeur
du corps. La diffimulation fuit l'artifice
& la deffiance, comme la flaterie & le men-
fonge fuiuent la diffimulation. D'ailleurs
la foiblefle qui eft expofée à toutes fortes
d'injures eft aifée à offenfer : Et pour ce fujet elle eft vindicatiue, dautant que la vengeance qui n'a point d'autre but que d'empefcher qu'on ne continuë l'offence , eft
ordinaire à ceux qui font foibles; c'eft pourquoy les vieillards , les enfans & les malades font plus coleres que les autres. Mais
fa vengeance eft cruelle, parce que la cruau-
té vient de la foiblefle & de la crainte ;
Car vn homme genereux fe contente de
la victoire , au lieu qu'vn lafche qui a fon
ennemy en fon pouuoir porte toufiours fa
vengeance à l'extremité , parce qu'il ap-
prehende qu'il ne fe remette apres en eftat
de fe vanger à fon tour. La fuperftition
vient de la mefme fource ; Car la foiblefle

qui craint toufiours plus qu'elle ne doit, fe
figure que le Ciel eft difficile à contenter
& qu'il ne faut rien oublier pour fe le rendre fauorable. L'auarice n'a point aufi
d'autre principe : car la crainte de tomber
dans la neceffité, donne le defir de conferuer ce que l'on a , & d'acquerir ce que l'on
n'a pas : C'eft pourquoy les vieillards &
les melancholiques font enclins à ce vice.
Or il eft impoffible que ces defirs-là foient
fans injuftice , ny qu'ils puiffent fouffrir la
gratitude & la reconnoiffance.

D'ailleurs , l'ame qui fe conforme à la
nature de l'humidité qui luy fert d'organe
& qui eft mobile, changeante & fufcepti-
ble de toutes les impreffions qu'on luy
donne , prend aufi l'Inclination aux vices
qui correfpondent à ces qualitez , telle
qu'eft la legereté , l'inconftance , l'impatience , l'infidelité & le babil , qui font des
effets de la mobilité ; Comme la credulité
& la compaffion font les fuites d'vne foible refiftance & de la facile impreffion que
les chofes font fur elle.

MAIS comme les Inclinations peuuent eſtre fortes ou foibles, & que les vices où elles panchent peuuent auoir diuers degrez ; Il eſt certain que ceux qui conuiennent à la Femme, eu égard à la perfection de ſon ſexe, ſont les plus foibles qui ſe puiſſent trouuer, parce que le Temperament qu'elle a s'éloigne fort peu de la juſte temperature, comme nous auons dit : De ſorte que la timidité, la deffiance, l'auarice, & les autres y ſont dans le plus bas & dans le plus foible degré où elles puiſſent eſtre. Et meſme il y en a qui en cét eſtat peuuent paſſer pour autant de vertus naturelles ; Car la deffiance & la diſſimulation meritent le nom de prudence, l'auarice moderée ſe peut appeller ménage, la ſuperſtition legere eſt vne ſorte de pieté, la vengeance mediocre vne juſtice, & la timidité qui forme la pudeur, eſt le plus grand ornement de la Femme, & le frein qui eſt capable de la retenir dans la pente qu'elle pourroit auoir à tous les plus grands vices. Mais auſſi quand la froideur & l'hu-

Les Inclinations de la Femme ne ſont pas des deffauts.

G iij

midité paſſent au delà de cette moderation, il ne faut pas douter que toutes les
Inclinations que nous auons marquées ne
s'augmentent à proportion, & qu'elles ne
ſoient auſſi vitieuſes que le nom qu'elles
portent les fait paroiſtre.

D'ailleurs, ces Inclinations qui portent
le nom de vices, à parler exactement, ne
ſont point des deffauts, au contraire, ce
ſont des perfections naturelles, parce qu'elles conuiennent à la nature du ſexe feminin. Et comme ce n'eſt pas vne imperfection à vn liévre d'eſtre timide, ny à vn
tigre d'eſtre cruel, dautant que leur nature demande ces qualitez-là, on ne peut pas
dire auſſi que la timidité, la deffiance, l'inconſtance &c. ſoient des deffauts dans la
Femme, parce qu'elles ſont naturelles à
ſon ſexe, qui ſeroit deffectueux, s'il en
eſtoit priué.

Il eſt vray qu'en les comparant auec les
Inclinations de l'Homme elles paroiſſent
vitieuſes: Mais la comparaiſon qui ſe fait
entre des choſes diuerſes, ne peut regler
leur perfection naturelle; parce qu'elle

transporte à vn sujet ce qui appartient à
l'autre , & il n'y a rien où l'on ne puisse
trouuer de l'excez ou du deffaut , quand
on le compare ainsi. En effet la force d'vn
Homme comparée à celle d'vn lyon est
vne foiblesse ; & toutes les Inclinations que
le Sexe luy donne, quoy qu'elles paroissent
vertueuses , sont neantmoins des deffauts
à l'égard de l'espece humaine qui doit estre
indifferente , comme nous auons dit. La
mediocrité mesme qui est si parfaite à l'é-
gard des choses humaines est vn deffaut,
en les comparant auec les surnaturelles &
les diuines.

Les Inclinations que le Sexe donne
donc à la Femme quelles qu'elles puissent estre , sont des perfections quand
elles demeurent dans la moderation qui
conuient au premier degré de froideur
& d'humidité , qu'elle doit auoir ; si elles
passent au delà , ce sont des deffauts qui l'é-
loignent de la perfection qui est deuë à son
Sexe ; Et l'excez de ce Temperament cause
autant de difformité dans son ame , qu'il
en donne à toutes les parties de son corps.

*Les Inclina-
tions de l'Hom-
me sont des def-
fauts dans la
Femme.*

MAIS quoy ? ne peut-il pas arriuer que la Femme aura le mesme Temperament que l'Homme ; Et par consequent les mesmes Inclinations, & qu'elle sera hardie, magnanime, liberale, &c. comme en effet nous en voyons beaucoup qui ont toutes ces qualitez-là. Il est vray ; mais ce qui est vne perfection en vn sujet, peut estre vn deffaut en vn autre : Comme la hardiesse est vne vertu au lyon & vn vice au liévre, aussi ce qui est vne perfection dans l'Homme est vn deffaut & vne imperfection dans la Femme ; parce qu'il l'éloigne de la perfection naturelle de son sexe ; Et si ces Inclinations ne viennent point de l'institution & de l'exemple, ny d'aucune habitude raisonnable, ce sont à la verité des qualitez qui semblent vertueuses, mais qui traisnent apres elles de plus grands vices : Et celles qui naissent auec cette hardiesse & ce courage qui ne sont propres qu'à l'Homme, sont ordinairement temeraires, impudentes, prodigues, &c. parce qu'il faut de necessité que tout ce qui s'éloigne
de

la perfection tombe en des deffauts ; &
plus l'éloignement est grand , plus les vices en sont remarquables. C'est pourquoy
on ne s'estonne pas tant de voir vne femme fort timide, fort auare, & fort legere
& changeante ; Que si elle est hardie, prodigue, obstinée ; parce que ces dernieres
qualitez viennent d'vn temperament qui
est tout à fait opposé à la Femme, au lieu
que les autres suiuent celuy qui luy est
propre, quoy qu'il passe la moderation où
il deuroit estre. Tout de mesme que ce sont
de plus grands deffauts à vn homme d'estre
poltron, mesquin & leger, que s'il estoit
temeraire, prodigue, opiniastre, parce que
ceux-cy viennent du Temperament chaud
& sec qui luy est propre, & les autres du
froid & humide qui luy est tout à fait
contraire.

VOyons maintenant quelle est la Conformation des parties , qui suit le
Temperament de la Femme, & où consiste la Beauté qui luy est propre & naturelle.

En quoy consiste la beauté de la femme.

H

Premierement *la taille* en eſt plus baſſe
& plus greſle que celle de l'homme.

La teſte plus petite & plus ronde, & tout
le viſage eſt de la meſme figure.

Elle a beaucoup de *cheueux* qui ſont longs,
deliés & mollets au toucher.

Le front en eſt égal, vny, plus long & plus
arrondy vers les temples.

Les ſourcils ſont deliés, mollets, éloignés
l'vn de l'autre, & qui ſe courbent douce-
ment à l'entour des yeux.

Les yeux ſont grands, noirs, doux &
modeſtes.

Le nez mediocre, qui deſcend tout d'vn
trait ſur les levres, & qui s'arrondit douce-
ment à l'extremité.

Les narines petites & peu ouuertes.

Les jouës rondes.

La bouche petite.

Les leures rouges, vn peu groſſettes,
qui ne ſe preſſent point, & qui ſont im-
mobiles, ſi ce n'eſt lors qu'on parle ou
qu'on rit.

Les dens ſont petites, blanches, bien ar-
rangées.

Le menton doit eftre rond, poly, & où le moindre poil ne paroiſſe pas.

Les oreilles petites, molles & bien com-paſſées.

Le Col rond, longuet, greſle, vny & égal par tout.

La gorge charnuë, *le ſein* ferme, rond & mediocre en grandeur.

Les eſpaules petites & ſerrées.

Le dos eſtroit & foible.

Les cuiſſes rondes & charnuës.

Les genoux ronds, où il ne paroiſſe aucun veſtige de la jointure.

Les pieds petits, arrondis & charnus.

Les bras courts & iuſtement arrondis.

Les mains longues, petites & charnuës.

Les doigts longs, déliés, & ronds.

Toute *la peau* molle, doüillette, & d'vne blancheur exquiſe, ſi ce n'eſt aux lieux où l'incarnat ſe meſle auec elle, comme aux joües, au menton, & aux oreilles.

Enfin la foibleſſe paroiſt dans ſa voix, & dans tous ſes mouuemens; la pudeur & la retenuë dans ſa mine, dans ſon geſte & dans ſon maintien.

DE toutes ces parties, celles qui sõt petites, courtes & deliées sont des effets du temperament froid qui resserre les matieres, & qui empesche qu'elles ne s'estendent. Les charnuës & les molles viennent de l'humidité, car elles marquent vne abondance de sang pituiteux. Mais de celles qui sont rondes, il y en a qui dépendent du froid, & les autres de l'humidité: Car ou elles viennent de la graisse qui remplit les entredeux des muscles, comme aux bras, aux joües, aux cuisses: ou du froid qui resserre la figure des parties, & la presse de toutes parts: Au lieu que la chaleur qui pousse tousiours en auant, cause des inegalitez & des angles qui en corrompent la rondeur: c'est pourquoy le front & le visage de l'Homme sont de figure quarrée, & ceux qui sont bilieux ont les coins du front en pointe & le visage fort long, tout au contraire des pituiteux qui les ont de figure ronde. La douceur, la modestie & la pudeur qui paroissent sur le visage & au reste des actions, sont encore des effets du froid qui

abbat le courage, & qui retient ou alen-
tit le mouuement des parties. C'eſt luy encore qui rend la voix greſle & foible en
étreſſiſſant le goſier où elle ſe forme, &
affoibliſſant la faculté vitale. Mais nous
examinerons toutes ces choſes plus particulierement au traité de la Beauté : Il ſuffit
icy de marquer en gros, que la conformation naturelle de la Femme ſuit le Temperament froid & humide dans le degré que
la Nature a preſcrit pour la perfection de
ſon ſexe.

IL ne nous reſte plus qu'à montrer, que
toutes ces parties ont raport auec les qualitez de l'eſprit que nous auons marquées,
que c'en ſont les ſignes qui les découurent,
quelques cachées qu'elles ſoient : Et qu'enfin de tous les traits qui compoſent la Beauté de la Femme, il n'y en a pas vn qui ne
marque vne Inclination vitieuſe.

Il ne faudroit point d'autre preuue de
cette verité, que la foibleſſe naturelle qui
ſe trouue au corps de la Femme, & la conformation de toutes ſes parties dont il n'y

*Toutes ces par-
ties marquent
les inclinations
qui ſont propres
à la femme.*

H iij

en a pas vne qui ne ſoit vn effet, ou de la froideur de ſon temperament, ou de l'humidité qui y domine, comme nous venons de montrer. Car puis que la foibleſſe du corps & de la chaleur naturelle eſt toûjours accompagnée de l'inclination à la timidité, à la deffiance & à l'auarice, &c. Et que l'humidité ſurabondante jointe auec elle rend le Naturel mol, effeminé, leger & inconſtant, &c. Il s'enſuit qu'elle n'a aucune partie qui ne montre quelqu'vne des Inclinatiós que nous auons propoſées. Mais pour l'éclairciſſement d'vne propoſition ſi eſtrange, il faut venir dauantage au détail des choſes, & montrer par les Regles de la Phyſionomie, qu'Ariſtote & les autres grands perſonnages de l'antiquité nous ont laiſſées, qu'il n'y a point de verité ſi bien eſtablie que celle-là.

En effet Ariſtote nous aprend que le viſage qui eſt petit eſt vne marque de puſillanimité & de baſſeſſe de cœur. Or par ce mot il deſigne ceux qui ne peuuent ſupporter la bonne ny la mauuaiſe fortune, qui deuiennent inſolens dans les moindres proſperi-

tés , qui perdent le courage dans les plus
petites trauerſes , qui prennent vn leger
refus ou vn petit delay pour vn grand mal-
heur , vn peu de negligence pour vne
grande iniure; qui ſe plaignent continuellement , qui ſe défient de tout , qui ſont irre-
ſolus , comme nous dirons plus amplement
en faiſant les Characteres de ce vice.

Le viſage rond eſt vn ſigne de malice &
de colere.

Le front qui eſt petit eſt vne marque
d'vne humeur legere & incorrigible; Celuy
qui eſt rond eſt vn ſigne de colere & de foibleſſe d'eſprit; Celuy qui eſt long & vny
l'eſt de la flaterie.

Les yeux noirs marquent la timidité,
ceux qui ſont grands, l'Inconſtance.

Les levres groſſes & molles, eſt vne marque de babil, de curioſité pour les affaires
d'autruy , & de negligence pour les ſiennes
propres : quelques-vns meſmes diſent que
c'eſt vn ſigne d'auarice & de menſonge qui
ſont deux vices communs aux Maures qui
ont les levres de cette ſorte.

La bouche petite eſt vne marque de foiblesse & de mensonge.

Le menton rond est vn signe d'enuie.

Le col long & gresle denote vn naturel timide & babillard.

La gorge vnie & charnuë , marque la credulité & la foiblesse de iugement.

Les espaules petites & serrées sont signe d'auarice.

Les cuisses, les pieds & les mains charnuës, le dos estroit & foible, les mains petites sont toutes marques d'vn naturel mol & effeminé, c'est à dire qui est delicat, voluptueux, qui ne peut souffrir aucun trauail, à qui les plus legeres incommoditez sont insupportables, qui porte impatiemment la priuation des moindres plaisirs de la vie.

En quel lieu se trouue la parfaite beauté.

C'EST là tout ce que nous auons à dire icy de la Beauté de l'Homme & de la Femme. Il ne reste qu'vne difficulté qui entrera sans doute dans l'esprit de tous ceux qui liront ce discours , & qui peut, si elle n'est resoluë, rendre suspecte la verité que nous auons establie. C'est que la Beauté
que

que nous auons dépeinte n'eft propre qu'à
nos climats, & ne s'accommode point aux
autres ; Car il n'y a point de païs où les
goufts & les jugemens ne foient differens
fur ce fujet : Il y a mefme des nations qui
font fi éloignées des fentimens que nous
auons de la Beauté, qu'elles iugent belles
les perfonnes qui à noftre aduis font tout
à fait difformes.

Cela eftant ainfi, comment peut-on former vne idée certaine & determinée de
la Beauté qui eft fi vague & fi diuerfifiée,
& faire entrer dans les deffeins de la Nature vne chofe qui femble dépendre de la
feule opinion des Hommes ? Suppofé mefme que ce fuft vne perfection naturelle ;
qui fera le Iuge qui pourra decider laquelle eft la plus acheuée & la plus accomplie,
puis que chaque peuple fe croira bien fondé à donner le prix à celle qui luy eft
propre ?

Il n'y a fans doute que la Raifon qui eft
le Iuge fouuerain de toutes les Nations, qui
puiffe donner vn Arreft decifif dans vne affaire fi briguée & fi delicate. Mais ce n'eft

I

pas la Raison particuliere qui a ce droit là,
c'eſt la Raison generale qui eſt fondée ſur
des notions communes, & ſur des Principes
qui ne peuuent eſtre conteſtez.

C'eſt donc elle qui nous apprend que le
Corps eſt l'inſtrument de l'Ame, & qu'autant que celle-cy a de facultez & de puiſſances differentes, il faut qu'il ait autant
de diuerſes parties pour en eſtre les organes: Parce que l'inſtrument doit eſtre proportionné, & à la cauſe qui l'employe & à
l'action qu'elle doit faire par ſon moyen.
Et comme chaque puiſſance a vne action
qui luy eſt propre, il faut qu'elle ait auſſi
vn Inſtrument qui luy ſoit particulier, c'eſt
à dire, qui ait la conſiſtence & la figure qui
ſont propres à cette action là; Car ſi la ſcie
n'auoit la dureté & la figure qui luy conuiennent, elle ne ſeruiroit de rien à l'ou-
uricr qui la met en beſongne. Or quand vn
Inſtrument a les qualitez & les diſpoſitions
qui ſont propres pour agir, on peut dire
qu'il a ſa perfection, parce que rien ne luy
manque.

D'ailleurs, il eſt certain qu'en chaque or-

dre de chofes il n'y a qu'vne feule perfection, parce qu'il n'y a qu'vne fin principale où chacune eft deftinée, & que la perfection confifte dans la fin. D'où il s'enfuit
que chaque puiffance de l'ame n'a qu'vne
perfection, & que l'Inftrument dont elle
fe fert n'en peut auoir auffi qu'vne feule.
De forte que la Beauté qui eft la perfection
des parties,& qui confifte dans la jufte conformation qu'elles doiuent auoir, ne peut
eftre qu'vne feule & vnique, & toutes celles qui n'ont pas cette conformation, n'ont
pas l'exacte & la parfaite beauté qui conuient à la nature de l'Homme.

La queftion eft maintenant de fçauoir,
où fe trouue cette beauté parfaite & accomplie. A ce deffein il faut reprendre les
principes que nous auons pofez cy-deuant, & dire que la perfection naturelle du
Corps humain confifte dans la mediocrité
du temperament & de la conformation
des parties,pour les raifons que nous auons
dites ; & que les fexes qui ne l'ont peu conferuer à caufe des qualitez differentes qu'ils
doiuent auoir, ne s'en éloignent que fort

peu. Car il s'enfuit de là que le Climat où
fe trouue la parfaite Beauté, eft celuy qui
s'oppofe le moins à cette mediocrité, & qui
par fon exacte temperature la conferue &
ne l'altere point. Or il eft indubitable, que
celuy qui eft au quarante-cinquiéme degré
d'éleuation eft le plus temperé, eftant au
milieu de toutes les extremitez, & par confequent fi l'on doit chercher en quelque
lieu la parfaite Beauté, c'eft là & aux enui-
rons qu'on la peut trouuer.

Ie fçay qu'il y a des païs qui font en
cette fituation où elle ne fe rencontre pas,
comme dans la partie de la Chine & de
l'Amerique, qui eft fous le mefme degré.
Mais il ne faut pas icy confiderer la feule
pofition du Ciel, il y faut ioindre la nature du terroir, l'origine & la police des peuples. Car ce qui eft dans la Chine eft trop
humide, à caufe de quantité de lacs & de
riuieres qui y font ; Ce qui eft dans l'Amerique eft trop froid, à caufe des bois & des
montagnes, comme la nouuelle France.
Dailleurs, il y a des peuples qui habitent
des lieux fort temperez qui n'en font pas

originaires, & qui neantmoins ont conferué la Conformation que leur premiere demeure leur auoit donnée. Enfin ces nations font barbares & mal policées, & il
eſt certain que les deſordres de l'ame ſe
communiquent au corps, & en alterent à
la fin le temperament, & en corrompent
fouuent la figure. De ſorte qu'il ne faut pas
chercher la veritable Beauté hors l'Euro-
pe, & l'on peut dire que la France en eſt
l'vnique ſejour, eſtant iuſtement au milieu des extremitez du chaud & du froid,
du ſec & de l'humide : En vn mot, du Midy & du Septentrion.

C'eſt là auſſi où nous auons pris le modelle de la Beauté qui conuient à l'Homme & à la Femme. Nous n'en auons fait à
la verité qu'vn gros crayon & qu'vne legere ébauche ; mais nous luy donnerons les
derniers traits & la perfection entiere au
Traité que nous auons deſtiné à vn ſi beau
ſujet.

I iij

DES INCLINATIONS.

CHAPITRE II.

De la nature de l'Inclination.

Quelle est la nature de l'In-clination.

POVR sçauoir ce que c'est que l'Inclination, il semble qu'il ne faut que considerer le nom qu'elle porte ; Car il fait assez connoistre, ou que c'est vn Mouuement qui fait incliner & pancher l'ame vers quelque objet, ou que c'est seulement vne disposition à se mouuoir vers luy : Car vne chose peut auoir vne pente & pancher vers quelque endroit, sans souffrir aucun mouuement. Or comme on peut estre enclin à la colere sans en estre agité & sans la ressentir en effet, il s'ensuit de là, que l'Inclination n'est pas vn Mouuement, & que ce n'est que la disposition

à se mouuoir. Mais parce qu'il y a des dispositions passageres, & d'autres qui sont
constantes & durables, & que l'on ne dit
pas qu'vn homme soit enclin à vne passion
pour s'y voir disposé par quelque rencontre extraordinaire ; il faut que l'Inclination soit vne disposition constante, & qui
ait ietté de longues & de profondes racines dans l'ame.

Outre cela, puis qu'elle fait pancher
vers certains objets, il faut qu'ils ayent
l'apparence du bien, car elle ne panche
pas vers le mal, au contraire, elle s'en dé-
tourne : Et quoy que ces objets puissent
estre mauuais en effet, il est pourtant necessaire qu'ils luy paroissent bons pour luy
donner la pente & l'inclination qu'elle a
vers eux. Ainsi vn homme qui est enclin
à la colere trouue du plaisir à se vanger ;
& toutes les passions, pour fascheuses qu'elles soient, donnent quelque satisfaction à
la Nature, qui pouruoit par elles à sa con-
seruation. Car encore que la raison iuge la
passion est mauuaise, la partie sensitiue de
l'ame ne laisse pas d'y trouuer son conten-

tement , comme dans vne action qui luy
eſt vtile pour la fin qu'elle ſe propoſe.

*Quel eſt l'objet
de l'Inclina-
tion.*
OR les objets de l'Inclination ſont de
deux ſortes , les choſes & les actions;
car l'on a Inclination pour les perſonnes,
pour les liures , pour les tableaux , &c.
On l'a auſſi aux paſſions , aux vertus &
aux vices : Mais il y a cette difference , que
l'on dit bien que l'on eſt enclin aux actions,
mais cela ne ſe dit iamais des choſes ; car
quoy que l'on ait inclination pour vne
perſonne , on ne dit pas que l'on ſoit enclin à cette perſonne. Ce qui fait bien iuger qu'il y a deux ſortes d'Inclination en
general ; l'vne qui eſt iuſtement & proprement appellée ainſi ; & l'autre qui eſt im-
propre & figurée.

Car celle qui ſouffre le mot d'Enclin , c'eſt
à dire qui communique ſa forme & ſon
nom au ſujet où elle eſt , doit paſſer pour
la veritable , au lieu que l'autre eſt plûtoſt
l'effet de l'Inclinatió , que l'inclination ; puis
que c'eſt le mouuement meſme que l'appetit ſouffre en aymant & deſirant quelque
choſe,

chofe, & que l'Inclination n'eſt pas le mouuement, mais la diſpoſition à ſe mouuoir.
De ſorte que quand l'on dit qu'on a inclination pour vne perſonne, cela s'entend de
l'amitié que l'on a pour luy, ou de la diſpoſition qu'on a de l'aimer ; celle-cy eſt la
veritable Inclination, l'autre n'en eſt que
l'effet.

Ous laiſſons donc icy celle qui n'eſt *Difference des*
pas proprement dite, & nous ne de- *Inclinations.*
uons parler que de celle qui eſt veritable.
Elle eſt auſſi de deux ſortes, l'vne eſt Naturelle & vient de la Nature, l'autre eſt Acquiſe & procede de l'habitude & de l'accouſtumance : Car il y a des hommes qui
ſont naturellement enclins à l'amour, à la
colere, à la juſtice, &c. & d'autres qui acquierent l'Inclination à des vertus, à des
vices, à des paſſions où ils n'eſtoient point
naturellement enclins.

'VNE & l'autre reſide dans l'ame com- *Quel eſt le ſie-*
me dans ſon veritable ſujet : Car outre *ge des Inclina-*
qu'il y a des Inclinations toutes ſpiri- *tions.*

K

tuelles, comme celles que les Arts & les Sciences laiſſent dans l'eſprit ; Il en eſt des corporelles comme de la facilité d'operer qu'a vn Artiſan quand il a de bons inſtrumens : Car cette facilité n'eſt pas dans les inſtrumens, quoy qu'elle procede d'eux. Auſſi l'Inclination qu'vn homme a de ſe mettre en colere n'eſt pas dans les organes, quoy qu'elle vienne de la conſtitution des organes ; parce que la diſpoſition qu'a vne choſe à ſe mouuoir, auſſi bien que le mouuement dont elle eſt apres agitée, doit eſtre dans la choſe meſme, & non pas dans les cauſes qui luy donnent cette diſpoſition & ce mouuement. Et par conſequent, puiſque c'eſt l'ame qui ſe doit mouuoir, il faut que la diſpoſition à ſe ſe mouuoir ſoit dans l'ame.

De là il eſt ayſé à juger, que l'Appetit eſt le ſiege des Inclinations, parce qu'il n'y a que cette ſeule partie de l'ame qui ſe puiſſe mouuoir. Et comme il y a trois ſortes d'Appetit, la volonté, l'appetit ſenſitif, & l'appetit naturel, chacun a ſes Inclinations qui luy ſont conformes, c'eſt à

dire, que les fpirituelles font dans la volonté comme celles que les Arts & les
Sciences laiſſent dans l'eſprit ; Les ſenſibles font dans l'appetit ſenſitif, comme
celles que l'on a aux paſſions de l'ame
ſenſitiue; Et celles qui font purement corporelles font dans l'appetit naturel, telles
que font celles que la Nature a pour certains mouuemens d'humeurs dans les maladies, & pour toutes les actions auſquelles les organes font deſtinez. Car auant
meſme que les parties ſoient en eſtat d'a-
gir, l'ame a inclination aux fonctions qu'elles doiuent faire : D'où vient qu'vn mou-
ton heurte auec la teſte auant que ſes cor-
nes ſoient ſorties, vn marcaſſin veut mor-
dre auant que ſes deffenſes ſoient venuës,
& les oyſeaux tâchent de voler quoy
qu'ils n'ayent point encore d'aiſles. Il
faut neantmoins remarquer que les Inclinations d'vn appetit ſe communiquent
ſouuent à l'autre : Car l'Inclination que
l'on a aux paſſions entre à la fin dans la
volonté, & celles de l'appetit naturel ſe répandent ordinairement dans l'appetit ſen-

K ij

fitif, comme les exemples que nous venons d'apporter font foy.

Comment on
doit definir l'In-
clination.

DE toutes ces confiderations, il femble qu'on pourroit former vne exacte
definition de l'Inclination, en difant que
c'eft vne difpofition profondément enra-
cinée dans l'appetit, qui le fait pancher
vers certains objets qui luy font agreables. Mais pour en parler fainement, ces
façons de parler metaphoriques, ne font
point propres à definir les chofes, & les
mots de Pancher non plus que celuy de
Pente & de Poids, par lefquels on a accouftumé de definir l'Inclination, ne fe
peuuent dire proprement que des corps,
& ne conuiennent point à l'ame. Tâ-
chons donc d'éclaircir dauantage cette
matiere, & de trouuer des notions & des
termes qui foient propres à la chofe que
nous examinons.

D'où vient la
difpofition où cō-
fifte l'Inclinatiō.

IL eft certain que l'appetit a de certains
mouuemens où il fe porte plus fouuent
qu'aux autres, & l'on peut dire, qu'il a

difpofition à les faire, & que cette difpofition confifte dans la facilité qu'il y trouue. La queftion eft de fçauoir d'où luy
vient cette difpofition & cette facilité :
Car elle ne peut proceder du poids, de
la 'fituation, de la figure, ny d'autres pareilles circonftances qui rendent les corps
difpofez & faciles à fe mouuoir.

Pour découurir ce fecret, il faut demeurer d'accord que l'Inclination eft vne
difpofition & vne facilité fixe & conftante qui furuient à l'appetit; Et que par confequent il eft neceffaire que la caufe qui
la produit foit auffi conftante & durable.
Or toutes les caufes de cét ordre-là que
l'on peut s'imaginer en cette rencontre,
fe reduifent, ou à la difpofition de l'organe de l'appetit, ou à l'habitude qu'il
peut auoir acquife, ou aux jmages qui fe
conferuent dans la memoire, & qui feruent à former la connoiffance qui deuance
fon mouuement : Car il n'y a que ces
chofes-là qui foient permanentes, & qui
puiffent caufer cette difpofition & cette
facilité conftante où confifte l'Inclination.

K iij

On pourroit donc dire , Que fi les efprits
font les organes & le fiege immediat de
l'appetit , comme nous monftrerons cy-
apres , il faut que felon qu'ils font plus
fubtils ou plus groffiers , ils fe meuuent
plus ou moins facilement , & que l'appetit auffi qui fe meut auec eux eft plus
prompt ou plus lent à fe mouuoir. Et que
c'eft la raifon pour laquelle il y a des naturels fi mobiles , qui ayment fi facilement, & qui defirent les chofes auec tant
d'ardeur ; qu'au contraire , il y en a qui
ont l'ame fi pefante qu'il eft prefque impoffible de l'ébranler , & qui fe porte
auec lafcheté & negligence à tout ce qu'ils
fouhaitent.

Mais cette raifon n'eft pas generale pour
toutes les Inclinations : Car outre qu'il y
en a qui viennent de l'inftinct , & qui ne
dependent point de la qualité des efprits;
il y en a dans la volonté, laquelle n'eft
point attachée à aucun organe : Nous en
reconnoiffons mefme dans les Anges, où il
eft indubitable que cette caufe-là , ny aucune autre difpofition corporelle, ne peut

auoir lieu. On en doit dire autant de
l'habitude que l'appetit peut auoir contractée, puiſque l'habitude eſt vne qualité acquiſe par pluſieurs actions, & qu'il
y a des Inclinations naturelles qui viennent auec la naiſſance.

De ſorte qu'il ne nous reſte que les
Images qui ſe conſeruent dans la memoire, qui puiſſent eſtre la cauſe generale &
immediate de cette diſpoſition & facilité,
en quoy conſiſte l'Inclination.

POVR ſçauoir comment cela ſe fait;
Il faut remarquer que l'appetit de
quelque ordre qu'il ſoit, eſt vne puiſſance
aueugle, qui de ſoy n'a aucune connoiſſance, & qui ſe laiſſe conduire par vne
autre faculté qui a droit de connoiſtre
ſi les choſes ſont bonnes & mauuaiſes, &
de luy commander apres de ſe mouuoir
conformément au jugement qu'elle en a
fait. Cette faculté s'appelle *Entendement
Practic*, dans la partie ſuperieure, & dans
la ſenſitiue elle ſe nomme *Eſtimatiue*.
Et il n'y a aucun mouuement qui ſe faſſe

Commẽt ſe font les mouuemens de l'appetit.

dans ces deux parties de l'ame qui ne soit
deuancé par le jugement de l'vne ou de
l'autre de ces facultez.

Elles ont encore cela de propre, qu'elles ne font pas leur jugement selon la nature des choses ; Mais selon le sentiment
qu'elles en ont : Car il s'en trouue qui
pourroient estre vtiles qu'elles jugent
mauuaises, & de mauuaises qui leur semblent estre bonnes. Et il ne se faut pas
estonner de cela, parce que le Bien & le
Mal font des choses relatiues qui ne font
reconnuës telles que par la comparaison
que l'ame en fait ; Qui n'ont point d'especes particulieres pour toucher les sens
comme en ont toutes les qualitez sensi-
bles; Et qui ne se connoissent que par les
jmages que ces facultez forment d'elles-
mes sans les emprunter d'ailleurs : C'est
pourquoy on dit dans l'Echole qu'elles se
font connoistre, *Per species non sensatas.*
En effet ce qui est bon à l'vn ne l'est pas
à l'autre, & vne mesme personne trouue
agreable ce qui luy estoit fâcheux auparauant, ce qui fait bien voir que le Bien

&

& le Mal dependent feulement de l'opinion que l'on en a conçeuë.

De fçauoir maintenant d'où elle peut
tirer cette connoiffance, & ce qui l'oblige à juger que les chofes font bonnes ou
mauuaifes ; Ce n'eft pas icy le lieu d'examiner à fonds vne chofe de fi longue
fuite. C'eft affez de dire en gros, Que
c'eft l'inftinct, l'experience & le raifonnement faux ou veritable qu'elle fait des
chofes : Car fur la connoiffance qu'elle a
du Temperament & des parties qui luy
feruent d'organes ; Sur celle que la puiffance ou l'impuiffance qu'elle croit auoir
luy donne ; Sur celle qui luy vient du deffaut ou de l'abondance où elle eft, elle juge que les chofes luy font conformes ou
contraires, vtiles ou dommageables, en
vn mot bonnes ou mauuaifes.

APRES donc que l'vne ou l'autre de
ces facultez, s'eft ainfi formé l'idée
du Bien & du Mal, elle fait d'ordinaire
deux autres jugemens : par le premier,
elle juge que le Bien fe doit pourfuiure,

L

& que le mal ſe doit fuïr , & c'eſt celuy
qui s'appelle ſimplement Practic. Par
le ſecond , elle ordonne effectiuement à
l'Appetit de pourſuiure ou de fuïr ; Auſſi
le nomme-t'on dans l'Eſchole actuellement
Practic, *Practice practicum*. En ſuite l'Appetit ſe meut , qui ordonne à la vertu
motiue qui eſt dans les membres , de faire
les mouuemens qui ſont neceſſaires pour
iouïr du Bien, ou pour euiter le Mal.

Toutes ces actions ſe ſuiuent & ſe font
ordinairement en vn moment ; Mais elles
ſont auſſi quelquefois diſtinctes & ſepa-
rées , & principalement dans l'Homme:
Car l'Entendement peut connoiſtre qu'vne
choſe eſt bonne, ſans juger qu'il la faille
pourſuiure ; & ſouuent il juge qu'il l'a
faut pourſuiure, qu'il n'ordonne pas à la
volonté de le faire. Souuent meſme apres
tous ces jugements la volonté qui eſt libre , ne ſuit pas ces ordres , & peut demeurer immobile, ou faire vn mouuement
contraire.   Mais dans les animaux le Iugement Practic & le mouuement de l'A-
petit ne ſe peuuent ſeparer , & auſſi-toſt

que l'Eſtimatiue a connu vne bonne choſe , il faut qu'au meſme moment elle juge & ordonne à l'Appetit de la pourſuiure:
Qui ne manque auſſi jamais à ſe mouuoir
conformément à ces jugements-là.

Il n'y a que le commandement que
l'Appetit fait à la vertu motiue des membres , qui peut eſtre ſuſpendu : Car nous
voyons à toute-heure qu'vne beſte deſire
vne choſe qu'elle n'oſe prendre , par la
crainte qu'on luy donne. Auquel cas l'Appetit ſe meut & forme le deſir ; Mais il
en demeure là, ſans faire agir les membres.

Quoy qu'il en ſoit, il eſt ayſé à juger
de tout ce que nous auons dit cy-deuant,
non ſeulement Que l'Appetit ſe meut
conformément au jugement Practic, c'eſt
à dire, que ſes mouuemens ſont forts où
foibles, ſelon que l'Eſtimatiue luy ordonne
foiblement ou fortement de les faire ;
Mais auſſi que le Iugement Practic re-
pond à la Notion que l'Eſtimatiue s'eſt
formée du bien ou du mal, & que le commandement eſt plus ou moins preſſant,

L ij

felon qu'elle fe figure dans les chofes plus
ou moins de degrez de bonté & de malice : Car vn plus grand bien demande
vn commandement plus imperieux qu'vn
plus petit, & vn commandement de cette forte excite vne plus violente paffion.

Les Images qui
font dans la
memoire cau-
fent l'Inclina-
tion.

OR fi les mouuemens de l'Appetit
dependent ainfi des jugements de
l'Eftimatiue, il faut que les difpofitions
qui le rendent enclin à ces mouuemens,
fe rapportent auffi à ces jugemens-là. Ce
ne fera pas à ceux que l'Eftimatiue forme
quand elle connoift ; Car ils font paffagers , & l'Inclination eft vne difpofition
permanente : Mais ce fera à ceux qui fe
conferuent dans la memoire, comme nous
auons dit. Or ils font de deux fortes :
Car ils font Naturels ou Acquis, les Naturels confiftent dans les Images que la Nature imprime dans l'ame des animaux
auec la naiffance, & c'eft ce que l'on appelle Inftinct, comme nous auons montré
au Traité de la connoiffance des animaux:
Les Acquis confiftent auffi dans les Images

qui demeurent dans la memoire apres l'a-
ction de la faculté Eſtimatiue. Sous ce
mot je comprends auſſi l'Entendement
Practic.

Or comme ces deux ſortes d'Images
ſeruent de modeles à l'Eſtimatiue pour former ſes jugements, à meſure qu'elles ſeront
plus expreſſiues & repreſentatiues de la
Bonté ou de la Malice des objets, elles ſeront plus propres à exciter dans l'Eſtimatiue des commandements plus preſſans &
de plus grands mouuements dans l'Appetit.

Or il eſt certain que les Naturelles ſont
parfaitement repreſentatiues , parce que
c'eſt la Nature qui les forme elle - meſme
pour la conſeruation de l'animal , & qui les
graue au plus profond de l'ame, afin qu'elles ne ſe puiſſent effacer. Mais les Acquiſes ne ſont que ſuperficielles , & ſi elles ne
ſont ſouuent renouuellées, elles ſe perdent
ou s'affoibliſſent en ſorte qu'elles ne peuuent repreſenter parfaitement les choſes.
Il eſt vray qu'il y a de certains objets qui
font d'abord vne ſi forte impreſſion dans

l'ame, que les efpeces s'en conferuent long-
temps dans la memoire , & que la premiere connoiffance que l'on en a , fait autant que pluſieurs connoiffances fouuent
reïterées feroient en vne autre rencontre:
C'eft ainſi que la premiere veuë d'vne belle perſonne , cauſe fouuent vne amour de
longue durée : C'eft ainſi que l'on dit
dans l'Efchole qu'il y a de certains actes,
qui tous feuls & dés la premiere fois peuuent produire des habitudes. Mais hors
de là , il faut que les Images que l'ame forme & qu'elle conferue dans la memoire,
foient fouuent renouuellées , & comme
retouchées par diuerſes connoiffances ,
afin qu'elles foient parfaitement expreffiues & repreſentatiues. Car à chaque fois
que l'ame connoiſt ou qu'elle fe refouuient
d'vn objet , elle en forme autant de fois
l'Image ; Parce qu'en connoiffant ou ſe
refouuenant , elle agit , & elle ne peut
auoir d'autre action que la production
des Images ; Lefquelles iointes auec celles
qui font dans la memoire , les rendent plus
fortes & plus viues , tout de meſme que

les couleurs qui font plufieurs fois retouchées, comme nous auons montré au lieu
allegué.

CE s Images qui font donc dans la
memoire, & qui font ainfi parfaitement expreffiues, font celles qui donnent
la difpofition & la facilité qu'a l'Appetit de
fe mouuoir vers certains objets.

Et certainement on peut dire, que l'A-
me qui fe fent pourueuë de ces Images,
& qui fe void en eftat de produire les connoiffances qui luy font neceffaires, prend
vne certaine confiance en foy-mefme, &
fans qu'elle y faffe reflexion, elle fent fon
courage & fes forces. Et comme vn homme qui a la vigueur du corps, les richeffes ou la naiffance noble, fe confie en foy-
mefme, & eft toufiours en eftat d'entreprendre des chofes conformes à fon pouuoir, encore qu'il n'y penfe pas: l'Ame en
fait de mefme quand elle a les Images toutes preftes pour faire fes jugements, elle
tient toutes fes facultez en vne difpofition propre pour agir, & quand elle eft

en action, on void bien qu'elle y eſtoit pre-
parée.

De là il eſt ayſé à juger, pourquoy l'Inſtinct, le Temperament, les Habitudes, &c.
cauſent les Inclinations, parce que toutes
ces choſes préſuppoſent des Images parfaitement expreſſiues. Car celles de l'Inſtinct ſont fortes & profondes, comme
nous auons dit ; Celles des Habitudes doiuent auoir eſté ſouuent renouuelées : Et
le Temperament, la conformation des parties, le genre de vie, &c. que l'Ame ſent
& connoiſt à tous momens, font le meſme
effet ſur les Images que l'Habitude. De
ſorte que par tout-là les Images ſont parfaitement repreſentatiues, & l'Appetit eſt
eſt en eſtat de ſe mouuoir ſi-toſt que
l'Entendement Practic ou l'Eſtimatiue les
luy preſentera : En quoy conſiſte la facilité qu'il a de s'y porter, comme l'Inclination conſiſte en cette facilité, ainſi que
nous auons dit cy-deuant. Apres cela, nous
pouuons definir l'Inclination par des notions & par des termes propres, en diſant
que c'eſt *vne diſpoſition permanente, &*
vne

vne facilité contractée de longue - main,
que l' Appetit a de se mouuoir vers certains
obiets qui luy sont agreables.

Quelles sont les causes des Inclinations.

VOILA pour ce qui concerne la nature, l'objet, & le siege des Inclinations.
Il faut maintenant en examiner les Caufes : Car quoy que nous ayons parlé de la
principale & qui en est la fource immediate, à sçauoir, les Images qui se conferuent
dans la memoire, il y en a d'autres qui pour
n'estre pas iointes de si prés à l'Inclination
ne laissent pas d'y estre neceffaires, & qui
mesmes estant plus connuës & plus manifestes, donneront plus de clarté à vne chose qui est si obscure.

Outre donc cette cause secrette & immediate dont nous venons de parler, il y
en a de Prochaines & d'Eloignées , & les
vnes & les autres sont ou Naturelles ou
Morales.

M

Des Naturelles, les Prochaines font l'Inftinct , le Temperament & la Conformation. Les Eloignées font les Aftres , le Climat, l'Aage , les Alimens & les Maladies.

Les Morales font , la Naiſſance noble ou
vile ; la Richeſſe & la Pauureté ; La Puiſſance & la Sujetion ; la bonne & mauuaiſe
Fortune , & le genre de Vie qui comprend
les Arts, les Sciences & les Habitudes ; & les
Conſeils , les Exemples , les Peines & les
Recompenſes : Car toutes ces choſes cauſent des Inclinations particulieres en diſpoſant l'Ame à iuger que les choſes font
bonnes , & la faiſant pancher vers elles. Il
faut voir comment cela ſe fait.

L'Inſtinct eſt
vne des cauſes
des Inclina-
tions.

Il n'y aura pas lieu de douter pour l'Inſtinct quand on ſçaura qu'il conſiſte dans
les Images qui font nées auec l'animal pour
luy faire connoiſtre les choſes qui luy font
neceſſaires , & qu'il ne peut apprendre des
Sens. Car comme ces Images font parfaitement expreſſiues eſtant touſiours preſentes à l'Ame , elles ſollicitent à toutes rencontres l'eſtimatiue , de les propoſer à l'appetit , & y font naiſtre , comme nous auons

dit, l'Inclination qu'elle a pour les actions qu'elles ordonnent de faire.

C'eſt ainſi que l'Ame connoiſt & eſt en-cline aux fonctions auſquelles elle eſt de-ſtinée, & à la recherche de la pluſpart des choſes qui luy ſont neceſſaires. Car c'eſt de là que procede l'inclination que les oy-ſeaux ont à voler, les poiſſons à nager, les hommes à raiſonner, & que tous les ani-maux ont à chercher les alimens & les re-medes qu'ils ſçauent naturellement leur eſtre propres, & vtiles.

POur ce qui eſt du Temperament, tout le monde ſçait que c'eſt la cauſe la plus generale & la plus éuidente des Inclina-tions ; Que ſelon la qualité des humeurs qui dominent dans le corps, les hommes ſont portez à telles & telles paſſions ; Que les me-lancholiques ſont naturellement triſtes & ingenieux, les bilieux, prompts & chole-res, les ſanguins ioyeux & affables, les pituiteux ſtupides & pareſſeux. Que les climats portent des hommes plus adroits & plus doux, ou plus groſſiers & plus

Le tempera-ment eſt vne des cauſes de l'In-clination.

M ij

fauuages fuiuant la qualité de l'air qu'ils y refpirent , & qui caufe cet effet par l'impreffion qu'il fait fur le temperament. Qu'enfin les animaux mefmes font timides ou hardis , dociles ou farouches , felon qu'ils ont le fang ou plus chaud ou plus froid , plus efpais ou plus fubtil.

La raifon pour laquelle le Temperament eft caufe de tous ces effets vient de la connoiffance fecrete qu'a l'ame, des inftrumens dont elle fe fert dans fes actions; car eftant vnie ou iointe de fi prés auec eux, elle en connoift la force ou la foibleffe, & fçait à peu pres ce qu'elle peut & ce qu'elle ne peut pas faire par leur moyen.

Or quoy que cette connoiffance foit fecrete , elle ne vient pas neantmoins de l'Inftinct, car l'Inftinct eft vne connoiffance claire & diftincte qui n'eft donnée qu'aux efpeces , & qui doit eftre par confequent commune à tous les particuliers qui font fous elle, au lieu que celle-cy eft differente en chacun d'eux , & eft obfcure & confufe. Car l'ame ne connoift la bile que confufement; C'eft pourquoy

elle fe la reprefente dans les fonges par des
Images qui ne luy font pas tout à fait femblables, & qui ont feulement quelque conformité auec elle , comme font les feux,
les combats , les couleurs éclatantes. Elle
en fait de mefme de la melancholie qu'elle fe figure par des fpectres , des obfcuritez
& des embarras fafcheux,& ainfi des autres
à proportion,comme nous dirons plus particulierement au Traité des Temperamens.

Or cette connoiffance quelque confufe
qu'elle foit , fuffit pour inftruire l'ame de ce
qu'elle eft capable de faire ou de ne pas faire par le moyen de ces humeurs. Car elle
luy apprend par l'experience qu'elle en fait
à tous momens , que la bile eft vne humeur
actiue & mobile , & qu'elle luy peut feruir
à attaquer, à combattre & à deftruire ce
qui l'offence ; Qu'au contraire , la melancholie eft difficile à remuer , incommode
& contraire aux principes de la vie, & ainfi des autres. Et fur cette connoiffance ,
l'eftimatiue forme fes jugemens conformes
à l'effet que ces humeurs produifent, qu'elle conferue dans la memoire , & qu'elle ra-

M iij

fraiſchit à toùs momens par de nouuelles
connoiſſances , les rendant ainſi parfaitement repreſentatiues & capables de produire les Inclinations que nous y remarquons.

I a Conforma-
tion des parties
eſt cauſe de l'In-
clination.

QVant à la Conformation des parties,
perſonne ne doute que ce ne ſoit vne
marque certaine de beaucoup d'Inclinations , puiſque meſme ſans art par la ſeule
inſpection des traits du viſage on connoiſt
à peu prés l'humeur & l'eſprit des perſonnes ; Que les Hommes qui ont quelque reſſemblance auec les animaux ſont enclins
aux meſmes paſſions qu'eux ; Que les Eſ-
cuyers & les Chaſſeurs la conſiderent pour
iuger de la bonté & de la docilité des Cheuaux & des Chiens ; Et qu'enfin elle a paſſé en Prouerbe, qui aſſeure qu'il ne ſe faut
point fier en ceux qui ont quelque eſtrange deffaut de nature.

Mais ie dis bien plus , ce n'eſt pas
ſeulement la marque , elle eſt encore
la cauſe des Inclinations , car elle fait
pancher l'Ame à certaines actions , com-

me le Temperament. Et il ne faut pas dire que c'eſt l'effet du Temperament meſme,
& qu'ainſi elle ne marque les inclinations
que parce qu'elle déſigne le temperament
qui en eſt la veritable cauſe & non pas elle.
Car quoy que cela ſoit veritable en pluſieurs rencontres, & qu'il ſoit certain que
pour l'ordinaire les parties s'allongent, ſe
retreſſiſſent, & prennent diuerſes figures
ſelon la qualité de l'humeur qui domine.
Il arriue neantmoins tres-ſouuent que la
Conformation ne s'accommode pas auec
le Temperament, & qu'vne complexion
froide, par exemple, ſe trouue auec vne
Conformation qui ſemble témoigner de la
chaleur. En effet le cœur & le cerueau
ſont quelquefois plus grands ou plus petits dans vn meſme Temperament: Ce qui
cauſe vne difference notable dans les paſſions ſur leſquelles ces deux parties ont
vn grand pouuoir. Outre cela combien
void-on de bilieux qui ont le nez gros &
court, de melancholiques à qui il eſt long
& aigu contre la nature de ces humeurs?
Qui diroit que tous les Tartares & tous

les Chinois ſont d'vn meſme temperament
à cauſe que ceux-là ont tous le viſage
large, & que ceux-cy ſont tous camus?
N'y a t'il pas des animaux de diuerſe eſpece qui ont vne meſme temperature? &
neantmoins ils ont la figure des parties toute differente. Enfin ce n'eſt point le Temperament qui perce les veines & les arteres,
qui fait les articulations des os, qui diuiſe
les doigts, & qui fait cette admirable
ſtructure des parties de chaque animal.
C'eſt la vertu formatrice qui eſt l'architecte que l'Ame employe pour luy baſtir
vn corps qui ſoit propre à faire les actions
auſquelles elle eſt deſtinée; Et comme cette
vertu taſche touſiours de rendre l'animal
qu'elle forme ſemblable à celuy qui le produit, ſi celuy-cy a des parties d'vne telle
grandeur ou figure, elle qui en porte le
charactere en fait touſiours de pareilles,
ſi elle n'eſt empeſchée. Il eſt vray que le
Temperament s'oppoſe ſouuent à ſon deſſein, & empeſche que les parties n'ayent la
figure qu'elle s'eſtoit propoſée de leur donner, mais ſouuent auſſi il n'y reſiſte pas &
la

la laiſſe agir ſelon les meſures qu'elle a pri-
ſes. C'eſt ainſi que l'imagination des Femmes groſſes luy fait changer la figure des
parties de l'enfant qu'elles portent, ſans que
le Temperament y reſiſte : C'eſt ainſi que
les Aſtres impriment ſur le corps des marques qui ne répondent pas à la complexion
naturelle qu'il a &c.

Tout cela preſuppoſé, la queſtion eſt de *Comment la Fi-*
ſçauoir comment la Figure, qui eſt vne qua- *gure agit.*
lité ſterile & qui n'agit point, peut cauſer
les Inclinations. Certainement il ne faut pas
croire qu'elle les produiſe par vne vertu a-
giſſante ; Car le Temperament meſme quoy
qu'il ait cette vertu il ne l'employe pas ſur
l'Ame qui n'eſt pas ſuſceptible des qualitez
materielles ; Car il n'y a rien qui puiſſe veritablement échauffer ou refroidir l'Ame. Ny
luy ny la conformation des parties ne ſont
que des cauſes occaſionnelles & des motifs
qui l'excitent à faire ſes actions. Quand elle
a connu la chaleur qui domine dans le corps
elle forme ſes Iugemens conformes aux
effets qu'elle peut produire, & ſe diſpoſe

N

apres à faire agir les organes selon le deſſein
qu'elle a pris. Il en eſt de même de la Figure,
elle ſçait celle qui eſt ou n'eſt pas propre à
certaines fonctions, elle en fait ſes Iugement apres, & ſolicite en fin l'appetit à
ſe mouuoir conformement à la reſolution
qu'elle à priſe.

Or tout de meſme qu'il y a des figures
qui ſont propres au mouuement des corps
naturels, & d'autres qui y reſiſtent, il eſt
certain que chaque fonction organique a
vne figure qui luy eſt affectée, & ſans laquelle elle ne ſe peut faire qu'imparfaite-
ment : C'eſt pourquoy chaque partie &
meſme chaque eſpece d'animal a vne figure differente, parce que les fonctions en
ſont differentes. Et comme le corps qui
deuoit eſtre quarré, & qui eſtoit par conſequent deſtiné au repos, deuient propre
à ſe mouuoir quand on luy donne la figure ronde. Auſſi quand vne partie organique qui deuoit eſtre d'vne telle figure en
reçoit vne autre, elle perd la diſpoſition
qu'elle auoit pour la fonction à laquelle elle eſtoit deſtinée, & acquiert celle qui a

liaifon auec la figure extraordinaire qu'elle a receuë.

Il en eft comme d'vn Artifan qui fe fert
d'vn inftrument qui n'eft pas propre au
deffein qu'il s'eft propofé ; Car au lieu de
faire ce qu'il pretend, il fait tout le contraire, il tranche ce qu'il deuoit percer, il
rend inégal ce qu'il deuoit aplanir, & voulant mettre en fonte la ftatuë d'vn homme, il fait celle d'vn lyon, fi le moule dont
il fe fert doit reprefenter cét animal.

L'ame en fait de mefme quand elle a des
organes qui n'ont pas la figure naturelle
qu'ils doiuent auoir ; Car c'eft vne chofe
affeurée que l'Homme, comme tout autre
animal a vne figure propre & particuliere
que la Nature a deftinée à chacune de fes
parties ; Et comme l'Ame a vne Inclination
à faire les actions qui font propres aux organes qu'elle doit auoir, il faut que cette Inclination fe change quand l'organe eft chágé.

Mais il y a icy vne difficulté qu'il eft
malaifé de refoudre. C'eft que l'Ame connoift par Inftinct l'action que doiuent
faire les organes quand ils ont la Confor-

N ij

mation qui leur eft propre & naturelle.
Cependant on ne peut pas dire cela quand
l'organe n'a pas la figure qu'il doit auoir,
parce que l'Inftinct ne luy donne pas la connoiffance de l'action qui ne luy eft pas propre, puifque c'eft vn deffaut particulier,
& que l'Inftinct eft vne connoiffance generale à toute l'efpece.

Pour fe tirer d'vn pas fi difficile, il faut
remarquer que la figure des parties eft l'effet de la vertu formatrice, & que cette
vertu fuit le temperament ou l'impreffion
& l'image qu'elle a receuë de l'animal qui
engendre. Si c'eft le temperament, la figure
n'eft pas la caufe de l'Inclination, ce n'en eft
que la marque, parce que le temperament
en eft la caufe veritable; & pour lors l'Ame
connoift l'action de la partie par le moyen
du temperament comme nous auons dit
cy-deuant. Mais fi c'eft l'impreffion &
l'Image de l'animal qui engendre; la vertu
formatrice eft la caufe de l'Inclination,
parce que c'eft vne faculté qui porte auec
foy non feulement le charactere des parties
de l'animal qui engendre, mais encore la

dispofition qu'il auoit à agir conformement à leur figure. Et cela eft fi veritable que fou-uent mefme vn enfant conferue l'Inclina-tion de fes parens encore qu'il ne leur ref-femble pas, le Temperament ayant refifté à la figure des parties, & n'ayant pas eu affez de force pour effacer la difpofition à l'In-clination qu'ils auoient. Or il eft certain qu'il n'y a que la vertu formatrice qui por-te le charactere de ces Inclinations, n'y ayant rien que l'animal qui engendre, communique à celuy qui eft engendré que cette feule vertu, comme les experiences modernes nous l'apprennent.

Or comme la vertu formatrice qui eft dans les organes de l'animal qui engendre, fe meut auec ces organes, elle acquiert la mefme pente & la mefme difpofition à fe mouuoir qu'ont ces organes, de forte que venant à former vn autre animal elle porte auec elle cette mefme difpofition qu'elle a acquife, & la luy communique. Et parce que cette difpofition eft comme vn poids qui preffe & follicite continuellement l'A-me à fe mouuoir : l'Ame qui le reffent for-

N iij

me à la fin le Iugement conforme à l'impreſſion qu'elle en a receuë , & l'inſpire
apres à l'appetit qui prend la meſme pente;
Et cette pente eſt la veritable Inclination,
parce que l'Inclination ne peut eſtre que
dans l'appetit.

Comment les ca-
cauſes Eſloignées
font naiſtre les
Inclinations.

Voila pour ce qui regarde les Cauſes Naturelles & Prochaines des Inclinations.
Quant à celles qui ſont Eloignées , elles ſe
reduiſent preſque toutes au Temperament;
Car les Aſtres , le Climat , l'Aage, les Alimens & les Maladies n'inſpirent les Inclinations que par l'alteration qu'elles font dans
le Temperament. Il eſt vray qu'il y a quelques maladies qui les changent en détrui-
ſant la Conformation des parties , comme
quand vn homme eſtropié de la main ou
de la jambe , perd l'Inclination qu'il auoit
à joüer du luth ou à danſer.

Pour les Cauſes Morales , elles diſpoſent
la faculté eſtimatiue à faire ſes Iugemens
par la connoiſſance qu'elles luy donnent
du pouuoir ou de la foibleſſe qu'elles ont,
comme la Nobleſſe , la Richeſſe , la Bonne

Fortune rendent les hommes enclins à l'ambition, à l'orgueil & à la hardieſſe ; parce
que le pouuoir qu'elles leur donnent leur
perſuade qu'ils ſont dignes des honneurs,
& qu'il n'y a rien qu'ils ne puiſſent entreprendre ; tout au contraire de la baſſe naiſſance, de la pauureté, & de la mauuaiſe
fortune. Toutes les autres comme le genre de vie, les Arts, les Sciences, les vertus
& les vices ſont fondées ſur la Couſtume,
qui rend les choſes faciles & agreables, ou
ſur l'vtilité & le plaiſir que l'on en peut
retirer. Car tout cela eſtant ſouuent repre-
ſenté à l'eſtimatiue, elle en fait des Iugemens fauorables qui ſe conſeruent dans la
memoire, & qui font enfin pancher l'appetit comme nous venons de dire.

Mais il ne faut pas oublier à faire icy vne
remarque qui eſt tout à fait neceſſaire au
ſuiet dont nous traitons. C'eſt que quand
nous parlons du Temperament, nous n'en-
tendons pas que ce ſoit ſeulement l'aſſemblage & le meſlange des premieres qualitez, mais nous y joignons encore les qualitez ſecondes. C'eſt pourquoy on ne dit

pas feulement le Temperament chaud,
froid, fec ou humide, mais on appelle encore le Temperament fanguin, bilieux,
pituiteux, melancholique, parce que les
humeurs qui donnent le nom à ces Temperamens comprennent ces deux fortes de
qualitez. Mais de toutes les qualitez fe-
condes il n'y en a point de fi confiderable
pour les Inclinations que la fubtilité & l'é-
paiffeur; Car chaque humeur peut eftre
fubtile ou efpaiffe, & vne melancholie fubtile eft plus differente d'vne melancholie
efpaiffe qu'elle n'eft de la bile. En effet elle
caufera la promptitude, l'inconftance, la
cholere comme la bile, au lieu que la melancholie efpaiffe produira la pareffe, la ftupidité, l'opiniaftreté. Et c'eft en cela que la
Medecine ne s'eft pas affez eftenduë dans
la diuifion des Temperamens, car elle n'en
marque que neuf, vn qui eft temperé, &
huit autres qui font dans l'excez, qu'elle
pouuoit multiplier par l'addition de l'épais
& du fubtil, & par les diuers meflanges
que les hommes fouffrent comme le fanguin bilieux, le fanguin melancholique
&c.

&c. comme nous montrerons plus exactement au Traité des Temperamens.

C'EST là tout ce que nous auons pû *Quelle eft la*
découurir dans vne chofe qui eft peut- *nature de l'A-*
eftre la plus obfcure & la plus cachée qui *uerfion.*
foit dans les animaux. Et ie confeffe ingenuëment que ie n'ay rien trouué qui foit
plus difficile à conceuoir que la nature de
l'Inclination, la maniere dont elle fe forme dans l'Ame, & comment elle fait mouuoir l'appetit. Mais fi i'y ay bien reüffi, ie
puis dire que i'ay fait deux découuertes
pour vne, car les raifons que i'ay employées pour éclaircir ces difficultez peuuent encore feruir à celles qui fe trouuent
dans la connoiffance de l'Auerfion & qui
leur font toutes femblables.

En effet le mot d'*Auerfion* ne fe prend
pas icy pour le mouuement de l'appetit qui
forme la Hayne, mais feulement pour vne
difpofition & vne facilité qu'il a à prendre ce mouuement, tout de mefme que
nous auons dit qu'il en eftoit du mot d'Inclination.

O

En ce cas comme il y a des Inclinations
naturelles & acquifes, il y a auffi des Auerfions de mefme forte ; L'appetit eft auffi le
fiege des vnes & des autres ; Toutes les mefmes Caufes, foit Naturelles, foit Morales,
foit Prochaines ou Efloignées, y agiffent de la mefme maniere & difpofent également l'Ame à fe mouuoir.   Toute la difference qu'il y a c'eft qu'elles y ont des objets oppofez, & qu'elles tendent auffi à des
mouuemens contraires. Car l'Inclination
eft pour les chofes aggreables & fait pancher l'Ame vers elles ; mais l'Auerfion eft
pour les fafcheufes, & difpofe l'appetit à
s'en éloigner.

De forte qu'on peut la definir en difant
que c'eft *vne difpofition permanente, & vne
facilité contractée de longue main, que l'appetit a de s'éloigner de certains obiets qui luy
font defagreables.*

Il n'eft pas de befoin d'expliquer dauantage comment l'Ame contracte cette facilité, car tout ce que nous auons dit de
celle qui fe trouue dans l'Inclination, eft
commun à l'vne & à l'autre.

DES MOVVEMENS
de l'Ame.

CHAPITRE III.

Que l'Ame se meut.

OVT le monde parle des Mouuemens de l'Ame, tout le monde dit qu'elle se porte vers le
bien & qu'elle fuit le mal, qu'elle s'affermit ou se relasche à la
rencontre des difficultez ; & n'y a aucune
langue qui n'ayt des termes pour exprimer
les agitations qu'elle se donne. De sorte
que c'est vne chose constante & qui ne peut
estre mise en doute que l'Ame se peut mouuoir & qu'elle a en effet des mouuemens

L'Ame se meut.

O ij

qui luy font propres & particuliers.

Et certainement comme elle doit connoiſtre les choſes qui luy ſont bonnes &
mauuaiſes , & que cela luy ſeroit inutile
& meſme dommageable ſi elle n'auoit le
moyen de iouir des bonnes & d'éuiter les
mauuaiſes ; il eſtoit neceſſaire qu'auec la
connoiſſance , elle euſt la vertu de ſe mouuoir pour s'aprocher du bien , & pour s'é-
loigner du mal qu'elle connoiſt.

Quelle eſt la partie de l'Ame qui ſe meu.t

C'eſt donc pour cela qu'elle a deux facultez principales, l'vne qui connoiſt & l'autre qui ſe meut ; Leſquelles ſe trouuent en
tous les ordres de l'Ame. Car dans l'Ame
intellectuelle l'Entendement connoiſt , &
la volonté ſe meut : Dans la ſenſitiue l'Imagination fait la connoiſſance , & l'appetit
ſenſitif forme ſes mouuemens : Et dans la
naturelle il y a auſſi quelque vertu qui connoiſt à ſa mode ce qui luy eſt bon & mauuais , & vn appetit qui cauſe tous les mouuemens que nous y remarquons.

LA grande difficulté eſt de ſçauoir de quelle nature ſont ces mouuemens, & ſi l'Ame ſe meut en effet, ou ſi c'eſt ſeulement vne façon de parler figurée qui repreſente les actions de l'Ame par quelque conformité qu'elles ont auec les mouuemens des corps. Pour moy ie ne balance point ſur cette queſtion, & quoy que toute la Philoſophie de l'Eſchole tienne que ce ne ſont que des Mouuemés Metaphoriques, ie croy que ce ſont de veritables mouuemens, par leſquels l'Ame change de place & ſe met en diuerſes ſituations.

Les mouuemens de l'Ame ne ſont point Metaphoriques.

Pour eſtablir cette doctrine qui doit ſeruir à expliquer la nature des paſſions, il faut premierement conſiderer les mouuemens de l'Ame Raiſonnable : Car ſi on peut monſtrer que toute ſpirituelle qu'elle eſt, elle ſe meut veritablement, ce ſera vn grand preiugé pour les autres qui ſont attachées à la matiere.

L'Ame raiſonnable ſe meut veritablement comme les Anges.

Or cela ne ſera pas difficile à faire, pourueu qu'on ſoit d'accord auec la Theologie que les Anges ſe meuuent veritablement,

O iij

qu'ils paſſent d'vn endroit à l'autre, qu'ils
s'eſtendent & ſe reſſerrent, occupant vn
plus grand ou vn plus petit eſpace. Car
cette verité preſuppoſée doit faire con-
clurre que l'Ame qui eſt de meſme nature
qu'eux, doit auoir le meſme aduantage.

Et de fait elle s'eſtend quand vn enfant
deuient grand, elle ſe reſtraint à vn plus
petit eſpace quand les membres ſont cou-
pez, & quand on meurt elle ſort du corps
& paſſe en vn autre endroit. De ſorte
qu'on ne peut douter qu'elle ne ſoit ſuſceptible d'vn veritable mouuement, puiſque
par tout là il y a changement de ſituation
& de place comme dans les Anges.

Et certainement il ne peut pas entrer dans
la penſée qu'eſtant noble comme elle eſt,
elle fuſt priuée d'vne vertu qui eſt commune à toutes les choſes creées ; Car il n'y a aucun corps qui n'ayt la puiſſance de ſe mouuoir par la peſanteur ou par la legereté qu'il
a ; Toutes les choſes viuantes croiſſent &
diminuent ; Tous les animaux ſe meuuent
d'eux meſmes ; Et adioutant à tout cela le
mouuement des ſubſtances Angeliques il

n'y a pas d'apparence que l'Ame fuſt la ſeule choſe de l'Vniuers qui n'euſt aucun mouuement , & qui fuſt immobile de ſa nature.

IE ſçay bien que peu de perſonnes s'op-
poſeront à cette ſorte de Mouuement ,
mais qu'ils diront que ce n'eſt pas où conſiſte le nœud de la difficulté , & que la queſtion eſt de ſçauoir ſi les Mouuemens interieurs de la volonté, comme l'Amour , la
Haine , &c. ſont de meſme genre que ceux-
là.

Les Mouue-
mens de la vo-
lonté ſont de ve-
ritables mouue-
mens.

Pour penetrer dans cette profonde &
ſubtile Philoſophie , il faut preſuppoſer
que toutes les ſubſtances intellectuelles qui
ſont creées ont des bornes & des limites,
parce qu'il n'y a que Dieu ſeul qui ſoit im-
menſe. Or ce qui a des bornes a neceſſairement vne extenſion , & cette extenſion
doit auoir des parties ; car on ne peut conceuoir vne borne ſans extenſion , ny aucune extenſion ſans parties, du moins virtuel-
les & aſſignables , comme on les appelle
dans l'Eſçole. A la verité cette extenſion &

ces parties sont d'vn autre genre que celles
des corps; Car elles sont spirituelles, indiuisibles, & se peuuent penetrer sans estre
assuieties à aucun lieu qui les borne; Et
celles des corps sont materielles, diuisibles,
& impenetrables, & occupent vn veritable lieu qui les borne & qui les contient.
Sur ce fondement nous pouuons asseurer
que l'Ame Raisonnable a l'extension & les
parties qui sont propres aux substances separées de la matiere, c'est à dire qui sont
spirituelles, indiuisibles & penetrables, &
que par leur moyen elle occupe quelque
espace dans lequel elle est.

Si donc l'Ame se meut comme nous auons
monstré, estant mobile en toute sa substance, elle peut non seulement passer en vn
autre endroit & occuper vn autre espace
que celuy qu'elle auoit; mais encore elle
peut sans changer l'endroit où elle est faire
mouuoir ses parties en elle mesme, de la
mesme façon que l'eau enfermée en vn va-
se peut estre agitée en ses parties sans changer de lieu. Car puis qu'elle a des parties, &
que ces parties sont mobiles comme elle,
                                        elle

elle peut mouuoir celles qu'il luy plaift, &
comme il luy plaift. C'eft pourquoy vn
appetit peut eftre efmeu pendant que l'autre eft en repos, ou qu'il fouffre vn mouuement contraire; comme on dit qu'vn Ange peut auoir des parties qui fe meuuent
pendant que d'autres fe repofent. Quand
donc l'Ame change de place elle fait cette
forte de mouuement qu'on appelle paffa-
ger, qui eft femblable à celuy que font les
Anges quand ils vont d'vn endroit à l'autre.
Mais quand elle n'en change point & qu'elle ne s'agite qu'en foy mefme, elle fait les
mouuemens interieurs de la volonté : Car
felon qu'elle fait fortir ou rentrer fes parties
en elle mefme, felon qu'elle les eftend ou
les refferre, elle forme toutes les Paffions
comme nous monftrerons cy-apres.

Et certainement on la peut juftement
comparer à vn grand abyfme, qui fans fortir de fes bornes, fouffre tous les mouuemens que la tempefte y peut exciter ; tantoft elle le pouffe contre fes bords, ou l'en
fait reculer ; tantoft il femble qu'elle le va
faire fortir du fonds de fes gouffres, ou

P.

qu'elle l'y va faire rentrer ; mais quoy
qu'elle puiſſe faire , il ne ſort iamais de ſes
limites. Il en eſt de meſme de la volonté ;
Quand elle court vers le bien ou qu'elle
fuit le mal , c'eſt elle qui ſe fait place à el-
le-meſme ; ſi elle auance ou ſi elle recule,
elle ne gagne & ne perd rien de l'eſpace
qu'elle occupoit , & l'on peut dire qu'elle
eſt deſia où elle veut aller , & qu'elle demeure touſiours à l'endroit d'où elle eſt
partie.   Car enfin il faut neceſſairement
reconnoiſtre dans cette vaſte & profonde
puiſſance, pluſieurs & diuerſes parties qui
en maniere de vagues ſe ſuiuent l'vne l'autre , & qui entretiennent le courant où
elle ſe laiſſe emporter : Quand l'vne s'eſt
auancée , l'autre qui ſuit prend ſa place ,
& la cede apres à vne autre, & ainſi de ſuitte iuſqu'à ce que l'Ame ceſſe de mouuoir.
    Il eſt vray que l'agitation qu'elle exci-
te dans les eſprits & dans les humeurs fait
quelquefois durer ſon mouuement plus
long-temps qu'elle n'euſt eu deſſein : Car
quand ils ſont groſſiers, l'impetuoſité qu'ils

ont receuë ne se peut pas arrester si-tost
que quand ils sont subtils, & l'Ame se laisse entraisner au mouuement dont ils sont
agitez. C'est ainsi que les Passions durent
plus long-temps aux Hommes qu'aux Enfans: Car ceux-cy passent en vn moment
de la ioye à la tristesse , & mesme quand
ils cessent de rire, vous voyez les traits &
les lineamens du ris s'effacer tout d'vn
coup; Au lieu qu'aux Hommes ils s'en vont
lentement, & laissent sur le visage durant
quelques momens, l'impression qu'ils y ont
faite. Car toute cette difference ne procede que de ce que les esprits des Enfans sont
subtils & deliez, qui comme toutes les autres choses de cette nature ne conseruent
pas long-temps l'impetuosité du mouuement qui leur est imprimée, & que ceux
des Hommes qui sont plus grossiers la gardent plus long-temps.

Quoy qu'il en soit, par le principe que
nous venons d'establir on peut facilement
conceuoir comment l'Ame se meut dans
les passions , & l'esprit demeure bien plus
satisfait de cette maniere d'agir, qui est

conforme à celle des mouuemens corporels, que lors que l'on dit qu'il n'y a point
de mouuemens veritables dans l'Ame, &
qu'ils ne font que metaphoriques. Car
fi l'on n'entend par ce mot, qu'ils ne
font pas tout à fait femblables aux mouuemens du corps, quoy que ce foient
de veritables mouuemens, la chofe demeure auffi inconnuë qu'elle eftoit auparauant.

Les obiections que l'on fait contre le Mouuement de l'A-me.

IE fçay toutes les objections qu'Ariftote
a faites contre Platon qui a creu comme nous que l'Ame fe meut veritablement.
Ie fçay celles que l'Efchole y a adiouftées.
Mais il n'y a qu'vne refponfe à leur faire;
C'eft qu'en deftruifant le mouuement de
l'Ame elles deftruifent celuy des Anges, fur
lequel les mefmes inconueniens qu'on attribuë à l'autre tombent neceffairement,
quoy que ce foit vne verité que l'on n'ofe-
roit contefter, que les Anges fe meuuent.

En effet on dit que tout ce qui fe meut
doit occuper vn lieu & auoir vne quantité, comme le lieu; que l'Ame n'a point

de quantité, puiſqu'elle eſt indiuiſible &
toute en chaque partie du corps , & par
conſequent qu'elle ne ſe peut mouuoir.
De plus qu'il faut en tout mouuement
que ce qui meut ſoit different de ce qui
eſt meu ; Et que l'Ame qui eſt ſimple
& indiuiſible ne peut auoir ces choſes ſe-
parées & differentes , & partant qu'il eſt
impoſſible qu'elle ſe meuue. Mais tout cela ne regarde-t'il pas les Anges auſſi bien
que l'Ame, leſquels nonobſtant ces raiſons
ne laiſſent pas de ſe mouuoir eux-meſmes ?
Apres tout, ces maximes ne ſont propres
qu'aux mouuemens corporels , & non à
ceux des ſubſtances ſpirituelles , comme la
Metaphyſique enſeigne.

Ce que l'on pourroit obiecter de plus
conſiderable, c'eſt que le mouuement eſt
ſucceſſif de ſa nature, & que la ſucceſſion
emporte auec ſoy du temps, quoy que la
pluſpart des Mouuemens de l'Ame ſe faſſent en vn inſtant. Mais nous auons mon-
ſtré au Traité de la Lumiere, qu'il y a de
veritables Mouuemens qui ſont momenta-
nées ; Que ceux de la Lumiere & ceux des

P iij

Anges qui apres s'eftre refferrez repren-
nent leur premiere eftenduë, fe font ainfi;
Et par confequent que les Mouuemens de
la volonté qui font immanens peuuent
eftre de cét ordre, puifqu'il y a mefme
beaucoup de grands Philofophes qui tiennent que les Mouuemens des Subftances
immaterielles qui font paffagers fe font en
vn moment.

Il faut donc tenir pour conftant que
l'Ame raifonnable fe meut, qu'eftant vne
fubftance bornée elle a quelque extenfion
fans laquelle on ne peut conceuoir aucunes
bornes, que cette extenfion ne peut eftre
fans parties & que ces parties font mobiles
comme leur tout:Qu'ainfi elle fe peut mouuoir en elle mefme en agitant fes parties,
& que de là procedent tous les Mouuemens
interieurs de la volonté.

OR fi cela eft veritable de l'Ame raifonnable qui eft fpirituelle, il fera bien
plus facile à comprendre dans les autres qui
font attacheés à la matiere, & l'on ne doutera point qu'elles ne foient fufceptibles des

meſmes Mouuemens, puiſque le Mouuement appartient principalement aux choſes materielles. En effet l'appetit ſenſitif
& l'appetit naturel ſouffrent les meſmes
agitations que la volonté quand elle aime,
quand elle hayt &c. & ces Mouuemens ſont
interieurs & immanens, & ſe forment en
vn moment comme les ſiens.

Mais quoy, dira-t'on, ſi ces deux appetits ſont attachez à la matiere, il faudra que
la matiere ſe meuue auec eux ; Comment la
matiere ſe peut-elle mouuoir en vn inſtant?
On peut dire premierement qu'il ne faut
pas s'imaginer que la matiere où l'Appetit
eſt attaché ſoit groſſiere & peſante comme
ſont la pluſpart des parties du corps, il faut
que la puiſſance ayt vn ſuiet qui luy ſoit
proportionné, & que l'appetit qui eſt la
partie la plus mobile de l'Ame, ayt vn ſuiet
qui ſoit le plus mobile de tous. Ainſi
quoy que l'appetit ait ſon ſiege dans le
cœur, tout le cœur n'eſt pas pourtant
ſon premier & ſon principal ſuiet : Ce
ſont les eſprits, c'eſt cette chaleur humide qui eſt la ſource de la vie, & qui eſt

toujours en mouuement comme dit Hippocrate. De forte qu'il ne faut pas s'eſtonner ſi la matiere où il eſt attaché ſuit ſi
facilement & ſi promptement l'agitation qu'il ſe donne. En ſecond lieu la matiere n'empeſche pas toujours que les choſes ne ſe meuuent en vn inſtant, puis qu'il y
a des corps maſſifs qui ſe meuuent ainſi; Car
on ne peut douter qu'vn corps peſant qui
eſt ſouſtenu dans l'air ne faſſe effort pour
deſcendre, qu'il ne preſſe la main qui l'arreſte, & qu'on ne ſente à tous momens
l'impulſion qu'il y fait, laquelle eſt ſans
doute vn veritable mouuement. D'ailleurs
la lumiere qui eſt vne qualité materielle, &
qui a beſoin d'vn ſuiet pour la ſouſtenir, ne
laiſſe pas de ſe mouuoir en vn inſtant comme nous auons fait voir en ſon lieu. Et ces
deux exemples ne montrent pas ſeulement
que les choſes materielles ſe peuuent mouuoir en vn moment: Mais ils font encore
comprendre la maniere dont l'appetit agite l'ame, & dont il s'agite luy meſme dans
le corps. Car on peut dire qu'il eſt comme
vn poids qui pouſſe l'Ame où il veut aller;

Et

Et il se meut dans le cœur , comme la lumiere dans le corps diaphane ; Elle y entre,
elle en sort , elle s'y estend , elle s'y resserre,
sans que le diaphane se ressente de tous ces
mouuemens , quoy que ce soit son suiet
auquel elle est attachée. Il en est de mesme de l'appetit, quoy qu'il soit attaché à
son suiet , il peut s'estendre dans la ioye, se
resserrer dans la douleur , sortir & rentrer
en luy mesme dans l'amour & dans la haine , sans que le corps souffre rien de tous
ces mouuemens. Il est vray que le cœur
& les esprits sont agitez dans les grandes
passions ; mais outre que ce sont des effets
qui suiuent & qui viennent apres l'émotion de l'Ame, il y a quelques passions qui
demeurent dans l'appetit sans faire aucune impression sur ces parties. Et cela suffit pour monstrer que l'appetit se peut
mouuoir sans que le corps en soit alteré.

Q

Comment le Bien & le Mal esmeu-
uent l'appetit.

MAis pour vne plus exacte connoiffance de tous ces Mouuemens il faut
fçauoir encore qui eft-ce qui engage &
qui excite l'Appetit à les faire, qui eft vne
des chofes la plus cachée qu'il y ait dans la
nature de l'Ame & la plus difficile à conceuoir dans les maximes de l'Efchole. Car
quoy qu'on ne doute point que le Bien &
le Mal ne foient les feuls obiets qui caufent tous les mouuemens de l'Appetit, il
n'eft pas ayfé de dire comment cela fe
fait, puifque le Bien & le Mal ne touchent l'Ame que par les Images que s'en
forment les facultez connoiffantes, &
que ces Images n'ont point d'autre vertu
que de reprefenter.

Car fi cette reprefentation n'eft propre
que pour connoiftre les chofes, elle fera
inutile à l'Appetit qui eft vne puiffance
aueugle, & qui n'eft capable, à cequ'on

dit d'aucune connoiſſance. Ie veux bien
que l'Entendement praticq, & l'eſtimatiue
iugent que les choſes ſont bonnes &
mauuaiſes, qu'ils les preſentent à l'Appetit,
& qu'ils luy ordonnent de ſe mouuoir
pour s'vnir auec elles ou pour s'en eſloi-
gner: Mais comment voit-il, comment
ſçait-il, luy qui ne void & qui ne connoiſt
rien, que ces Images, ces iugemens & ces
ordres ſe ſont formez dans ces facultez?
Qui eſt-ce qui luy apprend qu'il ſe doit
alors mouuoir d'vne telle maniere pour
s'vnir au Bien, & d'vne autre pour s'eſloi-
gner du Mal, puis qu'il ne ſçait pas ſi le
Bien ou le Mal ſe ſont preſentez à l'Ame?

Toutes ces difficultez naiſſent de deux
principes qu'on a eſtablis dans l'Eſchole.
L'vn que les Images qui ſe forment dans
l'Ame ne ſortent point de la faculté qui
les produit; L'autre que l'Appetit de quelque ordre qu'il ſoit n'a aucune connoiſſance. Et ſur ces deux fondemens on a
creu qu'il falloit de neceſſité que les facultez agiſſent l'vne apres l'autre par la ſympathie qu'elles ont enſemble, ou par la

Q ij

direction de l'Ame, dans la substance de laquelle elles sont toutes reünies. Or cóme nous ferons voir cy apres que ces deux moyens ne se peuuent souftenir, il faut en trouuer vn autre qui leue les difficultez proposées sans deftruire ces principes. Car il eft vray que l'image, l'idée, & la pensée que forme la faculté connoiffante, ne fort point hors d'elle; & que l'Appetit de quelque ordre qu'il foit n'a point de connoiffance animale qu'il puiffe former par des Images comme l'Entendement & l'Imagination. Mais il eft certain auffi que l'Image que l'Entendement & l'Imagination forment, en produit vne autre qui se refpand en toutes les parties de l'Ame; Et que l'Appetit à vne connoiffance naturelle qui eft commune à toutes les chofes par laquelle elles connoiffent ce qui leur eft bon & mauuais & les actions aufquelles elles font deftinées.

Comment se fait la connoiffance. POur eftablir cette doctrine il faut prefuppofer que la Connoiffance eft vne action, & la plus noble fans doute

de toutes celles qui se font dans la Nature,
& que l'Ame agit & fait quelque chose
quand elle connoist. Or parce qu'on ne
sçauroit, conceuoir la Connoissance que
comme vne representation des choses qui
se fait dans l'Ame, il faut que l'Ame qui
agit en connoissant les choses, fasse elle mé-
me cette representation, c'est à dire qu'elle
forme le portrait & l'Image des choses:
Car il n'y a point d'autre action que celle-
là que l'Ame puisse faire en connoissant, &
Connoistre, est le mesme que former l'Image des obiets, comme nous auons amplement montré dans le Traité de la connoissance des animaux.

Or comme il y a diuerses facultez qui
connoissent, il faut pour les raisons que
nous venons d'apporter que chacune forme son Image. Pour moy qui n'en recon-
nois que trois principales dans l'Ame sensitiue, à sçauoir le Sens, l'Imagination &
l'Estimatiue, & deux dans l'Intellectuelle,
l'Entendemét speculatif, & l'Entendement
practicq; Il ne se peut former que cinq
sortes d'Images en general. Et quoy que

toutes repreſentent vne meſme choſe, elles ſont pourtant differentes l'vne de l'autre, non feulement pas la ſubtilité qu'elles acquierent par tant d'examens differens, mais encore par les diuerſes cir-conſtances que chacune des faculiez y adiouſte.

Car le Sens exterieur forme ſon Image fur le modelle des eſpeces ſenſibles qui viennent de dehors, & repreſente l'obiet auec les circonſtances du lieu, du temps, &c. comme vn tout dont il ne diſtingue point les parties. Et ſur cette premiere Image l'Imagination produit apres la ſienne; mais elle diſtingue les circonſtan-ces & les parties de l'obiet, elle les ſepare ou les vnit; & forme ainſi ſes iugemens que l'on peut apeller en quelque façon ſpe-culatifs, parce qu'ils ne ſeruent point à l'a-nimal pour agir, mais ſeulement pour con-noiſtre. En ſuite l'Eſtimatiue fait ſon Image fur le modelle de celle des Sens & de l'Ima-gination, mais elle y adiouſte les notions de bon & de mauuais, qu'elle vnit auſſi, & qu'elle ſepare pour faire le iugement pra-

ticq, lequel doit efmouuoir l'apetit fenfitif.

Que fi apres cela l'Entendement doit connoiftre ce mefme obiet, il forme auffi fur
toutes ces Images materielles, la fienne qui
eft toute fpirituelle, qu'il fepare de tous
les accidens materiels, & dont il confidere
toutes les parties & les rapports qu'elle
peut auoir, les vniffant ou les feparant
pour faire des propofitions fpeculatiues:
Et puis il y adioufte les notions de conformité ou de contrarieté, de bonté ou
de malice dont il forme le iugement praticq qui excite la volonté & l'appetit
fenfitif. Tout cela demanderoit vn long
efclairciffement, mais ce n'eft pas icy le
lieu pour le faire, il fuffit d'auoir marqué
en gros le progrez qui fe fait dans la Connoiffance.

QVoy qu'il en foit cette Image de *Les Images fe*
quelque ordre qu'elle puiffe eftre, *multiplient.*
eft vne qualité qui apres eftre produite
fe multiplie & fe refpand dans les parties
de l'Ame comme nous auons dit. Car

puifqu'il n'y a aucune qualité fenfible
qui n'ait la vertu de fe multiplier & de
fe répandre dans l'air & dans les autres
corps qui en font fufceptibles, comme on
remarque dans la lumiere, dans la couleur, dans le fon, l'odeur, &c. Il n'eft
pas vray femblable que celle-cy qui
eft la plus noble de toutes, eftant le ter-
me & l'effet de la plus parfaite de toutes les actions, foit priuée d'vn auantage
qui eft commun à toutes les autres. Outre que fans cette multiplication, il eft
impoffible de rendre raifon de la plus part
des chofes qui arriuent dans les animaux.

En effet, on ne fçauroit comprendre
comment la faculté formatrice change
quelque fois l'ordre que la Nature luy a
prefcrit dans la conformation des parties,
pour fuiure les deffeins que l'Imagination
luy propofe, fans juger qu'elle doit participer aux Images que celle-cy a formées,
puifque fon ouurage à tant de reffem-
blance auec elle. Et comme ces Images
ne peuuent fortir hors de l'Imagination,
il faut de neceffité qu'elles en produifent
d'autres

d'autres qui leur foient femblables, & qui defcendent jufqu'à cette baffe partie de l'Ame pour luy marquer la figure qu'elle donne alors aux organes.

D'ailleurs, fi la memoire eft vne puiffance differente de l'Imagination, il eft neceffaire que toutes les efpeces qu'elle garde foient de cette nature, & que ce foient les effets & comme les copies de ces premieres images qui fe font produites par la connoiffance, & qui non plus que tous les autres accidens ne peuuent paffer d'vn fujet, ny d'vne puiffance à l'autre.

Enfin, il n'y aura plus lieu de douter de cette verité, fi on peut faire voir qu'apres que les images de l'Imagination fe font effacées, il s'en trouue encore des reftes qui demeurent dans les autres puiffances & qui y fubfiftent long-temps apres que les autres fe font perduës. Or outre que la preuue en eft éuidente dans la memoire qui conferue ainfi les fiennes, à laquelle mefme l'application d'efprit nuit quelquefois, & qui fe rend moins fidelle quand l'Imagination la veut fecourir. Elle fe peut en-

R

core tirer de ces marques que les meres
donnent à leurs enfans pendant leur grof-
feſſe ; De cette ſorte de reminiſcence qui
demeure dans les doigts d'vn joüeur de
luth, apres meſme qu'il a oublié ſes pieces;
Et de ces profondes impreſſions & inclinations que certains objets laiſſent dans l'appetit & dans la volonté. Car il eſt impoſſible que tout cela arriue de la ſorte qu'il
ne ſoit reſté quelque charaĉtere de ces premieres Images que l'Entendement ou l'I-
magination forment, leſquelles ſe conſeruent dans ces autres facultez long-temps
apres que celles-là ſe ſont euanoüies.

Il ne faut pourtant pas s'imaginer que
les facultez où ces Images ſe ſont répanduës, ſoient du rang des facultez connoiſ-
ſantes, à cauſe qu'elles ont les inſtrumens
de la connoiſſance; Car nous auons mon-
ſtré au lieu allegué qu'vne faculté ne peut
connoiſtre qu'elle ne produiſe en ſoy-meſme les Images des choſes. De ſorte que
celles-cy ne produiſant pas les Images
qu'elles ont & ne faiſant que les receuoir
comme vn effet de la premiere que l'Ima-

gination a formée, elles ne la peuuent connoiſtre d'vne connoiſſance claire & parfaite, mais ſeulement de celle qui conuient
à toutes les choſes naturelles, qui par maniere de dire connoiſſent ſans connoiſtre
ce qui leur eſt conforme ou contraire. Car
c'eſt ainſi que la vertu magnetique qui eſt
communiquée au fer, luy fait connoiſtre
& ſentir la preſence de l'aymant, & l'excite apres à ſe mouuoir & à ſe porter vers
luy.

Quand il s'eſt donc formé vne Image
dans quelque faculté connoiſſante, c'eſt
comme vne lumiere qui ſe multiplie & ſe
répand dans toutes les parties de l'Ame qui
en ſont ſuſceptibles; C'eſt à dire que celle
qui eſt ſpirituelle ſe communique aux facultez ſpirituelles, & celle qui eſt materielle aux facultez corporelles, & l'vne &
l'autre y agit ſelon la nature de la faculté
qui la reçoit. Car ſi elle eſt mobile comme eſt l'Appetit, cette Image l'émeut; ſi
elle n'a point d'action comme la memoire,
elle n'y produit rien & s'y conſerue ſeulement; Si elle eſt alteratiue comme la ver-

tu formatrice, elle fert de modelle à l'alteration qu'elle caufe dans les membres, &
ainfi du refte. Il en eft comme de cette
vertu magnetique dont nous venons de
parler, qui bien qu'elle fe communique
également à tous les corps, n'agit pas également fur eux, elle altere & meut l'aymant, le fer, & les tuilles plombées fans
caufer aucune alteration ny mouuement
à tous les autres.

Si cela eft ainfi, il n'y aura plus de difficulté à dire comment l'Appetit tout aueugle qu'il eft, peut connoiftre le Bien & le
Mal, & fe mouuoir conformement à la
nature de chacun. Car puifque l'Image
que la faculté eftimatiue ou l'Entendement
practicq en a formée fe multiplie & fe répand par toutes les parties de l'Ame; il la
reçoit, il la fent, & fe meut apres de la maniere qu'il faut pour s'vnir au Bien, pour
fuir le Mal, pour l'attaquer, ou pour luy
refifter felon l'inftruction que l'inftinct luy
donne, & felon la connoiffance qu'ont
toutes les chofes naturelles qui s'vniffent
à ce qui leur eft conforme, & fuyent ou

attaquent ce qui leur eſt contraire.

Quels ſont les Mouuemens de l'Ame.

POur reprendre le diſcours que nous auons interrompu, quels que ſoient les Mouuemens de l'Appetit, ſoit veritables, ſoit metaphoriques, ce ſont eux qui forment les Paſſions de l'Ame. Car quoy que l'Eſchole ait reſtraint ce nom aux Mouuemens de l'Appetit ſenſitif, ſoit parce qu'elles font violence à la raiſon, ſoit parce que le corps y pâtit ſenſiblement. Neantmoins ſi on conſidere l'agitation que l'Ame ſe donne, on trouuera non ſeulement que celle qui ſe fait dans la volonté, mais encore celle qui ſe fait dans l'Appetit naturel eſt ſemblable à celle que ſouffre l'Appetit ſenſitif. Car la volonté ayme & hait, ſe réjouït & s'attriſte comme luy : Et il y a dans l'Appetit naturel des mouuemens qui répondent à ceux-là, puiſque la Nature

R iij

cherche ce qui luy eſt vtile, & fuit ce qui
luy eſt dommageable, qu'elle eſt ſatisfaite
ou inquiete à ſa rencontre, qu'elle s'irrite
ou perd le courage, comme nous dirons
cy-apres. Et pour ce qui eſt de la violence que les Paſſions ſenſitiues font à la raiſon, & de l'alteration qu'ils cauſent dans
le corps, ce ſont des effets qu'elles produiſent, qui n'entrent point dans leur eſſence, qui ſont communs à tous les mouuemens de l'Appetit de quelque ordre qu'il
ſoit, & qui meſme n'accompagnent pas
touſiours les émotions de l'Appetit ſenſitif.

En effet comme c'eſt l'Appetit qui eſt
le principe de tous les Mouuemens corporels, il faut qu'il ſoit agité auant qu'aucune des parties du corps le puiſſe eſtre; Et
par conſequent l'agitation des Eſprits qui
ſe remarque dans les Paſſions, & qui cauſe tous les changemens qui ſe font au corps,
ne ſe fait qu'apres que l'ame eſt émeuë.
D'ailleurs les Mouuemens de la volonté
ſont ſouuent contraires à la raiſon, auſſi
bien que ceux de l'Appetit ſenſitif, & dans

les Paſſions les plus ſpirituelles, comme
l'ambition, l'enuie, &c. elle altere le
corps comme luy. On peut meſme aſſeurer que dans les mouuemens de l'Appetit
naturel le corps ſouffre quelquefois vne
plus grande alteration que dans ceux de
l'Appetit ſenſitif, comme il paroiſt dans la
fiévre qui eſt la cholere de faculté naturelle. Enfin ny cette violence, ny cette
alteration ne ſuiuent pas touſiours les
émotions de l'Appetit ſenſitif. Il y en a
qui ſont conformes à la raiſon : Il y en a
qui demeurent dans l'Ame ſans deſcendre
aux facultez corporelles, s'éleuant & ſe
diſſipant ſi promptement qu'elles n'ont
pas le temps de ſe répandre ſur elles. Outre que les Anges ſont ſuſceptibles d'a-
mour, de haine, de ioye, de triſteſſe, comme la Theologie enſeigne.

De ſorte qu'il n'y a aucun fondement
pour oſter le nom de Paſſions aux Mouuemens de la volonté, & de l'Appetit naturel, & ainſi on peut aſſeurer que tous les
Mouuemens de chaque Appetit ſont des
Paſſions, puiſque l'agitation que l'Ame y

souffre y est toute égale, & que la fin qu'elle s'y propose y est pareille : Car par tout là elle s'agite & se meut pour iouïr du bien ou pour éuiter le mal.

Il est vray que ces Mouuemens sont diuersement appellez selon qu'ils sont plus ou moins vehemens.   Car comme on donne le nom d'orage & de tempeste aux vents qui sont violents ; aussi quand les passions sont grandes elles s'appellent Perturbations.   Et certainement on peut dire que les passions sont les vents de l'Ame. Car tout de mesme que l'air qui demeure touiours calme & tranquille est mal sain, que les vents moderez le purifient & que s'ils sont trop violents ils y excitent des tempestes : Aussi l'Ame qui n'est esmeüe d'aucune passion doit estre pesante & mal saine : Il faut qu'elle en soit moderement agitée pour estre plus pure & plus susceptible de la vertu. Mais s'il arriue que les Passions s'y rendent trop violentes elle y forment des orages qui troublent la raison, qui bouleuersent les humeurs, & qui changent toute la constitution du corps.

Du

Du nombre des passions.

COmme l'Art de connoiftre les Hommes promet de découurir les Mouuemens de l'Ame, Il faut voir en combien
de façons elle fe peut mouuoir, & quel
eft le nombre des Paffions dont elle peut
eftre agitée. A ce deffein il faut prefuppofer que chaque Appetit a deux parties,
la Concupifcible, & l'Irafcible : par la premiere il pourfuit le bien & fuit le mal ;
par l'Irafcible il s'oppofe ou fe rend aux
difficultez qui fe prefentent. Car comme
l'vniuers eft compofé & remply de chofes
qui font contraires & oppofées les vnes
aux autres, il n'y a rien qui y puiffe demeurer fans trouuer des ennemis qui l'attacquent & qui tafchent de le deftruire :
De forte qu'il a efté de la prouidence de
la Nature de donner à chaque chofe, non
feulement les vertus qui eftoient neceffaires pour faire fes fonctions ordinaires
& comme domeftiques, mais encore celles

S

qui la deuoient deffendre des attaques
eſtrangeres, & empeſcher les violences
qu'elle pouuoit receuoir de dehors. C'eſt
pour cela que toutes les choſes ont des
qualitez propres à conſeruer leur eſtre,
& d'autres qui peuuent deſtruire leur
contraire : Et que les animaux où ces vertus ſont plus diſtinctes ont eu deux Appetits differens; Le concupiſcible pour chercher ce qui leur eſt conuenable, & fuir
ce qui leur eſt nuiſible, & l'Iraſcible pour
reſiſter au mal, pour l'attaquer & le dé-
truire s'il en eſt de beſoin. Enfin l'Iraſcible eſt la partie de l'Ame qui gouuerne
les forces de l'animal, & qui les meſnage
ſelon que le mal luy paroiſt foible ou puiſ-
ſant.

Or ces deux parties de l'Appetit ſe peuuent mouuoir enſemble ou ſeparement :
Car dans la douleur il n'y a que la partie
concupiſcible qui ſe meuue, & dans la
hardieſſe il n'y a que l'Iraſcible; mais dans
la cholere toutes les deux ſont agitées en
meſme temps, car la cholere eſt compo-
ſée de la douleur & de la hardieſſe. Quand

elles fe meuuent feparement, elles forment les Paffions Simples ; quand elles fe
meuuent enfemble elles font les paffions
Mixtes.

L 'Echole met vnze Paffions Simples, fix
dans l'appetit concupifcible, à fçauoir
l'Amour, la Hayne, le Defir, l'Auerfion,
le Plaifir & la Douleur ; & cinq dans l'Irafcible, à fçauoir l'Efperance, le Defefpoir,
la Hardieffe, la Crainte & la Cholere.

Quelles font les Paffions fimples, & combien elles font.

Mais outre qu'elle oublie la Conftance,
qui eft vne Paffion veritable, & qui fert
de matiere à la vertu de Conftance, de Patience, & de Perfeuerance, à l'opiniaftreté,
& à la dureté de cœur ; Elle met au rang
des Paffions Simples, la Cholere & l'Efperance, qui fans doute font des Paffions
mixtes, la premiere eftant compofée de la
Douleur & de la Hardieffe, & l'Efperance
fe formant du Defir & de la Conftance.
D'ailleurs elle propofe l'Auerfion comme
vne Paffion diftincte de la Hayne, quoy
que ce foit vne mefme chofe. Le Defir
mefme ne doit point eftre mis en ce rang,

eſtant vne ſorte d'amour, & n'ayant point de mouuement different du ſien.

Il y a huit paſ-ſions ſimples.

DE ſorte qu'apres le retranchement de ces quatre Paſſions & le reſtabliſſe-ment de la Conſtance, il ne reſte que huit Paſſions ſimples, quatre dans l'Appetit concupiſcible, à ſçauoir l'Amour, la Hayne, le Plaiſir, la Douleur; & quatre dans l'Iraſcible, la Hardieſſe, la Crainte, la Conſtance ou fermeté de courage, & la Conſternation ou abattement de cou-rage, ſous lequel le Deſeſpoir eſt compris.

Pourquoy il a huit paſſions ſimples?

CEtte diuiſion eſt naturelle, eſtant fondée ſur les diuerſes eſpeces de mouuemens dont l'Ame eſt agitée; Car puiſque les Paſſions ſont les mouuemens de l'Ame, c'eſt par la diuerſité des mouue-mens que les Paſſions ſe doiuent principa-lement diſtinguer. Elle eſt auſſi facile à conçeuoir par la conſideration des Mou-uemens que ſouffrent les Eſprits dans les Paſſions; car eſtant ſemblables à ceux de l'Ame qui leur communique l'agitation qu'elle souffre ; il est euident qu'en autant de façons dont les Esprits se meuuent, l'Ame s'y meut aussi en autant de manieres.

Or les Esprits sont susceptibles de quatre Mouuemens qui sont communs à tous les Corps naturels, & qui sont les premiers & les plus simples de tous ; C'est à sçauoir de Monter, de Descendre, de se Rarefier, & de se Condenser. Car quand ils sortent du Cœur pour se jetter aux parties exterieures, c'est se mouuoir du centre à la circonference, c'est monter : Et quand ils se retirent au Cœur, c'est se mouuoir de la circonference au centre, c'est descendre : Ils se rarefient aussi en se dilatant & se condensent en se resserrant en eux mesmes.

L'Appetit souffre à proportion les mesmes mouuemens; Car quoy qu'il ne change pas de place comme eux, & que ses mouuemens soient interieurs & immanens, il fait neantmoins mouuoir les parties qui se trouuent dans l'extension de l'Ame, en sorte que tantost il les pousse en dehors, tantost il les retire en dedans, tantoſt il les dilate ou les reſſerre.

Quand donc ces quatre mouuemens ſe font dans l'Appetit concupiſcible, ils forment les quatre premieres Paſſions de cét Appetit, à ſçauoir l'Amour, la Hayne, le Plaiſir & la Douleur : Car l'Ame ſort comme hors d'elle dás l'Amour, elle ſe retire en ſoy-meſme dans la Hayne, elle ſe dilate dans le Plaiſir, elle ſe reſſerre dans la Douleur.

Mais quand ils ſe font dans l'Appetit iraſcible, qui eſt celuy qui regarde les difficultez qui enuironnent le Bien & le Mal; ils forment les quatre premieres Paſſions de cét Appetit, c'eſt à ſçauoir la Hardieſſe & la Crainte, la Conſtance, & la Conſternation : Car dans la Hardieſſe l'Ame ſort comme dans l'Amour; dans la Crainte elle ſe retire comme dans la Hayne; dans la Conſtance elle ſe reſerre & s'affermit comme dans la Douleur; dans la Conſternation elle s'eſtend & ſe relaſche comme dans la Ioye.

De ſorte que les mouuemens de l'vn & de l'autre Appetit ſont ſemblables, & ne different que par la puiſſance qui les

excite, & par la fin que l'Ame s'y propofe. Car dans l'Amour l'Ame fort hors d'elle
mefme pour s'vnir au Bien ; Mais dans la
Hardieffe elle fort pour attacquer le Mal,
& ainfi du refte comme nous dirons au
difcours de chaque Paffion, & comme on
peut remarquer dans la definition que nous
en allons donner par aduance.

IL y a donc quatre Paffions Simples de
l'Apetit concupifcible. *Les definitio: des paffions fim- ples.*

L'Amour, qui eft vn mouuement de
l'Appetit, par lequel l'Ame fe porte vers le
bien & s'vnit auec luy.

La Hayne, qui eft vn mouuement de
l'Appetit, par lequel l'Ame fe fepare &
s'éloigne du Mal.

Le Plaifir, qui eft vn mouuement de
l'Appetit, par lequel l'Ame fe dilate, & fe
répand fur le Bien pour le poffeder plus
parfaitement.

La Douleur, qui eft vn mouuement de
l'Appetit, par lequel l'Ame fe refferre pour
éuiter le Mal qui la preffe.

Les quatre autres qui appartiennent à

l'Apetit Irafcible , font

La Conftance, qui eft vn mouuement de l'Appetit, par lequel l'Ame s'affermit, & fe roidit pour refifter aux maux qui l'attacquent.

La Confternation, qui eft vn mouuement de l'Appetit, par lequel l'Ame fe relache & s'abandonne à la violence du Mal.

La Hardieffe, qui eft vn mouuement de l'Appetit, par lequel l'ame s'élance contre le Mal pour le combattre.

La Crainte, qui eft vn mouuement de l'Appetit, par lequel l'Ame fe retire & fuit auec precipitation le Mal qui vient fondre fur elle,

Les definitions des paffions mixtes.

QVant aux Paffions Mixtes qui font compofées des fimples, & qui fe forment quand les deux Appetits fe meuuent en mefme temps. Les plus confiderables font.

1. *L'Efperance.* 2. *l'Orgueil.* 3. *l'Impudence.* 4. *l'Emulation.* 5. *la Cholere.* 6. *le Repentir.* 7. *la Honte.* 8. *la Ialoufie.* 9. *la Pitié.* 10. *l'Enuie.* 11. *l'Agonie.*

L'Efperance

L'Esperance, est composée du Desir du bien & de la Constance que l'on a pour resister aux difficultez qui l'enuironnent.

L'Orgueil naist de l'Amour propre, & de la Hardieße que l'on a de surpasser les autres.

L'Impudence se forme du Plaisir & de la Hardieße que l'on à de faire des choses des-honnestes.

L'Emulation, est vn mélange de la Douleur que l'on sent de n'auoir pas les perfe-ctions qu'on se figure en autruy, & de l'Esperance de les pouuoir acquerir.

La Cholere, est composée de la Douleur que l'on souffre pour l'Injure receuë, & de la Hardieße que l'on a pour la repouß-fer.

Le Repentir, naist de la Douleur que l'on a du mal que l'on a fait, & de la Detesta-tion que l'on conçoit pour luy, qui est vne espece de hardieße comme nous mon-trerons en son lieu.

La Honte, procede de la Douleur & de la Crainte de l'infamie.

La Ialousie, est vne confusion d'Amour,

T

de Hayne, de Crainte & de Defefpoir.

La Pitié, eft composée de la Douleur que les maux d'autruy nous font reſſentir, & de la Crainte que nous auons de tomber aux meſmes accidens.

L'Enuie, eft vn meſlange de la Douleur & de quelque Defefpoir de poffeder le bien que l'on voit arriuer aux autres.

L'Agonie, eft vn composé de Douleur, de Crainte & de Hardieſſe.

L'ordre naturel des paſſions.

LE rang que toutes ces Paſſions doiuent naturellement garder entre-elles, veut que les Simples ſoient premieres que les Mixtes, puiſque celles-cy ſont composées des autres; Et que les Paſſions de la partie concupiſcible deuancent celles de l'Iraſcible; parce que l'Appetit concupiſcible conſiderant ſimplement le Bien & le Mal, & l'Iraſcible les conſiderant auec les difficultez dont ils ſont enuironnez, les difficultez ne ſont que des circonſtances qui leur ſuruiennent.

Mais les comparant ſelon leurs eſpeces particulieres, l'Amour & la Hayne deuan-

cent toutes les autres. Car il n'y en a pas
vne de celles qui ont le Bien pour objet
qui ne foit precedée & accompagnée de
l'Amour, comme toutes celles qui ont le
Mal pour objet, le font de la Hayne. Car
celuy qui fent le Mal ou qui luy refifte,
qui l'attaque ou qui le fuit, le hayt infailliblement; Auffi l'Amour eft le premier
mouuement que l'Appetit fait pour le bien,
comme la Hayne eft le premier qu'il fait
pour le Mal.

Mais ce que l'Amour & la Hayne font
à l'égard de toutes les Paffions, la Conftance & l'Abattement de courage le font
à l'efgard de toutes le Paffions de l'Appetit
irafcible, foit qu'elles foient fimples, foit
qu'elles foient mixtes. Car il faut que l'A-
me s'affermiffe dans la Hardieffe, dans l'Efperance, dans l'Orgueil, dans l'Impudence, dans l'Emulation, dãs la Cholere & dans
le Repentir; au contraire, il faut qu'elle
fe relafche dans la Crainte, dans la Honte,
dans la Ialoufie, dans la Pitié & dans l'Enuie.

L'Amour eft auffi premier que la Hayne,

parce que le bien deuance naturellement
le mal , comme la forme deuance la priuation. Le Plaifir doit eftre auffi deuant
la Douleur, puifque celuy-là vient de la
prefence du bien , & celle-cy de la prefence du mal. Il en eft de mefme à proportion de la Conftance & de la Hardieffe
à l'efgard de la Confternation & de la
Crainte. Et felon ces regles les Paffions
Mixtes doiuent eftre rangées comme nous
auons fait : Car l'Efperance doit eftre la
premiere , parce qu'elle eft compofée de
l'Amour & de la Conftance qui font les
premieres de l'vn & de l'autre Appetit.
L'Orgueil vient apres qui naift de l'A-
mour & de la Hardieffe , & ainfi de fuite.

Il y a 3. ordres
de paffions.

TOutes ces Paffions tant les Simples
que les Mixtes font de trois ordres:
Car elles fe forment, ou dans la volonté,
ou dans l'Appetit fenfitif, ou dans l'Appetit naturel , qui tous trois ont chacun
leur partie concupifcible & irafcible. Mais
il y a cette difference qu'elles font plus
diftinctes & plus acheuées dans la volon-

té que dans l'Appetit fenfitif, & dans celuy-cy que dans l'Appetit naturel : Car
il y en a, & principalement de celles qui
font mixtes, qui à peine fe peuuent remarquer dans l'Appetit fenfitif, & fi elles
s'y forment ce ne font, s'il faut ainfi dire,
que des ombres & des images groffieres
de celles qui s'efleuent dans la volonté.
En effet quoy que la Cholere, l'Efperance,
l'Orgueil, la Ialoufie, l'Emulation & l'Enuie
foient euidentes dans les beftes, toutes les
autres n'y font qu'efbauchées, & l'on a de
la peine à y reconnoiftre la Honte, l'Impudence, la Pitié & le Repentir, quoy que
l'on y en remarque quelques traits & quelques veftiges. Mais toutes & les fimples
mefmes font fi obfcures dans l'Appetit naturel que perfonne ne leur a encore donné
le nom de Paffions, quoy que c'en foient
de veritables & qu'elles fe doiuent appeller ainfi, comme nous auons dit. Il faut
neantmoins remarquer que celles qui appartiennent à l'Irafcible y font plus euidentes que les autres : Car il eft certain
que la Nature refifte aux maux, qu'elle

les attacque, qu'elle perd quelque-fois le
courage & abandonne le combat, & il n'y
a rien de si commun dans la Medecine que
de dire qu'elle est irritée : Nous auons
mesme montré ailleurs que la fiévre est
la cholere de la faculté naturelle; de sorte que l'on ne peut douter que la Hardiesse & la Cholere, la Fermeté & la Consternation ne se forment dans cette basse
partie de l'Ame. Mais pour celles de l'Appetit concupiscible elles n'y sont pas si
manifestes; ny l'Amour, ny la Hayne, le
Plaisir ny la Douleur, ne s'y font pas re-
connoistre si sensiblement que les autres:
Et neantmoins c'est vne necessité qu'elles
s'y doiuent former. Car on ne sçauroit
attacquer ou fuir le mal sans le hayr, puis
que la Hayne est le premier Mouuement
que le Mal excite dans l'Appetit; La Cholere ne peut estre aussi sans Douleur, puis
qu'elle en fait partie. De sorte que l'Appetit naturel est susceptible de Hayne & de
Douleur, & par consequent d'Amour, &
de Plaisir, puisque ce sont des contraires
qui conuiennent à vn mesme sujet. D'ail-

leurs, fi la Nature connoift & fuit ce qui
luy eft mauuais, il faut auffi qu'elle connoiffe, & qu'elle pourfuiue ce qui luy eft
bon, & cela ne peut eftre qu'elle n'ayt
de l'Amour pour luy, puifque l'Amour eft
le premier mouuement que l'Appetit forme pour le bien: Et comme la prefence du
Mal luy donne de la Douleur, c'eft vne
neceffité que la prefence du bien luy donne du Plaifir.

Mais comme nous auons dit, ces Paffions font fi foibles & fi cachées, que les
fens ont peine à les reconnoiftre, & il n'y
a gueres que la raifon & le difcours qui
les defcouurent.

La caufe de cette diuerfité vient non
feulement de ce que ces appetits font plus
mobiles les vns que les autres: Car la volonté eftant deftachée de la matiere, fe
meut plus facilement que l'Appetit fenfitif, & celuy-cy plus que l'Appetit naturel,
parce qu'il a pour fujet vne matiere plus
fubtile, & par confequent plus mobile
que luy. Mais encore elle procede de
la connoiffance plus ou moins parfaite

qui les éclaire. Car comme l'Entendement connoiſt plus parfaitement & connoiſt plus de choſes que l'Imagination, il inſpi-re auſſi à la volonté vne plus grande varie-té de mouuemens qu'elle ne fait, & elle auſſi qui a vne connoiſſance plus grande & plus exacte que la faculté naturelle, for-me plus de Paſſions dans l'Appetit ſenſitif qu'il n'y en a dans l'Appetit naturel.

Comment les Paſſions d'vn Appetit ſe communiquent à l'autre.

IL y a encôre icy vne choſe à conſide-rer qui eſt tres importante, c'eſt que les paſſions qui ſe forment en chacun de ces trois Appetits ſe communiquent ordinaire-ment de l'vn à l'autre, en ſorte que celles de la volonté deſcendent dans l'Appetit ſenſitif & dans l'Appetit naturel, comme les leurs montent dans la volonté. Car il eſt certain que la volonté ſe laiſſe ſou-uent emporter à l'Amour, au Plaiſir & à la

la douleur dont l'Appetit fenfitif eft agité ;
tout de mefme que l'Amour, la joye &
la triftefle de l'Efprit fe refpandent fur le
Corps, & y caufent des efmotions toutes pareilles.

La difficulté eft de fçauoir comment
cette communication fe fait. Car il femble puifque les chofes materielles ne peuuent agir fur les fpirituelles, que les maux
ny les biens fenfibles ne peuuent toucher
l'Efprit, ny par confequent luy eftre des
obiets agreables ou fafcheux. D'vn autre
cofté, quoy que l'Entendement puiffe efle-
uer les Phantofmes de l'Imagination, &
les rendre fpirituels, il n'eft pas au pouuoir
de l'Imagination de changer les jdées de
l'Entendement qui font fpirituelles en des
phantofmes corporels : Ainfi les biens &
les maux de l'Efprit ne fçauroient toucher
l'Ame fenfitiue ny y exciter aucune Paffion.

Pour refpondre à ces raifons & refoudre
cette grande difficulté, on pourroit dire
auec l'Echole qu'il y a fympathie entre
les facultez de l'Ame, & qu'elles font fi
eftroitement liées enfemble, qu'il eft impof-

V

ſible que l'vne ne reſſente ce qui ſe paſſe
en l'autre; ou bien qu'eſtant toutes reunies
dans la ſubſtance de l'Ame qui en eſt le
centre & le principe, & comme la mai-
ſtreſſe roüe où elles ſont toutes enclauées,
c'eſt l'Ame meſme qui les fait agir l'vne
apres l'autre, conformement aux actions
qui ſe doiuent faire. De ſorte que l'Appetit, par exemple, s'agite apres la connoiſſance de l'imagination, & les membres ſe
meuuent apres l'émotion de l'Appetit,
parce que ces facultez ont ſympathie enſemble, ou parce que l'Ame les excite &
les fait agir dans cét ordre-là. Cela eſtant
ainſi, il ſeroit facile de dire comment les
Paſſions d'vn appetit paſſent dans vn autre, parce que ces puiſſances-là agiſſant
l'vne apres l'autre par la ſympathie qu'elles ont enſemble, ou par la direction de
l'Ame, il faut non ſeulement que la volonté ſe meuue, apres auoir eſté éclairée
de l'Entendement, mais encore il faut que
l'Appetit ſenſitif s'agite apres elle ; tout
de meſme qu'apres que l'Imagination a
excité quelque mouuement dans l'Appe-

tit fenfitif, la volonté fe doit mouuoir
en fuitte.

Mais pour en parler franchement, ces
opinions ne fatisfont pas pleinement l'efprit : car outre que le mot de Sympathie
eft vn de ces termes qui eludent les difficultez, & qui flattent noftre ignorance :
Si c'eft par elle que l'Ame raifonnable &
la fenfitiue fe communiquent leurs Paffions, il faudra qu'il n'y en ait aucune dans
la volonté qui ne defcende dans l'Appetit
fenfitif, ny aucune en celuy-cy qui ne mon-
te dans la volonté, & que toute forte de
trifteffe foit accompagnée de la douleur,
& que toute douleur le foit de la trifteffe.
Ce qui n'eft pas veritable, puifqu'il n'y a
que les grandes trifteffes qui fe faffent ref-
fentir au corps, & que les legeres douleurs
ne touchent point l'efprit & ne le iettent
point dans la trifteffe. Dailleurs cette Sympathie n'exclud pas la maniere d'agir qui
eft naturelle aux facultez ; c'eft vn ordre
eftably par la Nature que l'Appetit fenfitif foit efclairé par l'Imagination, & que
l'Imagination ne connoiffe que les chofes

senfibles. Comment se peut-il donc faire
qu'elle connoisse l'objet d'vne Passion spi-
rituelle ? D'vn autre costé, comment l'Entendement & la volonté qui sont des Puissances spirituelles, se laissent-elles émouuoir par des objets corporels ? Et comment
la douleur, par exemple, peut-elle exciter
la tristesse dans l'esprit, quelque sympathie
qu'il y ait entre ces Puissances ? Enfin la
Sympathie présuppose tousiours quelque
connoissance ; Car le fer doit sentir la pre-
sence de l'aymāt pour se mouuoir vers luy.
Et par consequent il faut que tout appetit connoisse le Iugement de la faculté qui
l'éclaire : Cependant c'est vne puissance
aueugle, & qui n'a aucune connoissance.

    De dire aussi que c'est la substance de
l'Ame qui fait agir ces facultez, comme
cela ne se peut faire qu'elle n'ayt la connoif-
sance de l'ordre qu'elles doiuent garder en
leurs actions, & qu'elle ne sçache particulierement la maniere dont l'Appetit se
doit mouuoir en chaque Passion : il faudroit que l'Ame eust de soy mesme la connoissance d'vne infinité de choses, & qu'el-

le les connuſt par ſa propre ſubſtance ſans
le ſecours d'aucune faculté, ce qui ne ſe
trouue en aucun eſtre crée, & qui eſt reſerué à la Nature diuine.

Cherchons donc quelque autre moyen
plus plauſible par lequel le Corps & l'Eſprit ſe communiquent l'vn à l'autre le bien
& le mal qu'ils reſſentent. A ce deſſein
il faut remarquer que l'Eſprit qui eſt la
plus noble & la plus excellente partie de
l'Homme, eſt auſſi comme le Roy de cette
petite Monarchie, qui prend garde à tout
ce qui s'y paſſe de plus conſiderable, &
qui a vn ſoin particulier du Corps comme eſtant l'Inſtrument de la plus-part de
ſes actions, & compoſant auec luy vn tout
à la ſubſiſtence & conſeruation duquel il
s'intereſſe comme à la ſienne propre. De
ſorte qu'il ne faut pas s'eſtonner s'il ſe laiſſe
toucher aux biens & aux maux qui luy
arriuent, & s'il forme les meſmes Paſſions
qu'ils excitent dans l'Appetit ſenſitif: Car
cela ne luy eſt pas difficile à faire, parce
qu'il voit les phantoſmes que l'Imagination en a faits, ſur leſquels il forme ſes

idées & ſes jugemens qu'il preſente apres
à la volonté.

C'eſt donc par ce moyen que les Paſſions
du corps ſe communiquent ordinairement
à l'Eſprit. Mais il n'en va pas ainſi de
de celles de l'Eſprit à l'eſgard du Corps, dautant que ce n'eſt pas par la connoiſſance
que l'Entendement les communique à
l'Ame ſenſitiue, pour la raiſon que nous
auons dite cy-deuant; mais c'eſt immediatement par le mouuement que la volonté imprime dans l'Appetit ſenſitif. Car il
n'y a point d'inconuenient que la volonté
meuue l'Appetit, parce que le mouuement eſt commun aux choſes ſpirituelles
& aux corporelles; mais il y en a que les
penſées de l'Entendement ſe cōmuniquent
à l'Imagination, dautant que les choſes
ſpirituelles ne peuuent jamais deuenir
corporelles.

Pour eſclarcir cette propoſition il faut
obſeruer que la volonté a vn empire immediat ſur toutes les parties de l'Ame &
du corps qui ſe meuuent volontairement.
Car elle peut faire mouuoir les membres

fans que l'Appetit fenfitif y interuienne,
n'eftant pas vray-femblable que dans la
refolution que l'Entendement a prife d'é-
tendre la main, par exemple, il faille que
ce mouuement fe faffe par les ordres de
l'Ame fenfitiue qui n'a aucune connoiffance de l'obiet ny du motif de cette
action. Or fi elle à ce pouuoir fur les
membres, à plus forte raifon l'aura-t'elle
fur l'appetit; qui eftant plus proche & plus
mobile qu'ils ne font, luy doit eftre auffi
plus foufmis, & partant elle le peut agiter
& luy imprimer les mefmes mouuemens
qu'elle s'eft donnez à elle mefme.

En effet toutes les chofes qui font en
mouuement tant les corporelles, que les
fpirituelles, produifent dans celles aufquelles elles font appliquées vne certaine qualité motrice qu'on nomme Impetuofité
qui eft comme vne Impreffion, & vne
communication de leur mouuement. Car
c'eft par elle que les corps qui font pouf-
fez ou lancez continuent le mouuement
qu'ils ont receu de la main, quoy qu'ils en
foient feparez. C'eft par elle que les An-

ges pouffent les corps , & qu'ils chaffent
les Demons, parce qu'ils n'ont aucune vertu , ny aucun moyen pour agir réellement
& phyfiquement fur les chofes,que le mouuement qu'ils leur impriment.

Cela eftant donc veritable, il faut que
la volonté qui fe meut, imprime fon mouuement dans l'Appetit fenfitif, & qu'elle
l'agite fans qu'il ait befoin d'aucune connoiffance precedente de l'Imagination : Car
quoy qu'il foit vray qu'il ne fe puiffe émouuoir que cette faculté ne l'ait auparauant
éclairé , cela fe doit entendre quand il fe
meut de luy - mefme fans eftre violenté
par aucune caufe eftrangere comme il eft
icy.

Or de la mefme maniere que la volonté
imprime dans cét Appetit l'émotion qu'elle fe donne , auffi quand il eft agité il communique le fien à la volonté , parce que
tout ce qui fe meut peut imprimer fon
mouuement aux chofes qui luy font proches fi elles n'y refiftent par leur pefan-
teur ou par vn mouuement contraire. Car
la volonté & l'Appetit refiftent fouuent
                                    l'vn

l'vn à l'autre par les agitations contraires
qu'ils fe donnent : Et les membres ny les
autres corps ne leur obeïffent pas toûjours
à caufe de leur poids qui eft plus fort que
le mouuement que la Volonté & l'Appetit leur impriment.

Tout ce qu'on pourroit dire là-deffus, feroit, qu'en ce cas les mouuemens de la volõ-
té &de l'Appetit ne feroient pas des actions
vitales qui ne peuuent eftre violentées, ny
venir de dehors; Et qui doiuent fortir du
fonds de la puiffance qui les exerce. Mais il
faut répõdre que la volõté&l'Appetit apres
auoir receu ce mouuement eftranger s'a-
gitent eux-mefmes, & produifent leurs
actions propres, immanentes & vitales; de
la mefme maniere qu'vn homme qui eft
pouffé fe meut & va apres de luy-mefme;
Ou comme celuy qui eft contraint de faire quelque chofe contre fon gré : Car fa
volonté eft d'abord ébranlée par la force
qu'on luy fait ; mais enfin elle y confent,
& fe meut elle-mefme pour executer l'a-
ction. De forte que ces mouuemens exterieurs que l'Appetit & la Volonté fe don-

X

nent reciproquement, ne font pas de veritables Paſſions, tandis que ces puiſſances
ne ſe meuuent pas elles-meſmes : Mais comme il y a des reſſorts qu'on ne ſçauroit ſi
peu toucher qu'ils ne ſe meuuent incontinant, auſſi ces facultez ſont ſi mobiles
qu'elles n'ont pas ſi-toſt receu l'impreſſion
l'vne de l'autre, qu'elles ne s'agitent & ne
produiſent de veritables Paſſions. Ce n'eſt
pas qu'il n'arriue tres-ſouuent qu'elles ſe
trouuent ébranlées ſans ſe mouuoir elles-
meſmes : Et ſans doute quand la volonté
qui ne veut pas ſe laiſſer emporter à quelque Paſſion de l'Appetit ſenſitif, ſent
neantmoins vne douce violence qui la
fait pancher vers elle, on peut dire qu'elle ſouffre alors l'impreſſion du mouuement que luy donne l'Appetit ; mais
qu'elle ne s'agite pas, & ne ſe donne aucune émotion.

Or la difference qu'il y á entre les Paſſions qui ſont ainſi excitées, c'eſt que l'Entendement voit incontinent l'objet qui a
émeu l'Appetit ſenſitif ; Mais l'Imagination
qui ne peut connoiſtre l'objet de la vo-

lonté, remarquant le mouuement que celuy-cy a excité dans l'Appetit, fe figure vn
objet & vn motif conforme à ce mouuement, & rend ainfi la Paffion complete;
tout de mefme qu'elle fait dans les fonges, dans l'Amour d'inclination, & dans
les Paffions que la Mufique infpire, comme nous auons dit ailleurs. Car nous
auons montré que quand l'Ame remarque
dans l'Appetit ou dans les Efprits quelque
mouuement qui eft propre à vne Paffion,
quoy qu'elle ignore l'objet qui excite ce
mouuement, elle s'en figure vne autre
qui eft proportionné à cette Paffion. C'eft
ainfi qu'vn homme qui s'endort fur fa cholere fe reprefente en dormant des ennemis
& des combats, parce que le trouble qui
eft demeuré dans les efprits eft reconnu
par l'Imagination qui fe figure apres des
objets conformes à ce mouuement.

Il en eft de mefme de la Mufique & de
l'Amour d'Inclination : Car l'vne & l'autre
impriment dans les Efprits des mouuemens
qui fe trouuant pareils à ceux des Paffions
font caufe que l'Ame qui les reconnoift

X ij

se represente des objets qui sont propres
à ces Passions, & forme ainsi les Passions
mesmes.

Quoy qu'il en soit quand l'Imagination a ressenty l'esmotion que la volonté
a excitée dans l'Appetit, elle se forme vn
objet tel qu'il le luy falloit pour produire
cette Passion. Mais c'est vn objet vague
& confus qui ne la determine pas precisement ; c'est pourquoy il arriue souuent
qu'en cét estat on ne sçauroit dire pourquoy on est triste ou joyeux, & quoy que
l'on ressente le Mal ou le Bien, on ne peut
specifier quel il est.

Quel est le Siege & le premier sujet de l'Appetit.

PAr tout ce que nous auons dit cy-deuant, il paroist assez que l'Appetit est
le premier sujet des Passions, parce que
ce sont des mouuemens, & que l'Appetit
est la seule partie de l'Ame qui se meut.
Mais comme l'Ame est la forme du Corps,

& que les facultez ont des Organes propres où elles refident, & où elles agiffent,
il faut voir quelle eft la partie du Corps
qui fert de fiege à l'Appetit, & où elle
forme fes premiers mouuemens : Car cette
recherche eft tout à fait neceffaire à noftre deffein, puifque nous ferons à tous
momens obligez de parler du lieu où naiffent les Paffions.

Il faut premierement fuppofer que les
Facultez de l'Ame font infeparables de fa
fubftance, & que par tout où elle eft, elles
y font auffi. Mais comme il y en a qui
ont befoin d'Organes pour agir, quoy
qu'elles foient par tout où eft l'Ame, elles
n'agiffent pourtant que dans leurs Organes.

Celles qui font fpirituelles n'eftans
point attachées à la matiere n'en ont pas
de befoin, & par confequent elles font &
agiffent par tout où eft l'Ame, comme
l'Entendement & la volonté. Car quoy
que les actions de l'Entendement paroiffent plus dans la Tefte, & celles de la volonté dans le Cœur, qu'elles ne font ailleurs, ce n'eft pas que ces deux parties en

foient les Organes, mais c'eft à caufe que les facultez qui les feruent font en ces lieux-là, & que l'on attribuë à ces hautes puiffances les actions de celles qui leur obeyffent, comme l'on attribuë au Prince ce qui fe fait par fes Miniftres.

Il n'en eft pas ainfi des Facultez Corporelles, il faut qu'elles foient attachées à quelque partie du Corps qui leur ferue de fujet & d'inftrument pour faire leurs fonctions. Et il n'y a pas lieu de douter que l'Appetit fenfitif, & l'Appetit naturel ne foient de cét ordre-là : Mais il y a grande conteftation entre les Philofophes pour fçauoir quel eft le fiege de l'vn & de l'autre.

Quel eft le fie-
ge de l'Appetit
Senfitif.

QVant à l'Appetit Senfitif nous experimentōs que dās quelque Paffion que ce foit, le Cœur fe trouble & s'agite & qu'il n'y en a gueres, quelques fecretes qu'elles foient, qu'on ne puiffe defcouurir par le batement des arteres. La commune façon de parler & la Religion mefme veulent que cette partie ne foit pas feulement la source de toutes les Paſſions qui alterent le Corps, mais encore de toutes les affe-ctions & de tous les mouuemens de l'A-me ; de ſorte qu'on peut dire que c'eſt le Siege, le ſujet & le premier Organe de l'Appetit ſenſitif.

Mais auſſi nous voyons que dans les in-ſectes & dans les Serpens, les parties ſepa-rées du Cœur ne laiſſent pas de ſentir & de ſe mouuoir quand on les touche. On a meſme remarqué que dans les Animaux les plus parfaits, les membres ſe remuent quelque temps apres qu'on leur a arraché cette partie. Et nos dernieres obſeruations font foy, qu'auant que le Cœur & le Cer-ueau ſoient formez, il y a mouuement & ſentiment dans l'Embryon. Enfin la Faim & la Soif ſont deux Appetits ſenſitifs, & tout le monde ſçait que la bouche de l'Eſtomach, & non pas le Cœur en eſt le veritable ſujet. Il n'y a meſme aucune partie ſenſible qui ſoit ſi peu bleſſée qui ne ſe meuue au meſme inſtant, ſans que l'on puiſſe dire que le Cœur ſoit cauſe de ce mouuement : Et qu'en effet il ſemble

que l'Appetit doit eſtre par tout où eſt le
ſentiment, puiſque le ſens éclaire l'Appetit, & qu'il ne ſe peut mouuoir ſans luy:
Et de là quelques-vns ont creu que le Cerueau, qui eſt le principe du ſentiment &
l'organe de l'imagination, le doit eſtre
auſſi de l'Appetit Senſitif.

De toutes ces obſeruations on peut
conclure qu'il y a deux ſortes d'Appetit Senſitif, l'vn qui eſt general & commun qui regarde la conſeruation de tout
l'Animal, tel qu'eſt celuy qui forme les
Paſſions ordinaires de l'Amour, de la Hayne, &c. l'autre qui eſt particulier & propre à chaque partie. Le premier, ſans doute eſt placé dans le Cœur qui eſt la ſource
de la vie, & le Centre d'où partent toutes les puiſſances qui gouuernent l'Animal. Le ſecond, a ſon ſiege dans chaque
partie comme la Faim & la Soif dans l'E-
ſtomach, &c.

Mais comme ces deux Appetits ſont
d'vne meſme nature ayant les meſmes
mouuemens, les meſmes objets, & vne
meſme fin & qu'ils ne different l'vn de
l'autre

l'autre, que comme les parties d'vn tout
qui font homogenes, il faut qu'ils ayent
vn fujet qui foit auffi de mefme nature;
Et par confequent il eft neceffaire qu'il y
ait au Cœur, & en chaque partie quelque
Organe qui leur foit commun pour eftre
le premier Sujet de cette faculté qui leur
eft commune.

Pour le defcouurir, il faut fe reffouuenir de ce que nous auons dit cy-deuant,
que toutes les puiffances de l'Ame font
infeparables de fa fubftance, & que neantmoins elles n'agiffent pas par tout où elle
eft, mais feulement en certaines parties.
Or cela ne peut venir que de la difpofition particuliere qu'ont ces parties pour
ayder à leur action, foit qu'elles foient
plus propres pour reçeuoir l'impreffion
des objets, comme l'œil qui deuoit eftre
tranfparent pour donner paffage à la Lumiere & aux efpeces vifibles, & ainfi des
autres fens ; foit qu'elles foient plus propres à executer le mouuement que l'Ame
doit faire ; comme les Mufcles font les inftrumens des mouuemens volontaires ,

Y

parce qu'ils font compofez de tendons &
de chair qui font capables de la contraction , fans laquelle ces mouuemens ne fe
peuuent faire.

Cela prefuppofé comme vne verité qui
ne peut eftre conteftée , il faut que la partie où l'Appetit refide immediatement,
foit propre à l'action qu'il doit faire ; Et
comme il n'a point d'autre action que le
mouuement , il eft neceffaire que cette
partie ait les difpofitions qui font propres
au mouuement. Or il n'y a point de difpofition plus propre au mouuement que
la legereté & la fubtilité , & par confequent il faut que l'Organe & le premier
Sujet de l'Appetit foit d'vne matiere fubtile & legere , & qu'elle fe trouue en tous
les lieux où les mouuemens de l'Appetit
fe font. De forte que n'y ayant aucune
partie à qui cela conuienne que les Efprits,
il s'enfuit que c'eft en eux que l'Appetit
refide comme en fon premier fujet.

Mais comme il y a deux fortes d'Efprits
en general , ceux qui font fixes & attachez à chaque partie , qui font les pre-

miers liens qui joignent l'Ame au Corps ;
Et ceux qui font errans & vagabonds ,
qui portent à tous les membres la chaleur que le Cœur leur doit départir ; il
faut que ce foient les Efprits fixes qui foient
le premier fujet de l'Appetit , parce que
c'eft la partie la plus mobile qui entre dans
la compofition des membres , qui a vne
confiftence durable & permanente comme l'Appetit, & qui fans conteftation eft
animée; les facultez de l'Ame ne pouuant
eftre dans vn fujet qui ne foit animé. Car
les Efprits errans qui font non feulement
priuez d'Ame & de vie comme on croit
communement; mais encore qui n'ont aucune fubfiftence durable , non plus que la
Flamme qui ne fe conferue qu'en naiffant,
& en periffant continuellement, ne fçauroient fouftenir vne faculté de l'Ame qui
eft fixe & permanente comme eft l'Appetit.

De forte que le Cœur eft bien le siege
de l'Appetit general; mais c'eft à caufe des
Efprits fixes qui entrent en fa compofition;
Et il en eft de mefme de chaque membre à

l'égard de l'Appetit particulier.

Quel eſt le ſiege de l'Appetit Naturel.

TOut ce que nous venons de dire de l'Appetit Senſitif ſe peut appliquer à l'Appetit Naturel : Car il y en a vn general qui a ſoin de tout le corps , & qui eſt auſſi placé dans le cœur : C'eſt luy qui pouſſe les Eſprits & les humeurs à toutes les parties , qui les agite dans la fievre, qui fait les criſes & autres ſemblables mouuemens qui regardent tout le corps. L'autre eſt particulier , & a ſon ſiege en chaque partie : Il attire ce qui luy eſt bon , il chaſſe ce qui luy eſt mauuais , il fait la contraction des fibres, la conuulſion des nerfs, &c.

Mais comme l'Appetit Senſitif n'eſt placé au Cœur & aux autres parties qu'à cauſe des Eſprits fixes qui entrent en leur compoſition, il en eſt de meſme de l'Appetit Naturel ; ce ſont eux auſſi qui luy ſeruent de premier ſujet, & de premier Organe pour la meſme raiſon qu'ils le ſont de l'autre. Car puiſque cette puiſſance eſt la partie la plus mobile de l'Ame vegetatiue, il luy faut vn ſujet qui ait les diſpoſitions pro-

près à faire ſes mouuemens , & il n'y en
a point d'autre que ces Eſprits comme
nous auons dit.

On ne manquera pas ſans doute de nous
objecter que diuerſes facultez demandent
diuers Organes , & que ces deux Appetits
eſtant differents , non ſeulement en eſpece,
mais encore en genre appartenant à diuers ordres d'Ame , ils ne peuuent auoir
pour ſujet les meſmes Eſprits. Mais il eſt
facile de répondre à cette objection , puiſque nous auons l'experience qui s'oppoſe
à ces maximes : Car les meſmes Eſprits
animaux portent le ſentiment & le mouuement , la meſme ſubſtance du cerueau
ſert de ſujet à toutes les puiſſances Supe-
rieures de l'Ame Senſitiue , & la chair toute ſimple qu'elle eſt a la vertu Senſitiue,
& la Vegetatiue , &c.

Apres tout , le mouuement de l'Appetit Senſitif n'eſt point different de celuy
de l'Appetit naturel , quant à la nature
& à l'eſpece du mouuement; il ſe fait de
meſme maniere en l'vn & en l'autre , &
toute la diuerſité qui s'y trouue eſt acci-

Y iij

dentelle & eftrangere au mouuement.
Car elle ne vient que de la caufe & de la
condition de l'objet qui l'émeut, qui font
des chofes eftrangeres au mouuement.
Dans l'vn, c'eft la faculté Senfitiue qui fe
meut pour le bien & pour le mal fenfible;
dans l'autre, c'eft la faculté naturelle qui fe
meut pour le bien & pour le mal naturel:
Mais l'vn & l'autre fe meut de la mefme maniere & forme de mefmes Paffions, comme nous auons montré : Et par confequent il n'y a point d'inconuenient que
ces deux puiffances ayent vn mefme Sujet
pour vne mefme action.

Nous n'auons plus rien à adiouter icy
finon que les parties à mefure qu'elles ont
vne plus grande portion de ces Efprits fixes
ont auffi l'vn & l'autre Appetit plus fort
& plus vigoureux. Et que l'Appetit general, & l'Appetit particulier fe fecourent
fouuent l'vn l'autre, & fouuent auffi agiffent tous feuls.   Mais nous retoucherons
de temps en temps ces matieres quand
nous traiterons des Paffions en particulier.

Aintenant pour acheuer ce qui appartient au difcours general des Paffions, il faut voir tout ce qui fe paffe dans le crops apres l'efmotion de l'Ame, & des efprits fixes. Car quoy que la nature de chaque Paffion confifte en cette efmotion, on peut dire qu'elle n'eft pas complete fi on n'y ioint l'agitation que fouffre le cœur, & l'alteration qui fe fait dans tout le corps.

Il faut donc remarquer qu'apres que l'Ame s'eft efmeuë, le cœur & les efprits vitaux fuiuent fon mouuement; & fi elle veut executer au dehors ce quelle s'eft propofée en foy mefme, elle fait enfin mouuoir les mufcles dans les Paffions de la volonté & de l'Appetit fenfitif, & les fibres dans celles de l'Appetit naturel; parce que les mufcles font les inftrumens du mouuement volontaire, comme les fibres le font de celuy qui fe fait par l'Appetit naturel. Nous allons expliquer comment tous ces mouuemens fe font.

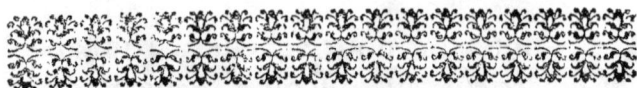

DV MOVVEMENT
du Cœur & des Esprits dans les Passions.

CHAPITRE IV.

E mouuement du Cœur se fait pour les Esprits , & celuy des Esprits se fait pour tout le Corps: Car le Cœur se meut pour les produire & pour les conseruer ; Et eux aussi se meuuent pour communiquer la chaleur vitale à toutes les parties, pour leur porter l'aliment qui les doit nourrir, & pour transporter les humeurs d'vn endroit à l'autre selon que l'Ame le juge necessaire, comme il arriue dans les Passions , dans les crises & autres rencontres.

Pour bien comprendre cecy, il est à propos

propos de reprendre les choſes de plus
haut, & puiſque que l'on parle tant des
Eſprits, il faut voir ce que c'eſt, de quelle matiere ils ſont compoſez, & comment
ils ſe forment : Auſſi bien la Philoſophie
& la Medecine ne ſe ſont gueres bien expliquées là-deſſus, & les doutes qu'elles y
ont laiſſez donnent à chacun la liberté de
propoſer ſes conieƈtures pour l'éclairciſſement d'vne choſe ſi obſcure & ſi cachée.

S Ans entrer dans vne exaƈte recherche
des Elemens dont les corps ſont compoſez, il eſt certain & l'on reconnoiſt ſenſiblement qu'il y a trois ſortes de parties
qui entrent en la compoſition de tous les
Mixtes : Les vnes ſont ſubtiles, aƈtiues &
volatiles; les autres groſſieres, paſſiues &
peſantes; & les troiſiémes ſont humides
qui ſeruent de moyen pour ioindre ces
deux extremitez ſi oppoſées. Car elles ont
quelque choſe de la ſubtilité des premieres, & de la groſſiereté des autres ; &
quand elles ſe reſoluent, tout le mixte ſe
deſtruit, párce que c'eſt le lien qui vnit

Quelle eſt la Nature des Eſprits.

Z

toutes les parties enfemble. Les fubtiles
font appellez Efprits, parce qu'elles ont fi
peu de matiere & tant d'actiuité, qu'elles femblent n'eftre pas au rang des corps;
Et tandis qu'elles font vnies auec les autres, elles feruent de principaux organes
aux formes, comme eftant les parties les
plus actiues; & font comme le lien qui
les retiennent dans les corps. Parce que
la Nature qui joint toûjours les extremitez par quelque milieu qui a quelque rapport auec elles, employe les parties fubtiles qui ont peu de matiere, pour joindre
& lier les formes qui n'en ont point, auec
les groffieres qui en ont beaucoup.

Il eft vray qu'elles peuuent fe feparer
& fe conferuer apres, comme nous expe-
rimentons dans les diftillations : Car c'eft
ainfi que l'on tire l'Efprit du vin, du fou-
phre, &c. Et pour lors quoy qu'elles perdent l'vfage qu'elles auoient quand elles
eftoient vnies auec leurs formes naturelles, elles ne perdent pourtant rien de leur
fubftance ny de leur fubtilité.

OR comme les plantes se nourrissent des sucs qu'elles tirent de la Terre, ces sucs ont leurs parties subtiles & spiritueuses comme tous les autres Mixtes: Lesquelles ne se perdant point comme nous auons dit, passent dans les animaux qui se nourrissent de plantes, comme celles des animaux passent en ceux à qui ils seruent d'aliment. De sorte qu'il ne faut pas douter que le sang ne soit plein de ces essences deliées que la chaleur naturelle digere encore & rafine dans les veines pour en faire les instrumens de l'Ame; & qu'elles ne soient la matiere que la Nature employe pour former & pour entretenir les Esprits vitaux, puisque les choses subtiles se doiuent faire de celles qui sont de mesme nature.

Quelle est la matiere des Esprits.

MAis pour sçauoir le secret de toute cette œconomie il faut se representer que le sang qui est dans la veine caue entre dans le ventricule droit du cœur où il s'eschauffe par la chaleur & par le

Comment se forment les Esprits.

Z ij

mouuement de cette partie qui eſt la plus
chaude de tout le corps ; Et qu'apres cela
il en ſort tout boüillant & tout fumeux,
& entre dans les poulmons, où il rencontre l'air que la reſpiration a attiré, qui
par ſa fraicheur eſpaiſſit les fumées qu'il
exhale de toutes parts, leſquelles ne ſont
autres que les parties ſpiritueuſes dont il
eſt remply, & qui à la moindre chaleur
ſe ſeparent, & s'éuaporent. De ſorte que
la Nature fait icy ce que l'on fait dans les
diſtillations de l'eau de vie, où l'on met
de l'eau froide à l'entour du recipient
pour ramaſſer & donner corps aux eſprits
du vin qui ſont changez en vapeur, &
pour les faire couler auec les autres. C'eſt
pourquoy la veine qui porte ce ſang tout
fumeux dans les poulmons eſt auſſi eſpaiſſe
qu'vne artere, afin d'empeſcher la diſſipa-
tion qui s'en pourroit faire auant qu'il ait
eſté rafraichy. Au contraire l'artere qui
le reçoit apres auoir eſté rafraichy eſt auſſi
mince qu'vne veine ; la diſſipatiõ n'en eſtant
alors plus à craindre. Et peut eſtre que c'eſt
la raiſon pour laquelle cette artere n'a que

deux valuules au lieu que les autres vaiffeaux qui entrent dans le cœur en ont trois;
Car comme ces valuules ne font faites, quoy
qu'on en veüille dire , que pour empefcher
l'impetuofité du fang qui doit entrer dans
le Cœur & qui en doit fortir , il n'eftoit
pas befoin que l'artere veneufe euft tant
d'obftacles pour retenir l'impetuofité du
fang qu'elle porte , lequel ne doit pas eftre
beaucoup impetueux apres auoir efté ra-
fraifchy & temperé par l'air qui eft dans
les poulmons. Quoy qu'il en foit c'eft de
là que vient la neceffité indifpenfable de
la refpiration : Car fi ces parties du fang
qui font ainfi reduites en fumées , ne s'é-
paiffiffoient & ne reprenoient corps, elles
fe diffiperoient incontinant; & comme ce
doit eftre la matiere des Efprits eftant la
portion la plus fubtile & la plus pure qui y
foit, il ne s'en feroit aucune nouuelle generation, fi la Nature n'euft trouué moyen
de condenfer ces vapeurs par la fraifcheur
de l'air qui eft attiré continuellement par
les poulmons. C'eft pourquoy on ne peut
eftre gueres de temps fans refpirer , parce

que toutes les parties du corps ayant befoin de l'influence continuelle des Efprits,
il faut que le Cœur les repare à tous momens ; ce qu'il ne peut faire fans la refpiration, pour la raifon que nous venons de
dire.

Ie fçay bien que la doctrine commune
veut que l'air entre dans la compofition
des Efprits, & que la chaleur naturelle &
le feu mefme ont befoin de l'air pour fe
temperer, ne fe pouuant conferuer fans
luy ; Et que c'eft la raifon pour laquelle la
refpiration eft neceffaire, parce qu'elle
porte l'air au Cœur, & qu'elle modere
l'excez de la chaleur qu'il a. Mais l'Anatomie nous apprend qu'il n'y a aucun
vaiffeau qui porte l'air en cette partie,
& que l'artere veneufe qu'on s'eftoit
autrefois imaginé feruir à cét vfage, fe
trouue toûjours pleine de fang, & porte
veritablement au Cœur tout celuy qui eft
entré dans les poulmons. Outre que les
poiffons ont leurs Efprits vitaux, quoy
qu'il n'y ait aucun air qui puiffe feruir à
leur production. Ils ont bien le mouue-

ment des oüyes qui répond à celuy des
poulmons, & qui cause le mesme effet auec
l'Eau qu'ils attirent à tous momens, que
ceux-là font auec l'air qu'ils respirent.

Ce n'est pas que ie ne croye que l'air
que l'on respire qui est tout plein de ces
parties spiritueuses qui s'exhalent de tous
les corps, n'en fournisse aux Esprits vitaux quelque portion qui se méle auec
eux, & qui passe & s'insinuë dans le Cœur
& dans les arteres à trauers les pores des
vaisseaux. C'est pourquoy les animaux se
ressentent des qualitez de l'air qu'ils respirent : Et Hippocrate dit, que la plus
prompte nourriture se fait par les odeurs.
Mais c'est-là vne chose qui arriue par accident, & qui n'entre point dans les desseins
de la Nature. Et pour ce qui est du ra-
fraischissement que l'air cause, ce n'est pas
pour temperer l'excez de la chaleur, c'est
pour la raison que nous auons dite, qui
est commune au feu & aux Esprits : Car
la froideur de l'air condense les exhalai-
sons qui doiuent s'enflammer; elle les ra-
masse & empesche qu'elles ne se dissipent;

C'eſt pourquoy quand il fait bien froid le feu en eſt plus aſpre ; Parce que la matiere de la flamme eſt plus reſſerrée : Et la lumiere du Soleil diminuë la chaleur du feu, parce qu'elle rarefie & diſſipe l'exhalaiſon dont il s'entretient. Ce n'eſt pas que l'air ne tempere la chaleur du Cœur quand elle eſt violente : Mais ce n'eſt pas-là le premier but où viſe la Nature, ce n'eſt qu'vn petit ſeruice & vne commodité qu'elle meſnage & qu'elle tire de ſon principal deſſein.

Quoy qu'il en ſoit. Apres que le ſang qui eſt ſorty du ventricule droit, a trauerſé les poulmons, il ſe décharge dans le gauche ; Où l'on peut dire qu'il eſt remis à la fournaiſe, où il eſt remüé & agité de nouueau, & où ſes plus ſubtiles parties ſe rafinent de telle ſorte, qu'elles acquierent toutes les diſpoſitions qui ſont neceſſaires aux Eſprits pour les rendre vitaux ; & alors ils en reçoiuent la forme & la vertu, & prennent la place & la fonction de ceux qui ont eſté diſtribuez aux parties.

On

ON peut iuger de là que le mouuement du Cœur fert à la generation
des Efprits; mais que ce foit là le premier
motif qui oblige la Nature à luy donner ce
mouuement, c'eft ce qui n'eft pas aifé à dire: Car enfin tous les animaux ont ces fortes d'efprits, & tous n'ont pas ce mouuement ; De forte qu'on peut affeurer qu'il
n'eft pas abfolument neceffaire à leur generation.

Pourquoy le Cœur fe meut.

Pour moy ie croy qu'en cette rencontre
la Nature a plus eu d'égard à la conferua-
tion des Efprits qu'à leur production. Car
comme les chofes fe conferuent par ce qui
leur eft conforme & naturel, & le mouuement eftant naturel aux Efprits qui font
de nature ignée & proportionnée à l'Element des Aftres, comme parle Ariftote ; Il
faut qu'ils foient en perpetuel mouuement
comme ces corps-là. En effet on ne fçauroit arrefter le mouuement du feu fans l'é-
teindre, & toutes les chofes qui empef-
chent les Efprits de fe mouuoir, comme les
narcotiques & la plenitude, les corrom-

A a

pent & détruifent l'animal. Il eſtoit donc
de la prouidence de la Nature d'inuenter
quelque artifice, par lequel les Eſprits vitaux fuſſent continuellement agitez, afin
de les conſeruer par ce qui leur eſt de plus
propre & de plus naturel. Et il ne s'en
pouuoit trouuer de plus commode que
le mouuement du Cœur & des arteres
qui excite & réueille à tous momens les
Eſprits qui ſont mélez auec le ſang : Car
comme cette humeur eſt groſſiere & peſante, il y euſt eû danger qu'elle ne les
euſt étouffez par ſon poids, ſi ce reſſort
merüeilleux qui fait mouuoir continuellement le ſang arterial, n'euſt empeſché ce
deſordre. C'eſt pourquoy les arteres accompagnent toûjours les grandes veines,
afin que leur agitation excite les Eſprits
qui ſont mélez auec le ſang ; Les petites
n'ayant pas beſoin de cette ſocieté à cauſe de la petite quantité de l'humeur qu'elles contiennent, qui n'eſt pas capable
d'empeſcher leur mouuement. Et dans les
animaux qui n'ont point de ſang, ce mouuement n'eſt pas ſi ſenſible ny ſi neceſſaire,

parce que les humeurs y sont plus subtiles, & ne sont presqu'autre chose que se-
rositez qui obeïssent plus facilement aux
Esprits.

La premiere intention de la Nature a
donc esté de donner le mouuement au
Cœur pour conseruer les Esprits; Mais
cela n'empesche pas qu'elle ne l'employe
à d'autres vsages : Car comme vne bonne
mesnagere elle fait que ce qui est neceffaire à sa fin principale, sert encore à d'autres commoditez dont elle se fust pû paffer sans cela. C'est ainsi qu'elle employe
le mouuement du Cœur pour subtiliser la
matiere des Esprits, pour chasser les im-
puretez qui s'y trouuent, pour temperer
la chaleur qui s'y pourroit rendre excef-
fiue, & pour les pousser aux extremitez
des arteres, afin de répandre en toutes les
parties la chaleur & la vertu vitale : Qui
font tous des vsages vtiles; mais non pas
absolument necessaires, puisque tout cela
se fait en beaucoup d'animaux sans le mouuement du Cœur.

Aa ij

*Les Esprits se
meuuent pour
trois fins.*

POur reprendre le mouuement des Esprits, nous auons dit qu'il estoit destiné pour communiquer la chaleur vitale à toutes les parties, pour leur porter le
sang dont elles se doiuent nourrir, & pour
transporter les humeurs d'vn endroit à
l'autre, comme il arriue dans les Passions,
dans les crises, & autres pareilles rencontres.

Quant au premier, il ne sera pas difficile de le prouuer : Car tout le monde
est d'accord, & le sens & la raison nous
apprennent que toute la chaleur & la force des parties vient des Esprits vitaux
que le Cœur produit, & qu'aussi-tost que
cette influence cesse, elles deuiennent froi-
des & languissantes.

*Les Esprits por-
tent le sang aux
parties.*

MAis pour le transport du sang il n'y
a point de Philosophes qui l'ayent
commis aux Esprits, & tous le rapportent
ou à l'impulsion qu'il reçoit du battement
du cœur, ou à vne vertu attractiue
qui l'attire à chaque partie. Il faut donc

faire voir que ces opinions ne fe peuuent fouftenir, & qu'il n'y a que les Efprits
qui le puiffent faire couler dans les veines.
Car il faut de neceffité qu'il foit ou pouffé ou attiré, ou porté; de forte qu'en
montrant qu'il n'y a rien qui le pouffe ny
qui l'attire, il s'enfuit qu'il y a quelque
chofe qui le porte, & qu'il n'y a que les
Efprits qui puiffent eftre employez à cela.

LA plus part de ceux qui tiennent la
circulation du fang ne reconnoiffent
point les Efprits, du moins comme des
corps qui foient diftinguez du fang, &
tiennent qu'il ne fe meut dans les veines
que par l'impulfion qu'il reçoit du battement du Cœur, & qu'il ne fouffre aucun
mouuement que celuy qui procede de
l'effort de cette partie. Nous ne voulons
pas côbatre cette circulation & quoy qu'elle foit accompagnée de grandes difficultez,
on peut neantmoins affeurer qu'elle eft
veritable, & qu'elle fe fait effectiuement,
quoy que ce ne foit pas peut-eftre de la
maniere qu'ils difent. Il fuffit pour noftre

deſſein de montrer que le battement du
Cœur n'eſt point la cauſe du mouuement
du ſang, principalement de celuy qui coule dans les veines. Car apres cela il ſera
facile de faire voir qu'il n'y a que les Eſprits qui le puiſſent tranſporter aux lieux
où il va, & par conſequent que ce ſont
des corps diſtinguez des humeurs, qui
ſuiuent les mouuemens de l'Ame & non
celuy du Cœur, & qui ſe peuuent mouuoir d'vne agitation differente de la ſienne.

Suppoſé donc, comme veut cette opinion, que le Cœur en ſe comprimant chaſſe dans les arteres le ſang qu'il a receu
dans ſes ventricules, & que par la violence de ce mouuement, il le pouſſe iuſques à
leurs extremitez pour le faire paſſer dans
les petites veines qui ſont proches d'elles,
& de là dans la veine caue, & enfin au
Cœur, d'où apres il repaſſe dans les arteres, & puis dans les veines, coulant per-
petuellement des vnes dans les autres
par vne circulation continuelle.

ON pourroit dire qu'il n'est pas hors d'apparence que cette impulsion qu'il reçoit du cœur le fasse couler le long des arteres : Mais on ne sçauroit jamais conceuoir comment elle se puisse continuer iusques dans les veines apres que son effort aura esté rompu par tant de detours, & par tant d'obstacles que le sang rencontre en son chemin.

Le battement du Cœur ne pousse pas le sang à toutes les parties.

Quoy ! il ouurira les bouches des vaisseaux, il passera à trauers les chairs, comme ils pretendent, il surmontera les impressions que l'air & les autres causes exterieures font à tous momens dans les parties ; Et apres cela par la vertu de cette premiere impulsion il montera au cœur auec la mesme vitesse qu'il en est descendu? c'est vne chose qui ne peut entrer dans l'Imagination. Ie veux bien qu'en passant par les petits vaisseaux la côtrainte qu'il y souffre puisse entretenir l'impetuosité de son mouuemét; mais qu'elle continuë lors qu'il aborde dans les grandes veines, & que la largeur de leur canal luy donne plus de

liberté, c'eſt ce que l'on ne ſçauroit auoüer
ſans choquer l'experience & la raiſon ;
Et il faut de neceſſité qu'il luy en arriue
comme aux fleuues, & aux ruiſſeaux qui
paſſant d'vn lit eſtroit en vn plus large
perdent la rapidité de leur cours.

    Certainement ſi le battement du Cœur
& des arteres le fait ainſi mouuoir, la nature s'eſt bien oubliée de n'auoir pas donné la meſme agitation aux veines & principalement à celles qui ſont aux parties
inferieures où le ſang eſt plus groſſier &
plus peſant, & qui doit monter au Cœur
par vn ſi long eſpace. Car c'eſt là où la
cauſe & les inſtrumens de ce merueilleux
tranſport deuroient eſtre plus puiſſans,
ayant vn poids plus grand & plus lourd
à conduire & à pouſſer meſme en haut,
que n'eſt le ſang arterial qui eſt plus ſub-
til, plus mobile, & qui deſcend alors en
bas.

    Ceux qui ont mis en auant cette opi-
nion n'ont pas conſideré que les corps fluides ne peuuent conſeruer pour vn long
eſpace la vertu de l'impulſion ſi elle n'eſt
extreme-

extremement forte, & que celle qui se fait au Cœur est trop foible pour soustenir le mouuement du sang dans vne si longue course, & à trauers tant d'obstacles. Que s'il estoit poussé de cette sorte il enfleroit si fort les veines qu'elles paroistroient toûjours pleines & tenduës, principalement quand il seroit contraint de monter en haut. Et qu'enfin en les ouurant il deuroit sortir par reprises & par saillies, comme celuy qui sort des arteres, puisque c'est la mesme impulsion qui fait mouuoir l'vn & l'autre, & que nous voyons dans les machines hydrauliques que l'eau coule toûjours conformement aux secousses qu'on luy donne à l'entrée de son canal.

Mais pourquoy s'imaginer dans les veines vn mouuement du sang different, non seulement de celuy qui se fait dans les os, dans la profondeur desquels il penetre pour les nourrir, mais encore de celuy qui porte le suc des plantes à toutes leurs parties ? Car & ce suc & le sang est le dernier Aliment qui les entretient, c'est vne

B b

mefme faculté qui en a la direction; Et la Nature qui eft vniforme en fes operations n'a garde de changer celle-cy puis qu'elle fe peut & fe doit faire d'vne mefme maniere.

D'ailleurs fi l'impulfion eft l'vnique cau-fe du mouuement du fang, il faut qu'elle le foit de tous les mouuemens naturels dont il eft agité. Cependant le tranfport des humeurs que la Nature fait dans les crifes, & la rectitude qu'elle garde fi re-gulierement quand elle les porte d'vn en-droit à l'autre, depend d'vn autre princi-pe. Car l'effort qui fe fait au Cœur fe doit communiquer également à tous les vaif-feaux, & ne peut determiner le fang à couler vers vne partie pluftoft que vers l'autre. Comment le fera-t'il donc mon-ter à la narrine gauche dans les inflamma-tions de la rate pluftoft qu'à la droite? Sera-ce luy qui pouffera la bile aux inte-ftins dans les diarrhées? Qui portera les ferofitez au cuir dans les fueurs critiques? Car toutes ces fortes de mouuemens vien-nent de la Nature, & fe font ou commencent du moins dans les veines, quoy que le battement & l'impulfion du Cœur, & des arteres y foit inutile.

Enfin puifque la Nature ne multiplie point les moyens d'agir aux operations qui font femblables, il faut qu'elle faffe monter le fang par la mefme vertu qu'elle fait monter le chyle, le faifant paffer des inteftins dans fes vaiffeaux, & le conduifant apres aux lieux où il eft neceffaire. Or il eft certain que perfonne ne dira que le battement du Cœur ferue à ce mouuement, n'ayant point de communication auec les inteftins qui foit affez grande pour pouffer le chyle en haut; & par confequent il faut que le fang ne fe meuue pas non plus que luy par cette impulfion.

Il faut donc chercher vne autre caufe que celle-là, à laquelle on puiffe rapporter, non feulement le tranfport ordinaire du fang, & tous fes autres mouuemens, qui pour eftre extraordinaires ne laiffent pas de luy eftre naturels, comme ceux qui fe font dans les Paffions : Mais

encore ceux du chyle & des autres humeurs qui ſe meuuent dans le corps. Or
apres auoir bien examiné tous les reſſorts
& tous les inſtrumens dont la Nature ſe
peut ſeruir pour cet effet, on trouuera
qu'elle n'y en peut employer d'autre que
les Eſprits.

Le ſang n'eſt
pas attiré par les
fibres.

CAr il ne faut point mettre icy en
auant l'Attraction, quoy que ce ſoit
le ſeul moyen dont les anciens ont crû
que ſe deuoit faire le mouuement du ſang;
puiſque que c'eſt vn mouuement imaginaire qui combat la raiſon & l'experience.

En effet elle ne ſe peut faire qu'en deux
manieres, à ſçauoir par quelque corps
qui touche le ſang qui l'amene & le tire
à luy; ou par quelque vertu magnetique
qui ſoit dans les parties, & qui ſe repan-
dant dans les vaiſſeaux le ſaiſiſſe & l'entraiſne vers elles, de la meſme ſorte que
la qualité de l'aymant attire le fer & l'ap-
proche de luy. Et ces deux manieres d'attirer ont formé deux opinions, qui depuis

la naiſſance de la Medecine iuſques à ce
ſiecle-cy ont toûjours eſté ſuiuies des vns
ou des autres.

Car les vns ont creu que les Fibres
droites qui entrent dans la ſtructure des
veines auoient la puiſſance d'attirer, &
que c'eſtoit par leur moyen que le ſang
eſtoit porté à chaque partie. Mais ils
n'ont pas conſideré que lors qu'vn corps
doit attirer vne choſe fluide & coulante,
il faut qu'il la touche, qu'il la ſaiſiſſe, &
qu'il la retienne en toutes ſes parties;
Autrement celles qui ſeront libres s'eſ-
chapperont, & ne ſeront pas attirées:
Comme on peut eſprouuer en attirant de
la main quelque liqueur que ce ſoit : Car
les parties qui ne ſeront pas retenuës de
la main s'ecouleront & ne viendront pas
auec les autres. Or il eſt certain que les
Fibres ne touchent que la ſuperficie de
l'humeur qui eſt dans la veine, & tout
ce qui eſt dans la profondeur du vaiſſeau
ſe peut eſcouler quelque, effort qu'elles
faſſent.

Ioint que les Fibres ne ſçauroient atti-

rer qu'en se resserrant & comprimant les
veines; & alors les sens apperceuroient
quelque chose de ce mouuement comme ils remarquent celuy des intestins
qui se fait en cette maniere : Et par
consequent puisque l'on n'en voit aucune marque quelque forte que deust
estre la contraction & la compression des
veines pour faire ce mouuement, il y a
lieu de croire qu'il ne se fait pas de cette
sorte.

Mais ce qui doit absolument decider
cette question; C'est que l'aliment des
plantes est conduit par leurs canaux de la
mesme maniere, & par la mesme vertu
que le sang le peut estre dans les animaux;
Cependant leurs fibres ne souffrent point
cette contraction que l'on se figure dans
les veines. Ainsi il faut trouuer vn autre
moyen par lequel l'humeur qui les nour-
rit puisse monter dans leurs branches, &
qui se rencontre aussi dans les animaux
pour porter le sang à toutes les parties.

J'adjouste encore que les os attirent
comme ils disent leur nourriture sans le

secours des fibres , & que le sang se meut quelquefois si impetueusement dans les Passions que ce mouuement pretendu des fibres , ne sçauroit suffire à cette vitesse, ne se pouuant faire que lentement, & par des contractions successiues qui demandent beaucoup de temps en vn si long transport comme est celuy du sang.

OVant à l'autre opinion qui admet la vertu magnetique , quoy qu'elle ait esté plus generalement receuë , elle n'a pourtant aucune raison qui la puisse fauoriser, que la foiblesse de la precedente & l'impossibilité qu'elle s'est imaginée de trouuer d'autres moyens que ces deux-là pour faire couler le sang dans les veines. De sorte qu'elle ne se soustient que de quelques exemples , comme de l'aymant qui attire le fer, & des medicamens purgatifs qui attirent les humeurs, & de quelques autres semblables; qui est vne preuue bien legere, & dont le fondement mesme n'est pas trop asseuré, puisque nous pretendons montrer que l'aymant ny les purgatifs,

Il n'y a point de vertu magnetique qui attire le sang.

ny quelque autre chofe que ce foit, n'ont point de vertu attractiue.

Quoy qu'il en foit ceux qui tiennent ce party doiuent fuppofer, comme ils ont fait, que cette vertu eft en chaque partie, puis qu'il n'y en a pas vne qui n'attire, comme ils difent, du fang pour fa nourriture. Cela eftant ainfi on leur peut demander fi toutes ont cette vertu égale ou non : Car fi elle eft égale en toutes, comme il y en a de hautes & de baffes, il eft impoffible que le fang puiffe aller aux parties fuperieures, puifque les inferieures attirent auffi puiffamment qu'elles, n'y ayant point de raifon pour laquelle il doiue pluftoft fuiure l'impreffion des vnes que des autres. Que s'il y en a qui ayent cette vertu plus forte, elles attireront tout le fang à elles, & cette jufte diftribution qui s'en doit faire par tout le corps ne s'acheuera jamais, puis qu'il fera retenu où cette vertu magnetique eft plus vigoureufe : Car il faut qu'il en foit de mefme que du fer, lequel eftant placé prés de plufieurs aymans, fe range toûjours vers

celuy

celuy qui eſt le plus fort. De plus s'il eſt
vray que l'influence des vertus naturelles
ſe faſſe par lignes droites , comment eſt-
ce que la vertu Attractiue gardera cette
rectitude dans les deſtours innombrables
des veines & des arteres ? Quel meſlange,
ou pour mieux dire quelle confuſion ne
ſe trouuera pas dans les vaiſſeaux , où chaque partie reſpandra ſa vertu magnetique.

Enfin ſi la conformité de ſubſtance eſt
le fondement de cette Attraction ainſi
qu'ils diſent ; Comment eſt-ce que le ſang
qui eſt alteré & corrompu pourra couler
dans les veines ? Par quel moyen les eaux
minerales qui ne reçoiuent point la co-
ction ny la forme du ſang , peuuent-elles
paſſer toutes pures dans les vaiſſeaux ?
Quelle conformité ou ſympathie peuuent auoir toutes ces ſubſtances qui ſont
ſi differentes entre elles, auec le foye , auec
le cœur, & auec quelque autre partie qui
les attire à elle ? Et pourquoy le ſang peut-
il jamais ſortir hors du corps puiſque cette
qualité le retire au dedans , & qu'il en

doit eftre comme de la poudre d'acier que
l'aymant retient fans la laiffer tomber.

Il n'y a point de
vertus attracti-
ues.
Ais ie diray bien plus, c'eft vne erreur de croire qu'il y ait dans la
Nature de ces vertus Attractiues ; Elles
n'en reconnoift aucune autre que celle qui
fe fait par le mouuement du corps, &
toutes les chofes que l'on dit eftre attirées
par ces qualitez font meuës par vne autre
forte de mouuement que celuy de l'attraction. En effet qui pourroit conceuoir
qu'vne fimple qualité puft fi promptement
& fi puiffamment violenter des chofes fo-
lides & pefantes ? Quel mouuement peut
auoir vne vertu incorporelle pour aller
querir & amener des corps maffifs ? Comment fe peut-il faire, qu'au contraire de
toutes les autres qualitez qui vont en
auant, celle-cy retourne en arriere ? Ne
faudroit-il pas qu'en ramenant les corps
qu'elle entraifne, elle quittaft l'efpace où
elle les a trouuez, qui demeure pourtant
toûjours remply de la mefme qualité ?

Il eft vray, il le faut confeffer, l'aymant
a vne vertu magnetique qu'il répand hors

de foy ; Mais elle n'eſt pas attractiue, elle
ſe fait ſeulement ſentir au fer, lequel
apres ſe porte de ſoy-meſme vers luy, comme luy-meſme ſe porte vers le fer : Car ſi
on les met tous deux ſur l'eau en ſorte
qu'ils y puiſſent voguer librement, ils
s'approcheront l'vn de l'autre s'ils ſont
d'égale force ; Et ſi le fer eſt plus peſant,
ou qu'il ſoit arreſté, il n'y aura que l'aymant qui ſe meuue vers luy. Certainement l'vn n'attire l'autre que comme on
dit que le Soleil attire les vapeurs qui
montent d'elles-meſmes par leur legereté
apres qu'elles ont ſenty ſa chaleur.

CE n'eſt pas auſſi par Attraction que les *Les Purgatifs* ⟨note⟩
Purgatifs agiſſent : Car il y en a qui *n'attirent pas.*
font vomir eſtant appliquez à la plante des
pieds & autres parties baſſes : qui eſt vne
marque tres-certaine qu'ils n'attirent pas
les humeurs, puiſqu'au lieu de les faire
venir à eux ils leur font faire vn mouuement contraire. Outre que la vertu pur-
gatiue eſtant vne faculté naturelle deuroit attirer les humeurs qui luy ſont con-

formes en quelque fujet qu'elles fe trou-
uaffent : Cependant elle ne les attire point
dans les corps qui font foibles, ou qui
font priuez de vie. Auffi ceux qui ont
examiné plus fubtilement la maniere dont
fe fait la purgation, montrent que les
purgatifs n'ont point d'autre vertu que
de diffoudre & de feparer les humeurs
comme la prefure fait les parties du lait :
Et que la feparation en eftant faite, la Nature qui en eft irritée les chaffe & les fait
fortir ; De forte que l'euacuation s'en fait
non point par attractió ; mais par impulfió.

La douleur ny
la cholere n'at-
tirent pas.

ON dit bien encore que la douleur &
la chaleur attirent : Mais ce font les
Efprits que la Nature enuoye auec le fang
aux parties pour les fecourir ; Et ce n'eft
point vne veritable attraction, non plus
que celle qui fe fait par le vuide : Car vne
priuation qui n'eft rien en effet, ne peut
auoir aucune vertu ; Mais en cette rencontre les corps fe pouffent d'eux-mefmes
pour empefcher vn defordre que la Nature ne peut fouffrir.

Il n'y a donc point de vertus Attractiues, & par conſequent il ne faut point en aller chercher dans les animaux pour faire monter le ſang dans les veines.

Mais on pourroit dire là-deſſus qu'il eſt vray que le ſang n'eſt point attiré ; mais qu'il ſe meut de luy-meſme comme le fer qui ſent la vertu magnetique, & qu'en reſſentant auſſi la vertu ſympathique qu'inſpirent les parties, il ſe porte de luy-meſme vers elles. A la verité cét expedient ne ſeroit pas mauuais ſi on pouuoit bien eſtablir cette vertu ſympathique ; Mais le moyen qu'elle puiſſe ſubſiſter en des ſujets ſi diuers, comme ſont les plantes & les animaux ; comme ſont les membres de differente conſtitution & temperament ; comme ſont les parties ſaines & malades? Et quand elle y ſeroit, quelle alliance peut-on s'imaginer entre-elle & le ſang qui eſt ſouuent alteré ou corrompu ; entre-elle & les eaux minerales que l'on boit, entre-elle & les poiſons qui ſe diſtribuënt par le corps ?

Apres tout, ce moyen ny tous les autres

C c iij

qu'on a propofez ne fatisfont point à la rectitude que la Nature garde dans les mouuemens du fang , ny à la plus-part des agitations qu'il fouffre dans les Paffions de l'Ame , ny au tranfport du Chyle & des autres humeurs qui fe fait dans le Corps: Et il faut de neceffité recourir aux Efprits comme à la caufe generale de tous ces effets.

Et certainement comme le fang ne fe meut pas de luy mefme , & que tout ce qui eft meu par vn autre doit eftre ou pouffé, ou attiré , ou porté, l'impulfion ny l'attraction n'ayant point icy de lieu , il faut que quelque Corps qui ayt la vertu de fe mouuoir fe mefle auec luy & le porte par tout où il va. Or comme nous fçauons que les Efprits font les premiers inftrumens de l'Ame , que la Nature enuoye à toutes les parties pour les faire agir, qu'elle mefle auec le fang pour le rendre fluide, qu'elle infinuë mefme dans les humeurs contre Nature pour les cuire & pour les chaffer : On ne peut douter que cê ne foient eux qui faffent le tranfport des fucs

qui font dans les vaiſſeaux ; puiſqu'ils y
font déja pour les tenir fluides , & qu'il
n'y a point d'autres ſubſtances qui ſe puiſſent meſler auec eux , pour les porter aux
lieux où ils doiuent aller ; Et qu'en effet
ce font des Corps tres mobiles , qui eſtant
animez ou immediatement meuz par l'A-
me , font les ſeuls qui peuuent mouuoir
le ſang en toutes les differences de ſituation que nous y remarquons.

Ovy ſans doute ce font eux qui dans
ſon cours ordinaire le font monter
en haut ſans peine , le font deſcendre en
bas ſans precipitation , & qui l'introdui-
ſent dans toutes les parties , & meſme iuſ-
que dans le profond des os pour les nourrir. Ce font eux qui dans les paſſions
l'agitent diuerſement ſelon les diuers deſſeins que l'Ame ſe propoſe ; qui le portent
aux parties bleſſées pour les ſecouurir , &
qui luy font garder cette rectitude que
l'on remarque dans ſes mouuemens. Car
enfin c'eſt la Nature qui eſt le principe &
la ſource de toutes ces operations , & cette

*Ce font les Eſ-
prits qui portent
le ſang aux par-
ties.*

Nature n'eſt autre choſe que l'Ame & ſes
facultez, qui toutes ont beſoin d'organes
pour agir, & qui n'en peuuent auoir d'autres que les Eſprits, auſquels on puiſſe
rapporter tous ces effets.

Ils ſe meſlent dont auec le ſang, & comme l'air agité entraiſne les vapeurs qui
ſont meſlées auec luy, ou comme les exhalaiſons de la terre eſleuent les matieres qui
ſont iointes auec elles; Eux auſſi ayant receu le mouuement & la direction de l'Ame
emportent le ſang & les humeurs en tous
les lieux où ils ont ordre de les conduire.
Car il ne faut pas douter qu'vne œconomie ſi iuſte & ſi reguliere dans la varieté
de ſes operations, ne ſoit gouuernée par
quelque puiſſance qui ſoit au deſſus des
vertus elementaires, & qui participe à
cette ſecrete intelligence que Dieu a cachée dans l'Ame pour la conſeruation de
l'animal. C'eſt donc elle ſeule qui fait
mouuoir les eſprits, & qui les charge de
ſes ordres pour la conduite des humeurs.

Les

Les Esprits sont animez.

LA difficulté est maintenant de sçauoir comment elle les fait mouuoir; si c'est comme des instrumens separez du corps, ou comme des organes qu'elle anime. En vn mot la question est de sçauoir s'ils sont animez ou non. L'opinion commune en demeure à la negatiue, & tient que ce ne sont que des instrumens separez qui portent la vertu de l'Ame aux parties, & qui sont conduits par la direction qu'elle leur donne comme la flesche qui est poussée par l'Archer & qui va au but où il la dirige. Mais à considerer de prés cette Direction, & la maniere auec laquelle elle se peut faire, on trouue que ce ne sont que des belles paroles qui n'expliquent point la chose, & qui laissent dans l'Esprit mille difficultez qui obligent de prendre l'autre party.

En effet, si ce mouuement & cette Direction se doiuent donner aux Esprits

D d

comme à des inftrumens feparez , il faut
que cela fe faffe dans le Cœur, qui eft le
lieu où ils naiffent , & d'où ils tirent toute leur force & toute leur vertu. Mais il
faut encore que toute la maffe des Efprits
qui fort de là, reçoiue la mefme impreffion, parce qu'ils ne font point diuifez les
vns des autres : Comment fe peut-il donc
faire que les vns aillent en vn endroit
pluftoft qu'en vn autre ? Comment vne
Paffion les peut elle porter au front ,
comme l'Amour ; aux yeux, comme la
Cholere ; au bas des ioües & des oreilles,
comme la Honte ? Comment fe iettent-
ils en plus grande quantité fur la partie
malade que fur celles qui font faines ?
Car tout ainfi que dans les fontaines l'impetuofité de l'eau fe communique également à tous les canaux ; & que l'art du
fontenier ne fçauroit faire que l'eau coule
pluftoft par l'vn que par l'autre, s'ils font
également ouuerts : On ne fçauroit auffi
conceuoir que les Efprits aillent en vne
partie pluftoft qu'en vne autre, puifque
les rameaux des arteres par lefquels ils

doiuent couler, sont ouuerts les vns comme les autres.

D'ailleurs, qui considerera comment
dans la Cholere ils choisissent le venim
qui est dans les veines pour le porter aux
dents des Animaux ; Comment dans les
maladies ils discernent les humeurs qui
les ont causées pour les faire sortir ; verra
bien qu'il n'y a aucune Direction d'Ame
qui puisse satisfaire à tous ces effets, &
qu'il y faut vne connoissance & vn discernement vital, qui ne peut partir que
d'vn instrument animé. Car si l'on dit que
c'est l'Ame qui fait ce discernement & ce
choix, il faudra qu'elle se mesle auec ces
humeurs pour les pouuoir separer, & l'on
sera contraint de confesser que l'Ame est
dans ces humeurs ; qui sera vn plus grand
inconuenient que de dire que les Esprits
sont animez. Or nous auons montré cy-
dessus que c'est par leur moyen que ces
mouuemens se font.

Enfin la Direction des choses qui sont
poussées ne fait rien que regler leur mouuement vers le but où elles doiuent al-

ler : Elle ne diminuë point l'impetuofité qui leur a efté imprimée , & il faut que leur mouuement aille jufqu'au bout auec toute la force que le moteur leur a donnée. Cependant les Efprits vont fouuent en d'autres lieux, que l'Ame ne leur auoit ordonné quand ils ont receu fa premiere impulfion; Et quelquefois dans leur cours ils fe meuuent plus fort ou plus lentement que l'impetuofité qu'ils ont receuë ne deuoit exiger. Car dans la Honte ils ont ordre de poufler le fang fur tout le vifage, comme pour couurir & cacher l'Ame à l'infamie qui va tomber fur elle: Neantmoins ils fe jettent fur l'extremité des Oreilles, & au bas des joües contre fon premier deffein. Souuent ils commencent vne crife par les fueurs qu'ils terminent par les vrines , & quelquefois ils fe relafchent & fe retirent dans le combat que la Nature leur auoit fait entreprendre.

Apres tout l'Ame ne pouffe pas feulement les Efprits, elle les fait encore retirer, elle les dilate, elle les refferre ; Que fera cette Direction pretenduë en toutes

ces rencontres ? Comment les peut-elle ra-
mener au Cœur quand ils en font éloignez?
il faut alors qu'on fuppofe vne vertu attractiue qui les aille faifir aux extremitez
du Corps, & qui les retire vers leur fource : Mais nous auons montré que cette vertu eft imaginaire ; & en tout cas il faudroit
qu'elle euft quelque fujet qui la portaft
au lieu où elle doit faire fon operation,
ce qu'on ne fçauroit conceuoir.

Il y a encore bien plus de difficulté à dire
comment elle les peut dilater & refferrer
quandils font eßoignez du cœur: Car il n'y
a dans la Nature aucune impulfion ny direction, par lefquelles ces mouuemens fe
puiffent communiquer. Il n'y a que le
Chaud & le Froid qui le puiffent faire : Et
comme ces qualitez n'agiffent qu'auec
beaucoup de temps, elles ne peuuent eftre
caufe de la dilatation & contraction des Ef-
ptits qui fe font fubitement. Ioint qu'il
faudroit que l'Ame enuoyaft ces qualitez
dans les vaiffeaux pour produire cét effet,
& que dans la Crainte par exemple, elle fift
naiftre le froid pour faire refferrer les Ef-

D d iij

prits, ce qui ne ſe peut dire ny imaginer
ſans abſurdité : Car ſi le Froid ſe remarque
dans quelques Paſſiõs, il n'eſt pas cauſe de la
cõtraction des Eſprits, il n'en eſt que l'effet.

Enfin tous les Maiſtres de la Medecine
ſont d'accord que les Eſprits portent aux
parties la faculté vitale, la ſenſitiue & la
motiue ; Et l'experience confirme cette verité, puiſque la vie, le mouuement & le
ſentiment y ceſſent quand ils n'y coulent
pas. Comment cela ſe peut-il faire s'ils ne
ſont animez ? car les facultez de l'Ame ne
ſe ſeparent point d'elle. A la verité quelques-vns ont dit qu'ils ne portoient pas les
facultez, mais vne certaine qualité qui les
mettoit en exercice, & ſans laquelle elles
ne pouuoient agir. Mais ils ne diſent point
de quelle Nature eſt cette qualité, & il n'y
a pas d'apparence qu'vne ſeule qualité ait
rapport auec tant de facultez & de fonctions differentes.

Quoy qu'il en ſoit les plus grands Philoſophes qui ont examiné ces matieres à
fonds, ſe ſont trouuez ſi empeſchez à rendre raiſon du mouuement des Eſprits dans

l'opinion commune , qu'ils ont aduoüé franchement que c'est vne des choses la plus difficile à comprendre qu'il y ait dans la Nature, & tout ce qu'ils en ont dit ne les a point satisfaits, ny ceux qui ont voulu suiure leurs sentimens.

Quel inconuenient y a-t'il donc à soustenir qu'ils sont animez ? puisqu'on leue toutes les difficultez par cette voye-là, & qu'il faut de necessité que des Organes qui agissent auec tant de discernement, qui se meuuent en toute sorte de situation & qui font tant d'actions differentes, ayent en eux-mesmes vn principe de vie.

A La verité il y a deux choses qui tien- *Objections.* nent l'Esprit en doute, & qui le peuuét empescher de consentir à cette verité. L'vne qu'il n'y a pas d'apparence que des Corps qui courent toûjours, & qui se dissipent à tous momens puissent estre animez. L'autre, que la vie qui doit estre commune à toutes les parties ne se peut trouuer en celles qui sont separées de leur tout, & que les Esprits sont de ce rang-là, n'eſtant point vnis ny continus auec les parties ſolides.

Mais quant à la premiere il n'eſt pas ve-ritable qu'ils ſe diſſipent toûjours ſi prom-ptement que l'on dit. Ceux qui condui-ſent le ſang par les veines ſe conſeruent long-temps, & font la meſme circulation que luy ; Et l'on voit à toute heure, qu'a-pres qu'ils ſont accourus à quelque partie & qu'ils y ont agi ſelon l'ordre de l'Ame, ils ſe retirent & retournent à leurs ſources. Apres tout quand ils ſe diſſiperoient ainſi, pourquoy ne pourroient-ils pas eſtre ani-mez ? La longue durée n'eſt point vne diſ-poſition neceſſaire à la vie , & il y a des parties, comme les portions les plus mol-les de la Chair , qui vn peu de temps apres qu'elles ont eſté animées, peuuent ſe reſou-dre & ſe diſſiper par vne chaleur violente. Si toſt que les Eſprits ont acquis les diſpo-ſitions qui ſont neceſſaires pour eſtre les inſtrumens de l'Ame , elle s'inſinuë parmy eux & les anime : Quand ils ſe diſſipent, ou qu'ils perdent la continuité qu'il doiuent auoir auec leur principe , elle les quitte de
la

la mesme maniere que les autres parties qui se separent du Corps.

Mais quoy ! l'Ame peut-elle animer vn corps simple & homogene, comme sont les Esprits ? Pour quoy non, puis qu'elle anime l'humide radical, la chair, les fibres, & toutes les autres parties simi-laires. Quand on dit que l'Ame demande vn corps organique, cela s'entend de tout le corps qu'elle doit animer, & non pas de ses parties qui doiuent estre simples. Il estoit mesme necessaire que comme la plus part de ces parties sont fixes & solides, il en eust de mobiles & de subtiles pour satisfaire aux diuerses fonctions ausquelles il est destiné ; Et puisque l'Ame est tou-jours en action, il falloit qu'elle eust vn organe qui se meust continuellemeut.

POur ce qui regarde l'vnion des Esprits auec les autres parties, il n'y a pas lieu d'en douter, puis que la moindre interrup-tion qui y arriue fait cesser les actions de la vie. Car c'est de là que viennent les defaillances & les syncopes dans les excez

E e

de la ioye & de la douleur, les Eſprits eſtant
pouſſez ſi impetueuſement qu'ils perdent
la continuité qu'ils doiuent auoir auec
le cœur. C'eſt de là que viennent les
Apoplexies par l'interception des veines,
comme parle Hippocrate, les matieres qui
y ſont contenuës empeſchant les Eſprits de
couler, & rompant l'vnion qu'il auoient
auec les autres.

Mais auec quoy ſe peuuent-ils vnir pour
participer à l'vnion qui eſt cōmune à tout
le corps? C'eſt ſans doute auec les parties
ſpiritueuſes qui entrent en la compoſition
du cœur? C'eſt auec les Eſprits fixes qui
ſont de meſme nature qu'eux. Et peut-
eſtre que c'eſt à quoy ſert le battement du
cœur; Car par l'agitation qu'il leur donne
il les fait penetrer l'vn dans l'autre, il
les lie enſemble & les ferrumine, s'il eſt
permis de parler ainſi de choſes ſi deliées.

TOut ce qui peut icy laiſſer du doute,
c'eſt que les Eſprits ſe meſlent auec le
ſang & auec les humeurs & qu'il eſt difficile

de comprendre comment dans ce mélange
ils puiſſent conſeruer l'vnité qu'ils doiuent
auoir enſemble. Mais il ne faut que ſe
repreſenter la lumiere qui paſſe à trauers
les nües, car elle a des rayons qui ne les
peuuent trauerſer, & ceux qui en ont
le pouuoir s'eſcartent les vns des autres,
ſans neantmoins que pas-vn perde la continuité qu'il a auec le corps lumineux: Ou
pour demeurer dans l'ordre des Corps, il en
eſt comme des exhalaiſons qui ſe meſlent
auec l'Air, elles ont pluſieurs lignes qui ſe
reſpandent d'vn coſté & d'autre, mais ces
lignes ſont ordinairement continuës auec
la matiere d'où ſort l'exhalaiſon. Il faut ſe
figurer la meſme choſe dans les Eſprits, car
ils ſortent du Cœur comme vne maſſe de
rayons & de lignes ſpiritueuſes qui s'eſcartent d'vn coſté & d'autre, & qui penetrent
les humeurs ſans ſe diuiſer d'auec leur principe. Et cela eſt d'autant plus facile à croire qu'outre que les choſes de meſme nature
ont tant de peine à ſe ſeparer les vnes des
autres, l'Ame qui ſçait que cette interru-
ption des Eſprits doit faire ceſſer toutes les

E e ij

actions , empefche autant qu'elle peut
qu'elle n'arriue.

Mais que les Efprits foient animez ou
non, il eft certain qu'ils fe meuuent , &
que c'eft l'Ame qui leur donne le mouuement : Car quoy que l'on puiffe dire que
c'eft le Cœur qui les agite dans les Paffions
à caufe qu'il s'ouure , qu'il fe ferme , qu'il
fe dilate , & fe refferre comme-eux , &
qu'il y a de l'apparence que luy qui eft le
principe de la vie , & des Efprits mefmes
le doit eftre auffi de tous leurs mouuemens.
Nous fçauons neantmoins par experience
qu'il y a quantité de Paffions qui s'efleuent
dans l'Ame fans qu'on puiffe remarquer aucun changement dans le battement du
Cœur & des Arteres , quoy que fans doute
les Efprits y foient agitez. Auffi font-ce des
corps fi legers & fi mobiles , que la moindre agitation de l'Ame les doit efbranler.
Ce que l'on ne peut pas dire du Cœur qui
eft maffif & pefant de luy mefme , & qui a
vne fonction fi neceffaire à la vie , qu'il ne
doit pas fans grande neceffité, ny fans vn
grand effort l'interrompre ny la troubler.

Les Esprits sont donc les seuls qui sont
agitez dans les Passions legeres, & quand
elles sont fortes, le Cœur suit aussi-bien
qu'eux les esmotions de l'Ame.

Pourquoy le Cœur & les Esprits se meuuent dans les Passions.

MAis quelle est la fin qu'elle se propose dans ces mouuemens, quelle
vtilité en peut-elle reçeuoir? Il ne faut pas
douter que comme elle a dessein de s'vnir
au bien, de fuir ou d'attaquer le mal, elle
n'employe ces Organes pour arriuer à ces
fins, & qu'elle ne croye que les mouuemens qu'elle leur fait faire n'y soient tout
à fait necessaires. Et il est vray qu'il y en a
qui font l'effet qu'elle en attend : Mais il
y en a bien aussi qui y sont inutiles. Quand
dans la Cholere les Esprits separent le venin
& la bile, & les portent aux dents & aux
autres defences des Animaux, il est certain
que ce sont autant d'armes offensiues, qui
sont propres à attaquer & à destruire l'en-

nemy. Quand dans l'Amour & dans la Ioye,
les Esprits agitent les plus pures & les plus
douces parties du sang, cela est conforme
à l'estat où l'Ame se trouue qui ne demande que des objets agreables, & qui seroit
troublé par l'agitation de la bile & de la
melancholie, qui sont des humeurs fascheuses & malignes. Et l'on peut asseurer
que dans toutes les autres Passions les Esprits ont des mouuemens qui sont vtiles
aux desseins de l'Ame, comme nous ferons
voir au discours de chacune en particulier.

Mais pour vn de cette nature, il y en a
mille autres qui sont inutiles, & qui seruent plus à marquer la precipitation & l'a-
ueuglement où elle est, qu'à obtenir ce
qu'elle se propose. Car que le Cœur s'ouure
& se dilate dãs l'Amour &dans la Ioye, qu'il
se ferme & se resserre dans la Crainte &
dans la Tristesse : Que les Esprits se respan-
dent & sortent en celles-là, & qu'ils se retirent & se ramassent en celles-cy ; Tout cela
ne fait rien pour arriuer au but où elle
tend. Ie sçay bien qu'elle croit qu'en ouurant le Cœur elle donne vne plus facile

entrée au Bien, qu'en le resserrant elle ferme les passages au Mal ; qu'en iettant les
Esprits au dehors, elle pense s'approcher
de ses objets, tout de mesme qu'en les re-
tirant au Cœur elle s'en doit esloigner.

Mais en verité, le Bien ny le Mal n'entrent point dans le Cœur ; Et le mouuement des Esprits n'en rend point l'Ame ny
plus proche ny plus esloignée qu'elle en
estoit au parauant. Comme elle est respan-
duë par tout le Corps, elle est déja où les
Esprits la portent, & elle n'abandonne
point les lieux d'où ils taschêt de l'éloigner.

Il ne faut pas pourtant s'estonner de l'erreur où elle tombe en ces rencontres : car
comme elle n'a pas vne exacte connoissance de toutes les choses qui la regardent,
elle est surprise par l'abord inopiné du Bien
& du Mal qui se presentent à elle ; & dans le
trouble qu'ils luy causent, elle fait tout ce
qu'elle peut, elle s'agite & fait mouuoir
ses Organes selon la visée qu'elle prend ; Et
parmy beaucoup de choses qui seruent à
son dessein, elle en fait cent autres qui luy
sont inutiles, & mesme qui luy sont dom-

mageables. Dans les actions qui luy font
ordinaires, & qui luy ont esté prescrites
par la Nature, elle ne se trompe que tres-
rarement: Car elle pousse regulierement les
Esprits aux parties pour leur inspirer la chaleur vitale, pour leur porter le sang qui les
doit nourrir, pour faire les euacuations qui
sont necessaires; parce que c'est l'Instinct
qui la conduit & qui luy marque justement ce qu'elle doit faire. Mais quand ce
secours luy manque, elle fait comme vn
homme qui execute ponctuellement ce
que porte son instruction, mais qui se trouue fort empesché quand il luy faut faire
quelque chose qui ne se trouue point en
ses memoires; il se regle alors sur ce qu'il a
déja fait en semblables occasions, & comme il est pressé, il hazarde le succez de
l'affaire, qui reussit quelquefois, mais qui
le plus souuent n'est pas tel qu'il se l'estoit
imaginé.

L'Ame en fait de mesme quand le Bien
& le Mal la surprennent; comme elle ne
trouue point dans les instructions de l'Instinct ce qu'elle doit faire en ces rencontres;
elle

elle fuit fa façon ordinaire d'agir, elle
pouffe ou retire les Efprits comme elle a
accouftumé dans les actions neceffaires de
la vie; & dans la precipitation où elle eft,
& le peu de connoiffance qu'elle a, elle n'a
pas le temps ny la lumiere pour voir s'ils fe-
ront vtiles ou inutiles à fon deffein.

Quelle faculté fait mouuoir les Efprits.

IL eft donc conftant que l'Ame fait mouuoir les Efprits, afin qu'ils communiquent la chaleur vitale à toutes les parties,
qu'ils leur portent le fang qui les doit
nourrir, & qu'ils tranfportent les humeurs
d'vn lieu à l'autre quand elle le juge neceffaire, comme il arriue dans les Paffions,
dans les crifes & les autres. La queftion eft
maintenant de fçauoir quelle partie de l'A-
me leur dône ces mouuement; Eft-ce la vegetatiue? Eft-ce la Senfitiue? Il n'y a pas lieu
de douter pour la diftribution de la chaleur
vitale & de l'aliment, ny mefme pour le

F f

tranfport des humeurs dans les maladies ;
Car il eft certain que c'eft l'Ame vegetatiue
qui eft le principe de toutes ces actions.
Mais la difficulté eft pour le mouuement
des Efprits dans les Paffions. Car d'vn cofté
il femble que ce doit eftre l'Ame Senfitiue
qui les doit agiter , puifque c'eft elle qui
excite les Paffions , qu'ils fe meuuent en
effet pour le Bien & pour le Mal fenfible,
& qu'ils fe propofent la mefme fin qu'elle.
D'vn autre cofté les mouuemens de l'Ame
Senfitiue font volontaires & peuuent fe faire ou ne fe pas faire felon qu'il plaift à l'A-
mal, comme on voit dans le mouuement
des membres. Cependant celuy que les Efprits fouffrent dans les Paffions fe fait neceffairement , & l'Ame ne peut ny l'exciter
ny l'empefcher quand elle le voudroit : De
forte qu'il femble que cela foit du reffort
de l'Ame vegetatiue, & que dans la focieté que les facultez ont enfemble, & dans
le fecours mutuel qu'elles fe donnent,celle-
cy fe joint à la fenfitiue pour luy ayder à
poffeder le bien , ou à l'efloigner du mal
qui fe prefente à elle

Nonobftant ces dernieres raifons aufquelles il eft facile de refpondre, il s'en
faut tenir aux premieres qui prouuent que
c'eft l'Ame Senfitiue qui fait mouuoir les
Efprits dans les Paffions. Il eft vray que les
mouuemens de la vegetatiue fe joignent
fouuent aux fiens, comme on experimente
dans les grandes Douleurs: Mais c'eft quand
le Bien & le Mal font confiderables, &
qu'ils font vne fi profonde impreffion qu'ils
penetrent jufqu'à elle : car quand ils font
legers elle ne s'en efmeut pas, & laiffe agir
la partie Senfitiue toute feule, laquelle
pourtant ne laiffe pas d'agiter les Efprits.

En effet, ce font les Organes generaux
de toutes les fonctions de l'Ame ; & toutes
les facultez de quelque ordre qu'elles
foient les employent également à leur fer-
uice. Ils feruent à la vie, au fentiment, au
mouuement, à la raifon mefme, & dans
les plus hautes meditations ils s'agitent
comme dans les actions naturelles. C'eft
comme vn inftrument dont plufieurs Ar-
tifans fe feruent à diuers Ouurages : Car du
mefme Compas dont vn Maçon aura pris

ſes alignemens, le Geometre en fera ſes Figures, l'Aſtronome en meſurera le Ciel
& les Aſtres. Ainſi les Eſprits qui auront
ſeruy à la faculté naturelle, pour les plus
baſſes actions de la vie, ſont employez par
l'Ame ſenſitiue aux fonctions animales, &
l'Entendement meſme s'en ſert dans ſes
operations les plus releuées.

Mais quoy leur mouuement n'eſt pas
libre dans les Paſſions, comme il ſemble
qu'il deuroit eſtre ſi l'Appetit ſenſitif en
eſtoit le Directeur, ainſi qu'il l'eſt des mouuemens volontaires. Il n'importe; puiſque
meſme les Eſprits Animaux qui coulent par
les nerfs pour faire ces mouuemens là, &
qui ſans doute ſont meuz par l'Appetit ſenſitif, n'ont pas leur mouuement plus libre
que celuy qui ſe fait dans les veines & dans
les arteres. La neceſſité du mouuement ſe
trouue ſouuent dans la faculté ſenſitiue,
auſſi bien que dans la naturelle; Et quoy
que les muſcles ſoient les Organes du
mouuement libre, nous voyons que la
reſpiration qui ſe fait par leur moyen eſt
neceſſaire, que le mouuement du Cœur

qui est comme vn composé de plusieurs muscles, & qui reçoit vn nerf du Cerueau pour luy donner le sentiment & le mouuement, n'est point au rang de ceux qui sont volontaires. La volonté mesme auec cette souueraine liberté qu'elle a n'est point libre en ses premieres saillies, & quelque-temps qu'elle prenne à considerer le Bien & le Mal, il n'est pas en son pouuoir de haïr le Bien & d'aymer le Mal.

D'où vient donc cette diuersité, c'est sans doute de l'Instinct, qui est vne Loy qui contraint l'Ame à faire ce qu'elle ordonne pour le Bien de l'Animal. C'est elle qui conduit toutes les actions de la faculté Naturelle, qui marque à l'Ame Sensitiue les mouuemens qu'elle doit faire sans relasche, comme ceux du Cœur & des Poulmons, ceux des Esprits Animaux, mais encore tous ceux qui se font par rencontre où la connoissance des sens est inutile. Car encore que le mouuement des Esprits dans les Passions ne se fasse pas precisement par luy, l'Ame le leur fait faire sur l'exemple

Ff iij

que l'Inſtinęt luy donne en d'autres occaſions, comme nous auons dit cy-deuant.

Quel eſt le mouuement du Cœur & des Eſprits dans les autres Paſſions?

Voila pour ce qui regarde le Mouuement du Cœur & des Eſprits dans les Paſſions de l'Appetit Senſitif, il faut voir maintenant s'il ſe fait de la meſme ſorte dans celles de la volonté, & de l'Appetit Naturel.

Nous pouuons dire d'abbord qu'il y a beaucoup de Paſſions qui s'éleuent dans la volonté, ſans que le Cœur ny les Eſprits y ſoient agitez, parce que c'eſt vne faculté ſpirituelle, qui peut agir de ſoy-meſme ſans le ſecours d'aucun organe. Mais il faut qu'elles ſoient bien legeres; car quand elles ſont vn peu fortes, ils ne manquent pas tous deux de s'y mouuoir, comme dans les Paſſions de l'Appetit ſenſitif.

Ce n'eſt pas que la volonté conſiderée en ſoy ne pûſt toute ſeule exciter les plus violentes, comme on ſçait qu'elle fait dans les Anges: mais dans l'Homme où les facultez Corporelles ſont vnies auec les Spirituelles, il eſt impoſſible que les vnes ne secourent les autres, quand vn Bien ou vn Mal considerable se represente à quelqu'vne d'elles; soit parce que le mouuement qu'elles ont se communique necessairement aux autres, comme nous auons dit; soit parce que l'Ame en ces rencontres se defie de ses forces, & veut employer toutes celles qu'elle a. C'est pourquoy elle ne se contente pas d'émouuoir l'Appetit sensitif dans les grandes Douleurs pour fuir le Mal qui la presse; Elle fait naistre la Tristesse dans la partie superieure pour le mesme dessein; Et comme si cela ne suffisoit pas encore, elle excite souuent la Fievre dans la faculté naturelle pour chasser & destruire cét ennemy.

Pour ce qui est des Passions de cette basse partie de l'Ame, il n'y en a aucune où les Esprits ne soient agitez, mais il faut qu'elles soient violentes pour emouuoir le Cœur: Car il n'en est pas comme de celles des autres Appetits, qui toutes mediocres qu'elles soient, sont capables d'alterer son mouuement. En effet nous voyons dans les playes & dans les tumeurs

que les Esprits y accourent auec impetuosité sans qu'il y ait aucun changement
dans le battement du cœur & des arteres;
& il se fait des euacuations considerables
dans les crises , sans que ces mouuemens
en soient alterez. Mais dans la Fievre qui
est la cholere de l'Appetit naturel , dans
la Consternation où la Nature se trouue
quelquefois dans les maladies malignes,
& dans les Agonies qui deuancent la mort,
il se fait vn notable changement dans le
Pouls.

La raison de cette difference vient de
la nature de la faculté vegetatiue, qui est
plus materielle , & par consequent plus
pesante que la Sensitiue. Car tout de mesme qu'vn homme paresseux ne s'engage
qu'aux choses les plus aisées à faire , &
n'entreprend les difficiles que lors qu'il y
est contraint par la necessité. Aussi cette
faculté qui se meut auec peine, se contente
dans les Passions legeres d'agiter les Esprits
à cause qu'ils sont faciles à mouuoir : Mais
elle n'entreprend pas d'y ébranler le Cœur,
parce que c'est vne Machine plus difficile

à

à remuer, si ce n'est lors que le Mal luy paroist considerable, & qu'elle juge qu'il faut employer tous ses Organes, toutes ses forces pour luy resister.

Comment l'Ame fait mouuoir le Corps.

MAis nous oublions le point le plus difficile qui soit en cette matiere, à sçauoir comment l'Ame fait mouuoir le Cœur & les Esprits; Et pour le dire en vn mot, comment elle fait mouuoir toutes les parties: Car il est assez difficile à con-ceuoir comment vne chose qui n'a point de corps puisse remuer vn Corps; Et bien plus encore que ce qui est immobile comme on veut que l'Ame soit, puisse faire mouuoir les membres de l'animal. On void bien qu'ils se meuuent par le moyen des Muscles, & que les Muscles agissent par la contraction des fibres qui entrent en leur composition, mais la question est de sçauoir côment l'Ame fait retirer ces fibres,

G g

Qu'on ne nous die point que l'Appetit
commande à la vertu motiue qui est dans
les membres, & que cette vertu execute
ce qu'il luy a ordonné. Ce font des paroles
qui au lieu d'esclaircir la chofe l'obfcurcif-
fent & l'embarraffent dauantage. Et qui
confiderera de pres la nature de ce commandement, & la maniere dont il peut
eftre fait par l'Appetit, & celle dont il
doit eftre receu par la vertu motiue, ne
fera pas plus inftruit de ce que nous cherchons qu'il eftoit auparauant, & ne verra
point comment les fibres fe ramaffent &
fe racourciffent. Pour nous expliquer
donc promptement & en peu de mots,
fur ces difficultez, nous difons que toutes
les parties fe meuuent, parce que l'Ame
qui eft vnie auec elles, fe meut elle mefme, & qu'elle les contraint de fuiure le
mefme mouuement qu'elle s'eft donné:
De forte que les fibres fe retirent, parce
que l'Ame qui les anime fe refferre la premiere & les fait apres raccourcir.

Il en faut dire autant des Efprits, car
quand ils vont d'vn endroit à l'autre,

quand ils se dilatent ou se resserrent dans
les Passions , c'est l'Ame qui leur donne
ces mouuemens en se les donnant à elle-
mesme.

, Cela ne sera pas difficile à croire si l'on
se souuient de ce que nous auons dit au
4. Chap. de cét Ouurage , où nous auons
montré que l'Ame estoit mobile en toute
sa substance , & qu'ayant vne extension
propre, elle auoit aussi des parties qu'elle
pouuoit remuer comme il luy plaisoit.
Car cela presupposé , il est certain qu'e-
stant vnie auec les membres , il est impossible qu'elle se donne aucun mouuement
qu'elle ne leur en fasse faire vn semblable.

, Mais on pourroit dire que si cela est
ainsi, il n'est point necessaire que les Esprits Animaux coulent dans les Muscles
pour les faire mouuoir, parce que l'Ame
estant toute en chaque partie, n'a pas besoin que ces Esprits luy aportent vne vertu qu'elle a déja. Nous auons déja touché
à cette difficulté, qui a mis en confusion
toutes les Escholes. Car les vns veulent

que les Esprits Animaux portent la faculté motiue auec eux ; & les autres difent que ce qu'ils portent n'eft qu'vne certaine qualité qui n'eft point animale, & qui ne fert que de difpofition pour faire agir la faculté motiue qui eft dans les parties.

Les vns & les autres fe trompent affeurement, fuppofant comme ils font que les Efprits ne font pas animez : Les premiers en ce qu'ils donnent les vertus animales à des corps qu'ils croyent n'auoir point de vie, les autres en ce qu'ils mettent en auant vne qualité imaginaire qu'ils n'expliquent point, & qui laiffe la chofe auffi douteufe qu'auparauant.

Il faut donc dire que les Efprits Animaux ne portent pas la vertu motiue aux parties, mais le commandement de la faculté Eftimatiue, fans lequel il n'y a point de mouuement qui fe puiffe faire.

Pour entendre ce-cy, il faut fe reffouuenir de ce que nous auons dit aux difcours precedens : Que l'Appetit ne fe meut que par le commandement de la faculté Eftimatiue, qui ordonne de faire les

choses; Que ce commandement consiste
dans l'Image ou l'idée qu'elle se forme en
elle-mesme; Et qu'apres que cette Image
y a esté produite, elle se multiplie & se
respand comme vne lumiere en toutes les
parties de l'Ame.

Or c'est par les Esprits animaux que
cette communication se fait : Car comme
les actions corporelles se font par le moyen
des Organes qui leur sont propres, la connoissance se doit faire dans le Cerueau où
sont tous les Organes qui sont necessaires à cette action. Et parce que les parties
qui doiuent executer ce qu'elle ordonne
là, en sont esloignées, il est necessaire
que l'Ame ait des ministres qui leur portent
les resolutions qu'elle a prises en son con-
seil, sans lesquelles comme dans vne Re-
publique bien policée, rien ne se doit &
ne se peut faire.

Ce sont donc les Esprits Animaux qui
ont cét employ, qui portent les ordres &
les commandemens de l'Estimatiue aux
parties, lesquelles apres se meuuent comme nous auons dit.

Gg iij

DES VERTVS
ET DES VICES,
dont l'Art de connoiſtre les Hommes peut juger.

CHAPITRE V.

Puiſque l'Art de connoiſtre les Hommes ſe vante de découurir les vertus & les vices quelques cachez qu'ils ſoient, c'eſt à luy à nous dire de quelles vertus, & de quels vices il entend parler ; s'il a ce pouuoir pour tous en general, ou s'il ne l'a que pour quelques-vns. Et à ce deſſein il luy en faut faire vn denombrement, afin qu'il nous marque ceux qui ſont de ſon reſſort & de ſa connoiſſance.

Mais auant que d'en venir là il eſt neceſſaire de ſçauoir que les vertus & les vi-

cès font des habitudes qui fe forment dans
l'Ame par plufieurs actions morales, qui fouuent reïterées luy laiffent vne Inclination
& vne facilité à en faire de pareilles.

POur efclaircir cette doctrine il faut remarquer que noftre ame fait de deux
fortes d'actions; Les vnes qui font neceffaires, les autres qui font libres. L'efchole
appelle les premieres Actions de l'Homme,
& celles qui font libres, Actions Humaines,
parce qu'elles font propres à l'homme en
tant qu'il eft raifonnable, eftant le feul de
tous les animaux qui ait la liberté. Quelques-vns confondent celles-cy auec les
Morales qui font les bonnes ou mauuaifes
mœurs, qui meritent la loüange ou le
blafme, la recompenfe ou le chaftiment.
Mais fi entre les actions libres il y en a
d'indifferentes qui ne font ny bonnes ny
mauuaifes, comme beaucoup de Philofophes croyent, il faut qu'il y ait quelque
diuerfité entre les actions Humaines & les
Morales, & que celles-là foient comme le
genre de celles-cy, en forte que toutes les

Qu'elles font les actions Mo-rales.

actions Morales foient Humaines parce
qu'elles font libres & que toutes les Humaines ne foient pas Morales, parce qu'il y
en a qui ne font ny bonnes ny mauuaifes.

Qu'elle eſt la
droite raiſon.

O Voy qu'il en foit, les Actions Morales font bonnes ou mauuaifes felon
qu'elles font conformes ou contraires à la
droite raifon. Or la Droite Raifon eſt vne
connoiffance iufte de la fin & des moyens
que l'Homme doit auoir pour fe rendre
parfait. Et fa perfection confifte en deux
points ; En celle de l'Entendement pour
connoiftre la verité, & en celle de la volonté pour arriuer au fouuerain bien auquel il eft deftiné. En effet on dit que
l'art eft vne habitude de l'Entendement qui
fait operer felon la droite raifon, & que
la vertu eft vne habitude de la volonté
qui fait agir felon la droite raifon ; de forte qu'il y a vne Droite Raifon pour l'Entendement & pour la volonté, l'vne qui conduit à la verité, lautre qui tend au bien.

Cette Droite Raifon ou cette connoiffance vient de Dieu, de la nature ou du
raifon.

raifonnement. Car Dieu fait connoiſtre
aux Hommes ce qu'il defire d'eux ; Et cette connoiſſance eſt la regle fouueraine
de nos penſées & de nos actions. La Nature inſpire auſſi des connoiſſances generales, qui ſont comme les premiers gui-
des qu'elle nous donne pour conduire
noſtre Eſprit où il doit aller : Telles ſont
les communes Notions qui feruent aux
ſciences ſpeculatiues: Telles ſont les loix
naturelles qui reglent nos mœurs. Enfin
le Raiſonnement aydé de ces premieres
connoiſſances,& de l'experience a trouué
des Regles pour les Arts & pour les ſciences,
des loix ciuiles pour maintenir la ſocieté
des Hommes,& des maximes pour la conduite de chacun en particulier : Et celuy
qui agit par quelqu'vne de ces lumieres
agit ſelon la Droite Raiſon. Mais pour ne
nous eſcarter pas de noſtre ſuiet, il faut
conclure de tout ce que nous venons de
dire que les actions morales ſont conformes à la Droite Raiſon quand elles ſont
reglées, ou par la Loy diuine, ou par
les Loix naturelles & ciuiles, ou par le

H h

raifonnement de la Philofophie Morale.

Pourquoy les vertus font au milieu.

OR entre beaucoup de Regles que cette Philofophie donne, il y en a vne qui regne prefque en toute la matiere que nous traitons. C'eft que les actions de la volonté & de l'Appetit fenfitif & les vertus mefmes qu'elles produifent doiuent eftre dans vne mediocrité qui ne connoiffe ny l'excez ny le defaut. C'eft pourquoy la vertu tient toûjours le milieu entre deux vices qui font oppofez l'vn à l'autre: Et quoy qu'il y en ait quelquesvnes qui femblent eftre difpenfées de cette Regle, comme la Iuftice, & la Charité, & quelques autres, neantmoins il y a touiours quelque milieu qu'elles doiuent fuiure, comme l'Efchole enfeigne.

La raifon fur laquelle eft fondée cette mediocrité eft affez difficile à trouuer; Car celle que l'on apporte communement, que la conformité que les actions ont auec la Droite Raifon, confifte en ce qu'il n'y a ny plus ny moins dans les actions

que ce qui y doit eftre, & que la difform-
mité n'y furuient que parce qu'on y adjoufte quelque chofe ou quelque circon-
ftance qui ne leur conuient pas, ou parce qu'on en retranche celles qui leur conuiennent : Et que cette Addition & Sub-
ftraction fait l'excez & le defaut des
actions. Cette raifon dis-je, prefuppofe ce
qui eft en queftion ; car on peut demander pourquoy ces chofes & ces circonftances conuiennent ou ne conuiennent
pas, & fouftenir le party que l'on voudra.

I'eftime donc qu'il eft plus à propos de
dire que la mediocrité des actions eft fondée fur l'indifference qui eft propre &
naturelle à l'Ame : Car comme l'action
n'eft rien qu'vn progrez, & comme vn
efcoulement de la puiffance Actiue, elle
doit eftre conforme à cette puiffance. Et
par confequent l'Ame humaine eftant indifferente & indeterminée, parce qu'elle
eft en puiffance toutes chofes ; Il faut que
fes actions le foient auffi : Et de là vient
non feulement la liberté qu'elle a de les

faire, ou de ne les pas faire; Mais encore la
mediocrité qu'elle leur donne quand elle
les fait. Car quoy qu'elle soit alors determinée par l'action où elle s'applique,
elle y conserue neantmoins son indifference par la mediocrité où elle la met,
dautant que ce qui est au milieu est indifferent aux extremitez, & que ce qui
est à l'extremité est plus determiné que
ce qui est milieu. C'est pourquoy les mouuemens de l'Apetit sensitif qui en tous les
animaux sont plus parfaits plus ils sont
dans l'excez & dans le defaut qui leur est
naturel, doiuent estre moderez dans
l'Homme, parce qu'estant soumis à la Raison, il faut qu'ils se conforment à elle
comme nous auons dit cy-deuant.

Les Actions Morales qui ont donc la
mediocrité que la Droite Raison prescrit,
sont bonnes & honnestes, & celles qui
sont dans l'excez ou dans le defaut sont
mauuaises & priuées de l'honnesteté morale. Elles sont appellées vertueuses ou vicieuses, mais elles ne communiquent pas
ce nom à ceux qui les font : Car vn Hom-

me pour faire vne bonne ou vne mauuaife action, n'eft pas appellé vertueux ou
vicieux, il faut qu'il en ait fait plufieurs,
& qu'il en ait acquis l'habitude ; dautant
qu'il ne peut eftre appellé ainfi, que parce qu'il a la vertu ou le Vice, qui font des
habitudes comme nous auons dit.

MAis où font ces habitudes ? en
quelle partie de l'Ame fe forment
elles ? La difficulté n'eft pas pour l'Entendement ny pour la volonté, parce qu'il
faut que les habitudes naiffent dans les
facultez qui font les actions, puifque les
actions produifent les habitudes. Et l'on
ne peut douter que les actions Morales
qui doiuent fe faire auec liberté & auec
choix, ne partent de l'Entendement & de
la volonté qui font des puiffances libres,
& que par confequent les vertus & les
vices ne foient dans ces facultez comme
dans leur veritable fujet. La queftion eft
donc feulement pour l'Appetit fenfitif, à
fçauoir s'il eft capable des vertus & des
vices, puifque ce n'eft point vne faculté

Quel eft le Sie-
ge des habitu-
des Morales.

Hh iij

qui foit libre ny qui puiffe connoiftre la
Droite Raifon , qui eft la regle de toutes
les actions Morales. Et ce qui fait naiftre
la difficulté fur ce point, c'eft que l'Appetit fenfitif eft foumis aux facultez fuperieures , & que fes mouuemens entrent
dans les actions vertueufes ou vicieufes fe-
fon qu'il les modere, ou qu'il les laiffe aller
dans l'excez ou dans le defaut. De forte
que fi ces mouuemens fouuent reïterez y
laiffent vne inclination & vne facilité à en
faire de pareils, ce fera vne habitude qui
femble ne pouuoir eftre autre que Vertu
ou Vice : Ainfi l'Appetit fenfitif fera fuf-
ceptible de l'vn & de l'autre auffi bien que
la volonté.

Or il eft certain qu'il s'y forme des habitudes, comme nous apprenons par l'inftruction que l'on donne aux beftes, & par
l'experience que nous faifons de la facilité auec laquelle noftre Appetit fe porte à
certaines actions apres qu'il les a faites
plufieurs fois. Ioint qu'eftant vne puiffance qui n'eft pas determinée à vne feule
maniere d'agir , & qui a fes mouuemens

tantoſt plus foibles , & tantoſt plus forts
pour vn meſme objet , il eſt impoſſible
qu'il ne ſoit capable de quelques habitudes, & que les actions qu'il reïtere ſouuent ne luy laiſſent la meſme facilité
qu'ont toutes les autres facultez qui agiſſent de la meſme ſorte.

Pour leuer ces doutes, il faut mettre
pour vn fondement aſſeuré, que les habitudes que les Beſtes acquierent ne peuuent
eſtre miſes au rang des vertus & des vices, & par conſequent l'Appetit ſenſitif
de l'Homme, qui eſt du meſme ordre que
celuy des beſtes, n'eſt pas capable de ſoy
d'en auoir d'autres qu'elles.

Mais parce que dans les actions Morales
la volonté agit touſiours auec luy, il ſe
forme en meſme temps vne habitude dans
la volonté, & vne autre dans l'Appetit
ſenſitif. La premiere eſt veritablement
vertueuſe ou vicieuſe : La ſeconde eſt indifferente, n'eſtant ny bonne ny mauuaiſe. Et comme on ne les diſtingue pas, on
attribue à l'Appetit ſenſitif, ce qui n'appartient qu'à la volonté. De ſorte que

tout ce qu'on peut dire de ces dernieres
habitudes, c'eſt qu'elles ſeruent de matiere & de corps aux vertus & aux vices,
dont la forme & l'eſſence eſt dans la volonté. Et que les vertus qui ſont dans la
volonté, ſont des vertus viuantes & animées, qui font naiſtre le merite, l'eſtime
& la loüange; au lieu que celles de l'Appetit ſenſitif n'en ſont, s'il eſt permis de
le dire, que des pourtraits ſans vie & ſans
ame, n'ayant pas la force de produire
aucune de ces choſes, ſi ce n'eſt quand
elles ſont accompagnées des autres. Car
quand quelqu'vn eſt naturellement porté
à la temperance il en peut acquerir l'habitude, mais ce ne ſera pas vne vertu qui
merite ny loüange ny recompenſe, ſi la
volonté n'y a contribué; encore faut il
qu'elle ait eſté eſclairée de la Droite Raiſon, autrement l'habitude qu'elle en aura contractée, ſera du meſme ordre que
celles de l'Appetit ſenſitif. Et meſme on
peut aſſeurer qu'elle ſera vicieuſe, puiſque
la volonté ne ſe ſera pas ſeruie de la lumiere
qui la doit conduire. Il ne ſuffit pas qu'elle
faſſe

faſſe de bonnes actions, il faut qu'elle les
faſſe bien. Et c'eſt pourquoy on dit, que
la vertu conſiſte plus dans les Aduerbes
que dans les Adjectifs, & que pour me-
riter le nom de juſte, il faut non ſeulement que les choſes ſoient juſtes, mais
encore qu'elles ſoient faites juſtement.

Or pour les faire ainſi, il faut auoir
connoiſſance, il faut faire eſlection des
moyens & des circonſtances ; En vn mot,
il faut ſuiure les ordres de la Droite Raiſon, qui ſont des actions où la faculté
Senſitiue ne peut atteindre, ſi ce n'eſt indirectement. Car il faut remarquer que
comme la Droite Raiſon eſt vne connoiſſance qui ſe forme par des Images intellectuelles ; elle ne peut auoir aucune liaiſon ny rapport auec l'Appetit ſenſitif, &
ne le peut exciter à ſe mouuoir, parce
qu'il n'eſt pas ſuſceptible de ces ſortes d'I-
mages, comme eſt la volonté qui eſt ſpirituelle. Mais apres que celle-cy en a eſté
eſclairée, elle ſe meut & imprime en ſuite ſon mouuement à l'Appetit ſenſitif,
qui ſe laiſſe aller aueuglement où il eſt

Ii

pouffé. De forte que s'il arriue que fes mouuemens foient alors conformes à la Droite Raifon, il n'en eft pas la caufe, c'eft la volonté qui le pouffe ; Et il en eft comme des mouuemens d'vne Horloge, qui doiuent toutes leurs mefures & leur regularité à l'Art qui eft dans l'Efprit de l'Horloger.

Il y a quatre puiſſances qui peuuent eſtre reglees par la droiſte raiſon.

MAis de quelque façon que l'Appetit fenfitif foit efmeu, il eft certain qu'il peut eftre reglé par la Droite Raifon, foit directement ou indirectement, & par confequent on peut affeurer que puifqu'il eft double, & qu'il a fa partie concupifcible & Irafcible : Il y a quatre puiffances dans l'Homme qui doiuent eftre reglées par la Droite raifon : A fçauoir, l'Entendement, la Volonté & ces deux Appetits. Et comme la vertu eft la regle ferme & conftante de la Droite Raifon, il faut que chacune de ces puiffances ait fa vertu particuliere qui la conduife, & qui l'empefche de tomber dans le mal qui eft contre la Droite Raifon. Ainfi il y aura quatre vertus generales ; La Prudence pour conduire l'Entendement ; la Iuſtice pour diriger les actions de la volonté ; la Temperance pour regler les Paſſions de l'Appetit Concupiſcible ; & la Force pour celles de l'Iraſcible, ſoit que les vnes & les autres s'eſleuent dans l'Appetit ſenſitif ou dans la volonté. Car la volonté a deux ſortes d'actions, les vnes qui regardent le Bien & le Mal de celuy qui agit, & qui ſe ſont reſeruées le nom de Paſſions ; Et celles qui regardent le Bien & le Mal que l'on peut faire aux autres, & s'appellent ſimplement actions ou operations qui ſont les actions juſtes & injuſtes.

A ces quatre vertus ſe rapportent non ſeulement toutes les autres qui en ſont comme les eſpeces, mais encore les vices qui leur ſont oppoſez: C'eſt pourquoy il faut diuiſer ce diſcours en quatre parties dont chacune traitera d'vne de ces vertus, de toutes ſes eſpeces, & des vices qui luy ſont contraires.

DE LA PRVDENCE.

LA Prudence & la Synderefe font deux habitudes de l'Entendement qui reglent les Actions morales. Mais elles font differentes en ce que la Synderefe prefcrit à toutes les vertus la fin qu'elles doiuent auoir; Et la Prudence ne traite que des moyens dont elles fe doiuent feruir pour y arriuer.

Or tout l'employ que celle-cy a en cette matiere fe reduit à trois actions generales, dont la premiere eft de rechercher les moyens; la feconde de iuger quel eft le meilleur; Et la troifiefme de le prefcrire. C'eft proprement deliberer ou confulter, iuger ou conclure, ordonner ou prefcrire. Et ces chofes font tellement differentes que bien fouuent il fe trouue des Hommes propres pour l'vne qui ne le font pas pour les autres. Tel propofera tous les expediens imaginables en vne affaire qui ne pourra iuger quel eft le meilleur,

& tel y reuſſira bien qui n'aura pas l'ad-
dreſſe de le faire executer.

Cette difference vient du manquement
de quelqu'vne des facultez intellectuelles qui n'a pas les diſpoſitions pour produire ces actions. Car pour bien Deliberer il faut auoir la viuacité d'Eſprit pour
trouuer les expediens ; & la Docilité pour
entendre & pour ſuiure les bons aduis.
Pour bien Iuger il faut penetrer dans le
fonds & toucher le nœud des affaires qui
eſt l'Intelligence & le Bon ſens ; & voir de
loin les ſuccez que peuuent prendre les
choſes, & c'eſt la Preuoyance. Pour bien
ordonner il faut examiner toutes les circonſtances des actions, c'eſt la Circonſpe-
ction ; Il faut conſiderer les inconueniens
& les empeſchemens qui peuuent ſurue-
nir , & c'eſt la Precaution. Enfin le raiſonnement & la memoire ſeruent à tous
les trois enſemble : car il ne faut rien dire
ſans raiſon , & celle qui eſt fondée ſur l'experience eſt la plus aſſeurée.

Mais parce qu'il ne ſuffit pas d'auoir
bien conſulté, bien jugé & bien ordonné

les chofes fi on ne les execute promptement, il faut adjoufter à toutes ces qualitez la Diligence qui eſt la derniere perfection & l'accompliffement de la Prudence.

Au reſte ſi l'on applique ces actions à la
conduite de ſa perſonne, de ſa famille, de
l'Eſtat ou des armes, elles font la Prudence
particuliere qu'on appelle Monaſtique,
l'Oeconomique, la Politique & la Militaire:
Et celles-cy font les veritables eſpeces de
la Prudence, les autres en font pluftoft les
parties integrantes.

Or quoy que l'on die que la vertu ſoit
entre deux extremitez vicieuſes, il n'eſt
pas aiſé de les marquer icy : Car il y en a
à qui on ne ſçauroit rien oppoſer que le
defaut, comme à la Memoire : Il y en a
meſme qui ont pour contraires les meſmes
vices qui font oppoſez à d'autres.

Celuy qui a donc la viuacité d'eſprit a
l'Extrauagant & le Stupide pour ſes extremitez. Celuy qui eſt Docile a le Facile &
l'Opiniaftre. Celuy qui eſt Iudicieux a les
meſmes que l'Ingenieux. Le Preuoyant a
le Soupçonneux & le Stupide. Le Circon-

spect a l'Incôfideré & le Negligent. L'Aduifé a le Cauteleux & le Simple. Celuy qui a
bonne memoire n'a pour oppofé que celuy
qui en a peu, auffi bien que celuy qui a
l'experience des chofes n'a que celuy qui
ne l'a pas. Le Diligent a le Precipité & le
Pareffeux.

CE font là les vertus & les vices qui
fe rapportent à la Prudence felon la
diftribution qu'en a faite la Philofophie
Morale, & que l'Art dont nous traitons fe
promet de découurir. Mais il ne les confidere pas en ce détail là, ny fous les mefmes
noms. Car il ne met point de difference entre le Circonfpect, le Preuoyant & l'Aduifé.
Et tout ce qui appartient à l'Efprit, au Iugement & à la Memoire, il le comprend
fous l'heureufe naiffance qui doit donner
la viuacité de l'Efprit, la force du Iugement
& la bonté de la memoire ; Celuy qu'on
appelle εὐφυὴς, bien ou heureufement né,
deuant auoir toutes ces qualitez enfemble.
Il eft vray qu'il examine en particulier
ceux qui ont feulement vne de ces quali-

tez-là, comme nous allons faire voir. Or
la raiſon pour laquelle il ne ſuit pas toûjours
l'ordre de la Philoſophie Morale, c'eſt que
toute ſa connoiſſance eſt fondée ſur les ſignes, & qu'il n'y en a pas pour toutes ces
habitudes ſi exactement diſtinguées. Car
comme il y en a qui ne ſont diuerſifiées que
par des circonſtances exterieures, elles ne
donnent pas des marques preciſes qui les
puiſſent diſtinguer les vnes des autres:
C'eſt aſſez que le principe d'où elles dépendent en ſoit connu. Et quand on ſçaura
qu'vn homme eſt Iudicieux, on pourra juger qu'il eſt Aduiſé, Circonſpect & Preuoyant, qui ſont des effets du Iugement,
qui conſidere les circonſtances preſentes
ou à venir.

Voicy donc l'ordre qu'il gardera en cette matiere.

Le bien ou heureuſement   ⎰ *l'Extrauagant.*
né a pour oppoſez. . .   ⎱ *Le Stupide.*

L'Ingenieux ou le bon eſprit.

Le Iudicieux.

                                              Celuy

Celuy qui a bonne memoire.	{ *Celuy qui n'en a point.*
Le Sage ou Confideré. . . .	{ *L'Eſtourdy.* { *Le Sot.*
Le Prudent ou Aduisé. . . .	{ *Le fin ou cauteleux.* { *Le ſimple.*
Le Docile.	{ *Le facile.* { *L'opiniaſtre.*
Le Diligent.	{ *Le precipité.* { *Le Pareſſeux.*

DE LA IVSTICE.

LA Iuſtice eſt vne vertu qui rend à chacun ce qui luy appartient. Car comme nous ne ſommes pas nez par nous meſmes, ny ſeulement pour nous meſmes, nous ſommes obligez à ceux dont nous auons tiré l'eſtre, & à ceux pour qui nous l'auons receu ; c'eſt pourquoy les vns & les autres ont droit ſur nous, & nous deuons par Iuſtice leur rendre ce qui leur appartient.

Kk

Comme il y a donc deux caufes à qui nous deuons l'eftre, Dieu & nos Parens, il faut qu'il y ait auffi deux fortes de Iuftice, par lefquelles nous leur puiffions rendre ce que nous leur deuons, qui font la Religion, & la Pieté.

Or parce que nous fommes nez pour la focieté, & que la focieté fe confidere comme vn tout, dont chacun fait partie, il faut auffi que chacun ait auec la focieté & tous ceux qui la compofent ce jufte rapport qui fe doit trouuer entre la partie & le tout, & entre toutes les parties enfemble; autrement l'vnion & l'ordre qui y doiuent eftre ne s'y rencontreront pas, & ce ne fera que defordre & confufion. C'eft pourquoy & la Communauté & chacun en particulier nous obligent de leur rendre ce que nous leur deuons pour ce rapport & pour cette vnion. Or la Iuftice qui regarde la Communauté eft celle que l'on appelle Politique, par laquelle nous rendons à toute Communauté ce que nous luy deuons.

Pour ce qui eft des particuliers, com-

me il y en a qui font deftinez pour commander , foit à caufe de leur dignité, foit
à caufe de l'Excellence qu'ils ont , la Iuftice que nous leur deuons eft l'Obeïffan-
ce & le Refpect.

En tous les autres il faut confiderer ce
qu'on leur doit par rigueur de Iuftice, ou
feulement par obligation Morale. La premiere fait la Iuftice Diftributiue & Commutatiue : L'autre en fait fix efpeces , à
fçauoir , l'Amitié & la Gratitude , l'Affa-
bilité & la Verité, la Fidelité & la Liberalité ; dont les deux premieres refpondent
au cœur , les deux autres aux paroles, &
les dernieres aux actions ; tout ce que nous
deuons ne pouuant eftre tiré que du cœur,
des paroles & des effets.

Voicy comme noftre Art fe fert de
ces maximes. Il confidere premierement l'Homme de bien, le Iufte ou l'E-
quitable , fous lequel il comprend particulierement ce qui appartient à la Iuftice
Politique, & à la Commutatiue & Diftributiue. Et à l'Homme Iufte il oppofe le
Simple & le Méchant ; mais il n'examine

point le Simple , à cauſe qu'il fait auſſi vne
des extremitez de la Prudence. La Religion vient apres que nous appellons Pieté,
car noſtre langue a reduit ce mot à la Religion : Et la Iuſtice que nous deuons à
nos parens eſt compriſe ſous la Bonté. Les
vices qui ſont oppoſez à la Pieté , ſont le
Superſtitieux & l'Impie. Pour ce qui eſt de
l'Obeïſſance il n'en donne point de marques ; celles de la Docilité peuuant ſeruir
au lieu d'elles. Le Reſpect ſe peut auſſi
rapporter à la Prudence ou aux autres eſpeces de la Iuſtice : Car celuy qui ne rend
pas le reſpect qu'il doit, eſt ſot ou ſuperbe.
De ſorte qu'il poſe l'Amy au troiſieſme
rang, auquel il oppoſe le Flateur & l'Ennemy. Le Reconnoiſſant ſuit apres qui n'a
que l'Ingrat pour contraire. L'Affable tient
le cinquieſme rang, qui à le Cajoleur & le
Ruſtique pour oppoſez. Au ſixieſme il
met le veritable , qui a le Menteur pour
contraire. Mais parce qu'on peut mentir
par les paroles & par les actions , en ſes
affaires propres & en celles d'autruy ; de
là vient qu'il y a cinq ſortes de Menteurs,

le Vain, le Diffimulé, l'Arrogant, l'Hy-
pocrite, & le Medifant. La Fidelité vient
apres à qui on ne peut oppofer aucun excez, mais feulement le defaut qui eft la
Perfidie : Enfin le dernier de tous eft le
Liberal qui a pour contraires le Prodigue
& l'Auare. Mais parce que la Mifericor-
de & la Clemence approchent de la Liberalité, celle-là fecourant ceux qui font
en neceffité, & l'autre remettant la peine
qui eftoit deuë : Il adjoufte le Mifericor-
dieux & le Charitable, auquel il n'y a que
l'Impitoyable qui foit oppofé ; Et le Clement dont le vice exceffif eft l'Indulgent
& le defectueux, le Cruel. La Magnifi-
cence appartient encore en quelque façon
à la Liberalité ; car il femble que ce foit
vne liberalité fomptueufe & excellente :
Elle a pour contraires la Defpenfe fuper-
fluë, & la Mefquinerie.

L'Homme de bien & jufte. . . $\left\{\begin{array}{l}\textit{Le Simple.} \\ \textit{L'Iniufte ou me-} \\ \quad \textit{chant.}\end{array}\right.$

Le Pieux ou Deuot. . . . . $\left\{\begin{array}{l}\textit{Le Superftitieux.} \\ \textit{L'Impie.}\end{array}\right.$

L'Amy. . . . . $\begin{cases} Le\ Flatteur. \\ L'Ennemy. \end{cases}$

Le Reconnoiſſant. . . . . L'Ingrat.

L'Affable. . . . . $\begin{cases} Le\ Caioleur. \\ Le\ Ruſtique. \end{cases}$

Le Veritable. Le Menteur. $\begin{cases} \text{En Paroles.} \begin{cases} Le\ Vain. \\ Le\ Diſſimulé. \\ Le\ Mediſant. \end{cases} \\ \text{En Actions.} \begin{cases} L'Arrogant. \\ L'Hipocryte. \end{cases} \end{cases}$

Le Fidelle. . . . . Le Perfide.

Le Liberal. . . . . $\begin{cases} Le\ Prodigue. \\ L'Auare. \end{cases}$

Le Magnifique. . . . . $\begin{cases} Le\ Deſpenſier. \\ Le\ Meſquin. \end{cases}$

Le Miſericordieux. . . . . . . L'Impitoyable.

Le Clement. . . . . $\begin{cases} L'Indulgent. \\ Le\ Cruel. \end{cases}$

DE LA TEMPERANCE.

LA perfection de chaque puiſſance conſiſte en la force de ſon action, de

forte que les Paſſions, quelques violentes
qu'elles ſoient, ſont des perfections, eu
égard à l'Appetit qui les produit. Mais
parce que l'Appetit a eſté donné à l'animal pour ſa conſeruation, & que dans
l'Homme il doit eſtre ſoûmis aux facultez
ſuperieures, il ne faut pas que ſes actions
ſoient defectueuſes, puiſque la perfection
conſiſte dans la force de l'Action, ny qu'elles ſoient auſſi exceſſiues, parce qu'elles
deſtruiroient la ſanté & troubleroient les
plus nobles actions de l'Ame. Et partant
il faut qu'elles ſoient moderées pour eſtre
conformes à la raiſon : Car eſtre conforme
à la raiſon n'eſt autre choſe que d'eſtre
conuenable à l'Homme, c'eſt à dire à ſa
Nature. Les Paſſions meſmes qui s'eſleuent
dans la volonté doiuent receuoir le meſme
temperament : Car bien qu'elles ne puiſſent pas touſiours alterer la ſanté, elles
peuuent occuper l'Ame à des objets qui ne
la doiuent point eſmouuoir, ou l'arreſter
trop long-temps à ceux qui ne ſont pas
mauuais. C'eſt pourquoy l'eſtude trop ar-
dente eſt vitieuſe, parce qu'elle occupe

trop l'Efprit à la contemplation, & le de-
ftourne de la vie Actiue, & des foings le-
gitimes de la vie, qui doiuent partager
enfemble les actions de l'Homme. Quoy
qu'il en foit toutes les Paffions font reglées
par deux Vertus, celles de l'Appetit concupifcible par la Temperance, & celles de
l'Irafcible par la Force.

　　Pour ce qui eft de la Temperance il
n'y a que deux genres de Paffions fur qui
elle foit employée, & qui en conftituent
les efpeces, à fçauoir le Plaifir & le Defir. Car bien que l'Amour foit la premiere & la plus puiffante de toutes, il eft
neantmoins impoffible de la conceuoir fi
ce n'eft entant qu'elle fe porte au bien
prefent ou abfent. S'il eft prefent, il caufe
le Plaifir, s'il eft abfent, il forme le Defir;
De forte que l'Amour eft comme enuelop-
pée & enfermée en ces deux Paffions, &
la Vertu qui a foin de les moderer, regle
en mefme temps la Paffion d'Amour. Si
l'on veut mefme bien examiner ces chofes, on trouuera que le Plaifir comprend
les deux autres, & qu'en effet la Temperance

rance n'a point d'autre but, que de moderer les plaifirs qui fe tirent des Biens de l'Ame, du Corps, & des chofes Exterieures. Mais parce qu'il y a de ces Biens que l'on confidere pluftoft Abfens que Prefens, & d'autres tout au contraire : auffi le Defir fe fait mieux voir aux vns & le Plaifir aux autres, c'eft pourquoy nous les auons voulu feparer.

Car il y a trois chofes en general où nos Defirs peuuent eftre vitieux ; fçauoir eft, la Connoiffance, les Richeffes & les Honneurs ; & deux autres qui peuuent donner des plaifirs déreglez ; fçauoir eft, les Sens & les Diuertiffemens.

Pour ce qui eft de la Connoiffance, comme il y a des chofes mauuaifes & inutiles que l'on peut apprendre , & que mefme on fe peut occuper trop long-temps ou trop peu dans les bonnes & dans les vtiles, la Vertu qui regle nos defirs dans leur recherche fe peut appeller Eftude, ou Curiofité loüable.

Pour les Richeffes, fi on a efgard à la difpenfatió qu'on eft obligé d'en faire aux

Ll

autres, la Vertu qui y est employée s'appelle Liberalité, & appartient à la Iustice:
Mais si on les desire pour son vsage particulier, la Vertu qui modere les soins que l'on a de les acquerir & de les employer, s'appelle Mesnage.

Le Desir de l'honneur est reglé par l'Humilité, par la Modestie & par la Magnanimité. L'Humilité empesche qu'on ne s'abaisse trop bas; La Magnanimité qu'on ne s'esleue trop haut; la Modestie tempere les desirs que l'on a pour les honneurs mediocres.

Le Plaisir regarde principalement les Sens, nommement celuy du Goust & du Toucher, parce que ce sont eux dont le déreglement nuit dauantage à la santé, & aux fonctions de l'Entendement. La Sobrieté modere le Plaisir du Manger, & du Boire, & la Chasteté tient en bride les voluptez charnelles.

Or parce que les diuertissemens sont necessaires pour relascher l'Esprit & le Corps, & pour leur donner de nouuelles forces, & qu'on peut abuser du Plaisir

qui s'y trouue ; il y a vne vertu particuliere qui les doit regler , à fçauoir, l'Eutra-
pelie, laquelle a diuerfes efpeces felon les
diuers objets où l'on fepeut diuertir ; Tels
que font la conuerfation, les Ieux, la Mufique, la Chaffe, la Promenade & autres aufquelles on n'a point donné de nom , fi ce
n'eft à celle qui modere le plaifir que l'on
prend à railler.

L 'Art de connoiftre les Hommes n'eft
pas icy plus exaĉt que la Morale, qui
n'a fçeu découurir toutes les efpeces de la
Temperance ; Car il y a beaucoup de Paffions de l'Appetit Concupifcible, aufquelles elle n'a point ordonné de vertus particulieres pour les moderer, comme eft la
Hayne, l'Auerfion & la Trifteffe. Elle n'a
pas mefme marqué toutes les differences
des Defirs & des voluptez, où l'on peut
faillir , comme en tout ce qui regarde
l'vfage des Sens fuperieurs , puifque les
mefmes excez qui fe trouuent au Gouft &
au Toucher fe rencontrent dans la veuë,
dans l'Oüye & dans l'Odorat. Mais com-

me elle a fuppleé par le mot general de Temperance à toutes les Vertus particulieres qu'il euft fallu pour cecy ; noftre Art s'eft auffi donné la liberté de comprendre fous la Moderation tout ce qui regarde la direction de ces Paffions.

Il met donc le Moderé entre le voluptueux & l'Infenfible. Le Studieux eft compris fous le Curieux, dont les extremitez font, le trop Curieux & le Negligent. Le Mefnager a les mefmes vices que le Liberal, l'vn & l'autre n'eftant differens que par la fin differente qu'ils ont dans l'vfage des Biens. L'Humble, le Modefte, & le Magnanime, ont prefque mefmes extremitez. Il n'y a que le Superbe & l'Ambitieux qui foient differens. La Modeftie qui confifte au Gefte fe confond auec le Charactere du Sage : Celle qui regarde les Habits s'appelle Propreté, qui a pour contraires le Sompuueux & le Mal-propre. Mais l'Art ne confidere point cette vertu qui eft toute dans l'Exterieur, eftant facile à connoiftre d'elle-mefme. Le Sobre a deux vices qui font tous deux dans l'excez,

& n'en a point dans le defaut. Le reste se
verra dans la Table suiuante.

Le Moderé a pour opposez. { Le Voluptueux. / L'Insensible.

Le Curieux. . . . . { L'Enquerant. / Le Negligent.

Le Mesnager. . . . . . . { Le Prodigue. / L'Auare.

L'Humble. . . . . { Le Superbe. / Le Vil.

Le Magnanime. . . . . . { Le Presomptueux. / Le Pusillanime.

Le Modeste. . . . . { L'Ambitieux. / Le honteux.

Le Sobre. . . . . { Le Gourmand. / L'Yurogne.

Le Chaste. . . . . { L'Impudique. / Le Froid.

Le Gay. . . . . { Le Boufon. / L'Austere.

On adjouste à ceux-cy . . . { Le grand Ioüeur. / Le grand Chasseur.

Ll iij

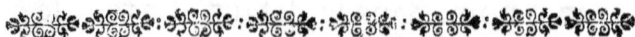

DE LA FORCE.

LA Force modere les Paſſions de l'Appetit Iraſcible ; car c'eſt elle qui regle
l'Ame dans la rencontre des choſes faſ-
cheuſes & difficiles. Or quoy qu'il y ait
trois Genres de Paſſions dans cét Appetit, à
ſçauoir l'Eſperance, la Hardieſſe & la Colere, les deux derniers ſont les plus violens &
les moins dociles; De ſorte que cette Vertu
paroiſt mieux dans la Colere & dans l'Audace que dans l'Eſperance. Et comme
l'Audace regarde les Perils, nommement
celuy qui eſt le plus à craindre de tous, à ſçauoir la Mort ; De là vient que la pluſpart
des Philoſophes reduiſent cette Vertu à
moderer cette ſeule Paſſion. Mais ſuiuant
l'Ordre que nous auons propoſé, il faut
l'eſtendre à toutes ces Paſſions. Neantmoins auant que d'en venir à ſes Eſpeces,
il faut remarquer qu'il y a trois ſortes de
Force, celle du Corps, celle de l'Eſprit &
celle de l'Appetit. La premiere eſt purement naturelle, la derniere s'acquiert par
l'Eſtude & par la Raiſon, l'autre eſt en par-

tie naturelle, en partie acquiſe : Toutes trois ont deux fonctions principales, qui eſt d'attaquer & de reſiſter.

Comme la Colere eſt donc la plus forte, & la plus ordinaire Paſſion de cét Appetit, on place auſſi en premier lieu la Douceur par laquelle cette Paſſion eſt moderée. L'Audace fait diuerſes eſpeces ſelon les diuers objets qui l'obligent d'attaquer ou de reſiſter. Car en attaquant le Mal, ſi c'eſt dans les Armes elle fait la Vaillance, par tout ailleurs elle fait la Hardieſſe : Mais ſi elle meſpriſe les grands Perils, elle fait la Magnanimité ou la grandeur de Courage. Au contraire en reſiſtant elle fait la Conſtance, la Patience.

Pour ce qui eſt de l'Eſperance elle eſt reglée par la Patience & par la Perſeuerance : Celle-cy regarde le retardement, l'autre conſidere toutes les autres difficultez qui ſe peuuent rencontrer dans l'attente du Bien.

Suiuant cét ordre noſtre Art doit premierement examiner la Force, & la Foibleſſe du Corps & de l'Eſprit, puis parler

de la Douceur, qui a la Colere & l'Infenſi-
bilité pour oppoſez , & ainſi des autres,
comme on peut voir en cette Table.

Le Robuſte n'a qu'vn con-
traire, qui eſt. · · · · · · · Le foible de Corps.

L'Eſprit fort n'en a auſſi
qu'vn, qui eſt. · · · · · · L'Eſprit foible.

Le Doux ou Bening. - - - - ⎰ *Le Colere.*
⎱ *L'Inſenſible.*

Le Vaillant. - - - - - - - ⎰ *Le Temeraire.*
⎱ *Le Poltron.*

Le Hardy. - - - - - - ⎰ *L'Impudent.*
⎱ *Le Timide.*

Le Magnanime. · · · · · · ⎰ *Le Preſõptueux.*
⎱ *Le Puſillanime.*

Le Conſtant. - - - - - - ⎰ *L'Inconſtant.*
⎱ *L'Obſtiné.*

Le Patient. - - - - - - ⎰ *L'Impatient.*
⎱ *Le Stupide.*

Le Perſeuerant · · · · · · · ⎰ *L'Opiniatre.*
⎱ *Le Laſche.*

Fin du Liure premier.

LIVRE II.
DES MOYENS
PAR LESQVELS
ON PEVT CONNOISTRE
LES HOMMES.

APRES auoir expliqué la Nature des Inclinations, des Mouuemens de l'Ame, & des Habitudes que l'Art de connoiſtre les Hommes ſe vante de pouuoir decouurir, il faut maintenant voir les Moyens dont il ſe ſert pour arriuer à cette connoiſſance.

Comme il nous eſt impoſſible de connoi-

ftre les chofes obfcures que par celles qui
nous font connuës; C'eft vne neceffité que
s'il y a vn Art qui apprenne à découurir ce
qu'il y a de caché dans les Hommes, il fe
doit feruir de quelques moyens connus &
manifeftes, qui ayent auec les chofes qu'il
veut connoiftre, quelque rapport & connexion qui faffe confequence des vns aux
autres. Et parce qu'il n'y a point de rapport de cette nature que celuy de la caufe à fon effet, ou de l'effet à fa caufe, ou
d'vn effet à vn autre effet en tant qu'ils
procedent tous deux d'vne mefme fource,
il s'enfuit qu'il y a trois moyens que cét
Art peut employer pour arriuer à la fin
qu'il fe propofe, & qu'il peut découurir
vn effet caché par la caufe qui luy eft connuë, ou vne caufe obfcure par vn effet
manifefte, & vn effet inconnu par vn autre qui eft euident. Et ces Moyens font
appellez Signes, parce qu'ils marquent &
defignent les chofes qui font obfcures.

Ainfi en connoiffant vn Homme de
temperament melancholique, on peut dire
qu'il a inclination à la Trifteffe, parce que

ce Temperament eſt cauſe de cette inclination, & alors la cauſe eſt ſigne de l'effet:
Au contraire par l'inclination naturelle
que quelqu'vn aura à la Triſteſſe on pre-
ſume qu'il eſt de temperament melancholique, & en ce cas l'effet eſt ſigne de la
cauſe. Enfin par la Timidité qui ſe trouue
en l'vn & en l'autre on juge qu'ils ſont
Diſſimulez, parce que la Timidité & la
Diſſimulation procedent toutes deux de la
Foibleſſe qui accompagne le temperament
melancholique, & c'eſt alors que l'effet eſt
Signe de l'effet. Or puiſque les cauſes &
les effets ſeruent de ſignes à l'Art dont
nous parlons, il faut ſçauoir quelles ſont
ces cauſes & ces effets.

O N ne peut douter que les Cauſes qui
doiuent faire connoiſtre les Hom-
mes ne ſoient celles qui agiſſent ſur l'Homme & dans l'Homme , qui alterent ſon
Corps & ſon Ame, & qui font & changent les actions de l'vn & de l'autre. Elles
ſont de deux Ordres , car les vnes ſont
Interieures & les autres Exterieures.

Quelles ſont les cauſes qui ſeruết de Signes.

Mm ij

Les Interieures font les facultez de l'Ame, le Temperament, la Conformation des parties, l'Aage, la Naiffance noble ou vile, les Habitudes tant Intellectuelles que Moralles, & les Paffions. Les Exterieures font les Parens, les Aftres, le Climat, les Saifons, lés Alimens, la bonne ou mauuaife Fortune, l'Exemple, les Confeils, les Peines & les Recompenfes. Car toutes ces Caufes font de differentes impreffions dans l'Homme, & felon la force qu'elles ont elles y produifent diuers effets & le difpofent à telles & telles actions : De forte que chaque Faculté de l'Ame, chaque Temperament, chaque Aage, chaque Naiffance a fes actions propres, fes difpofitions particulieres, fes inclinations & fes auerfions.

Les Parens laiffent auffi tres-fouuent à leurs Enfans les qualitez du corps & de l'efprit qui leur font naturelles, le Climat, la Santé & la Maladie, la façon de viure, la Profperité & l'Aduerfité, le Bon & le Mauuais exemple ; Enfin les differens afpects des Aftres alterent le Corps & l'Ame, leur impriment diuerfes qualitez, & les rendent enclins à certaines actions.

Es Effets qui procedent de ces cauſes ſont auſſi de deux ſortes; car les vns ſont Corporels & les autres Spirituels.

Les ſpirituels ſont les qualitez de l'Eſprit, les Inclinations, les Habitudes, toutes les actions & les mouuemens de l'Ame: Car bien qu'ils ayent eſté mis au rang des Cauſes, ç'a eſté en conſideration des effets qu'ils produiſent, cóme icy ils ſont au rang des Effets à raiſon des cauſes d'où ils procedent: Ainſi l'Inclination que l'on a à la Colere eſt la cauſe de la Colere, mais c'eſt auſſi l'effet du Temperament bilieux qui fait naiſtre cette inclination.

Les Effets Corporels conſiſtent dans la Grandeur, & dans la Figure des parties, dans les Qualitez premieres & ſecondes, dans l'Air du viſage, dans le Maintien & le Mouuement du Corps, comme nous dirons plus particulierement cy apres.

De ſorte qu'en connoiſſant ces Cauſes, & ſçachant le pouuoir qu'elles ont, on

M m iij

peut juger de leurs effets prefens ou à venir ; Et remarquant auffi ces Effets, &
fçachant à quoy ils fe doiuent rapporter,
on en peut deuiner les caufes prefentes
ou paflées. Ainfi ils font fignes l'vn de
l'autre, & l'Art de connoiftre les Hommes
a droit de s'en feruir pour executer ce qu'il
promet.

Mais parce que tous ces fignes ne donnent pas vne connoiffance égale des chofes aufquelles elles fe rapportent, & qu'il
y en a qui les defignent auec plus de certitude les vns que les autres, il en faut foigneufement examiner la Force & la Foibleffe, puifque c'eft là le premier & le plus
folide fondement de cét Art.

*De la Force & de la Foibleſſe
des Signes.*

CHAPITRE PREMIER.

ENERALEMENT parlant , le jugement que l'on fait par les Cauſes eſt plus incertain que celuy qui ſe fait par les Effets, parce que pour connoiſtre la cauſe d'vne choſe , il ne s'enſuit pas qu'elle la produiſe , à raiſon des diuers empeſchemens qui y peuuent arriuer : Mais quand on voit vn effet , il faut de neceſſité que la cauſe ait precedé. C'eſt pourquoy la connoiſſance que l'on a des Temperamens par les marques qu'ils laiſſent ſur le Corps , eſt plus certaine que celle que l'on a des inclinations par le Temperament , dautant que ces marques ſont les effets du Tempera-

Quel eſt le jugement qui ſe fait par les cauſes.

ment, & que le Temperament est cause
des Inclinations.

D'ailleurs comme il y a des Causes Prochaines & d'autres qui sont Esloignées, les
premieres donnent vn jugement plus certain, parce qu'elles ont vne connexion
plus estroite auec leurs effets ; Ainsi la
connoissance que l'on a du Temperament
decouure mieux les inclinations que ne
fait la Naissance, l'Aage ou le Climat, &c.
Mais il n'y en a point qui fasse juger si
certainement des actions que l'Habitude :
Car qui sçaura qu'vn Homme est juste, ne
manquera jamais à dire qu'en telle & telle
occasion il fera vne action de justice.

On peut mettre en ce rang les Passions
à l'esgard de celles qui ont accoustumé de
les accompagner ; Car les Passions ne mar-
chent jamais toutes seules, & il n'y en a
point qui n'en fasse naistre d'autres qui
paroissent auec elle ou qui la suiuent de
prés. Ainsi l'Orgueil, l'Impatience, l'In-
discretion accompagnent la Colere ; & qui
sçaura qu'vn Homme se laissera emporter
à celle-cy, peut asseurer qu'il tombera dans
les

les autres. Et cette obſeruation eſt ſi conſiderable, qu'elle donne lieu à la plus belle regle de la Phyſionomie, dont Ariſtote eſt l'Autheur, & qu'il nomme Syllogiſtique, dont nous parlerons cy-apres.

Les Qualitez de l'Eſprit donnent encore vn jugement certain des bonnes & mauuaiſes Productions qui en partiront; & on peut aſſeurer que lors qu'vn Homme ſera obligé de prendre de luy-meſme quelque ſentiment, ou de parler ſur vne affaire, qu'il en jugera & en parlera ſelon la capacité de l'Eſprit qu'on aura reconnüe en luy.

Vant aux cauſes eſloignées, ſi l'A- *Les cauſes eſloi-* ſtrologie eſtoit auſſi certaine que *gnées.* beaucoup ſe ſont imaginez, il n'y a point de doute que les jugemens que l'on feroit par la conſideration des Aſtres ne fuſſent les plus certains de tous. Mais nous n'y reconnoiſſons pas vn ſi grand pouuoir que celuy qu'on leur donne, & nous ne leur pouuons accorder tout au plus que quelque petit aduantage ſur le Climat, qui fait juger des Inclinations par le moyen

N n

du Temperament, dont il est vne cause
Esloignée aussi-bien qu'eux. L'Aage & les
Maladies peuuent estre mises en ce rang là.
Mais la bonne & mauuaise Fortune, la
Naissance noble ou vile, l'Exemple sous le-
quel ie comprens les Conseils, les Recom-
penses, & les Chastimens ne donnent que
des coniectures fort douteuses. Enfin les
Saisons & les Alimens font les jugemens
les plus incertains de tous.

Quel est le ju-
gement qui se
fait par les
Effets.

POur ce qui concerne la découuerte
que l'on fait des Causes par les Effets,
il faut présupposer la distinction que nous
en auons faite, & qu'il y en a de spirituels & de Corporels. Car generalement
parlant celuy qui se fait par les Corporels
est plus certain que celuy que l'on tire des
Spirituels, dautant que ceux-là partent
immediatement du Temperament & de la
Conformation, qui sont les Causes Prochaines des Inclinations; Ou ils procedent
de la Passion mesme qui les produit sur le
Corps quand l'Ame en est agitée. Et quant
aux Spirituels qui sont les Qualitez de l'Es-

prit, les Inclinations, les Actions & les
Mouuemens de l'Ame, & les Habitudes;
comme il y a beaucoup de Caufes dont
chacun peut-eftre produit, le iugement en
eft plus vague & plus incertain. Car la
Paffion peut eftre caufée par diuers obiets,
par la Foibleffe de l'Efprit, par l'Inclination,
&c. L'Inclination auffi peut venir de l'Inftinct, du Temperament & de la Couftu-
me. Les Habitudes ont auffi diuers principes auffi bien que les qualitez de l'Efprit,
de forte qu'il n'eft pas aifé de dire preci-
fement la Caufe d'où chacun de ces Effets
procede.

Or puifque les Effets Corporels donnent
vne connoiffance plus exacte, & que ce
font les feuls dont la Phyfionomie fe fert
pour découurir les Inclinations, il faut les
examiner plus foigneufement, & voir en
quel nombre ils font, quelles en font les
caufes, & quelle eft la Force & la Foibleffe qu'ils ont pour juger non feulement
des Inclinations comme fait la Phyfionomie, mais encore des qualitez de l'Efprit,
des Paffions & des Habitudes que l'Art de

connoiſtre les Hommes pretend de pouuoir découurir par eux.

Des Signes Naturels.

CHAPITRE II.

PREMIEREMENT il faut icy
preſuppoſer qu'il y a deux ſortes d'Effets ou de Signes qui
s'impriment ſur le Corps. Les
Naturels qui viennent de la
conſtitution du Corps, & des autres Cauſes
Elementaires ; & les Aſtrologiques qui
procedent des Aſtres, dont la Metopoſcopie & la Chiromance ſe ſeruent. Nous
examinerons cy-apres s'il y a quelque certitude en ces Sciences, & ſi les Signes ſur
leſquels elles ont formé leurs Regles peuuent donner quelque connoiſſance des Inclinations, des Paſſions & des Habitudes
comme elles pretendent.

Quant aux Signes Naturels Ariſtote les
reduit à neuf Chefs ou Articles, qui ſont,

1. *Le Mouuement du Corps , comme le*
   Marcher , le Geſte , le Maintien.
2. *La Beauté & la Laideur.*
3. *La Couleur.*
4. *L'air du Viſage.*
5. *La qualité du Cuir.*
6. *La Voix.*
7. *La Charnure.*
8. *La Figure &* ⎫
9. *La Grandeur.* ⎬ *Des Parties .*
            ⎭

Tous ces Signes viennent des Cauſes
Internes ou Externes. Et cette diſtinction
eſt ſi neceſſaire qu'elle fait preſque toute
la difference de ceux qui ſont vtiles &
inutiles , comme nous allons faire voir.

Les Cauſes Interieures ſont la Conformation, le Temperament & la vertu Motiue; Les Externes ſont toutes les choſes
qui viennent de dehors, & qui alterent
le Corps. Ainſi vn Homme peut marcher
lentement, de ſon Inclination naturelle ,
par deſſein ou par foibleſſe. La Beauté
& la Laideur viennent de la Nature, de

N n iij

l'artifice, ou par accident. La Couleur
doit fuiure le Temperament, mais l'air
& autres chofes femblables la peuuent
alterer; l'Air du vifage & la Voix, le Cuir,
& la Charnure fe changent de la mefme
forte. Enfin la Figure des Parties eft naturelle ou accidentelle, & vn Homme
peut deuenir boffu par vne fluxion, par
vne cheute, ou par nature. Il eft vray
qu'il y a de ces Signes qui fe changent
moins facilement par les Caufes Externes,
comme la Figure, l'Air du vifage, & le
Mouuement; mais la Couleur, le Cuir, &
la Voix en reçoiuent aifement l'impreffion.

   Mais fuppofé, comme il eft veritable,
qu'il n'y a que les Caufes Internes qui produifent les Signes les plus certains, la Figure & la grandeur des Parties viennent
de la Conformation : Le Temperament
fait la Couleur, la qualité du Cuir, & la
Charnure : la façon de Marcher & les autres Mouuemens viennent de la vertu motiue : Mais la Beauté, la Voix & l'Air du
vifage procedent de toutes ces trois Cau-

fes enfemble. Car la Beauté confiftant en vne jufte proportion des membres, en la couleur , & en la grace , la proportion vient de la Conformation, la couleur du Temperament , & la grace du mouuement. La voix fuit la Conformation des Orga- nes, leur Temperament & le mouuement des mufcles. Enfin l'Air du vifage, & le maintien appartiennent principalemét au Mouuement: Car dans l'emotion des Paf- fions, l'Air qui les accompagne n'eft autre chofe qu'vne certaine proportion des par- ties qui refulte des diuers mouuemens qu'elles font en fuitte du Bien & du Mal qui efmeuuent l'Appetit. Mais hors le trouble de la Paffion , l'Air qui demeure fixe fur le vifage appartient à la Confor- mation & au Temperament, comme on voit en ceux qui ont naturellement la mefme conftitution , & difpofition des Parties que celles que la Paffion a de Cou- ftume de caufer.

D E ces fignes il y en a qui font com- muns & d'autres qui font propres.

Difference des Signes.

Les Communs ne font pas determinez à
vne feule qualité, mais en fignifient plufieurs : Les Propres au contraire font determinez à vne feule.

De plus, il y a des Signes qui ne changent prefque jamais comme la Conformation ; tous les autres fe peuuent changer : Et entre ceux-cy les vns font ftables
& Permanens, les autres font Paffagers &
ne durent guere. Ainfi ceux qui viennent
de l'Aage & du Climat font ftables, mais
ceux qui viennent des Maladies & des Paffions font de peu de durée.

Toutes ces diftinctions feruent à connoiftre la Force & la Foibleffe des Signes :
Car ceux qui viennent des caufes Externes ne fignifient rien d'affeuré. Et de ceux
que les Internes ont produit, les ftables
marquent les Inclinations Permanentes ;
les autres peuuent bien marquer les Paffions prefentes, mais non les Inclinations
naturelles, fi ce n'eft par accident, comme parle Ariftote.

D'ailleurs les signes qui fe changent
moins facilement par les caufes Externes
font

font plus certains, tels que font la Figure, l'Air du vifage, & le Mouuement ; mais la Couleur, le Cuir, la Charnure & la voix ne le font pas tant.

Les fignes qui font communs ne fignifient auffi rien d'affeuré s'il n'y a quelque figne propre qui les determine.

ARiftote propofe vne autre maxime pour connoiftre l'efficace & la certitude des Signes : Car il dit, que ceux qui font dans les parties principales & les plus excellentes font les plus certains, & qu'entre toutes, la Tefte eft la plus confiderable ; mais que les Yeux y tiennent la premiere place, le Front la feconde, & puis la Face qui comprend tout ce qui eft au deffous des yeux. Apres la tefte la Poitrine, & les Efpaules tiennent le fecond lieu, les Bras & les Iambes le troifiefme, le ventre eft le dernier de tous & le moins confiderable.

Moyen d'Ariftote pour connoiftre l'efficace des Signes.

CEtte Regle neantmoins ne femble pas conforme aux maximes d'Ariftote,

O o

ny à la raifon : Car luy qui met le cœur
pour principe de toutes les actions, & où
il eft bien affeuré que les Paffions fe forment, deuoit donner à la poitrine & non
pas à la Tefte la premiere & la plus excellente place, & dire que les fignes les
plus certains des Inclinations & des Paffions fe tirent de cette partie qui enfer-
me le lieu de leur origine ; Mais il faut
remarquer qu'Ariftote ne juge pas là de
l'excellence des parties comme feroit vn
Philofophe ou vn Medecin, il ne les confidere qu'entant que les Paffions s'y font
mieux connoiftre. Et de fait il place
les bras & les jambes deuant le ventre,
quoy qu'ils foient beaucoup moins ex-
cellens & moins confiderables pour l'ef-
fence & la nature de l'animal. Or il eft
certain qu'il n'y a point de partie où les
Paffions paroiffent pluftoft & plus euidemment que dans la Tefte.

Les Paffions pa-
roiffent mieux
dans la tefte.
PRemierement, parce que les Paffions
ne fe forment point fans l'vfage des
fens qui donnent la premiere connoiffance

des chofes qui efmeuuent les Paffions, &
qui hors le fentiment du toucher font
tous placez dans la tefte. Ioint que l'Eftimatiue qui conçoit les chofes qui font
bonnes & mauuaifes, & qui donne le
branfle à l'Appetit eft dans le cerueau, &
que la force & la foibleffe de l'Efprit, qui
dépendent auffi de la mefme partie font
vn grand effet fur les Inclinations & fur
les Paffions : Car il eft certain que les enfans, les malades, & les femmes font ordinairement choleres par la feule foibleffe
d'efprit, n'ayant point la chaleur du fang
& du cœur qui feruent de difpofition à
cette Paffion.

Mais la raifon principale de cecy vient
de l'impreffion que les Paffions font fur
cette partie : Car comme l'Ame n'a point
d'autre but dans les mouuemens de l'Appetit que de faire iouïr l'animal du bien
qu'elle croit luy eftre neceffaire, & d'efloigner le mal qui le peut bleffer, elle
employe pour cét effet toutes les parties
qui font fous fa iurifdiction, & les fait
mouuoir conformement à l'intention

qu'elle a. Or les vnes estant plus mobiles
que les autres, elles font aussi plustost
voir l'agitation où elle est, & le progrez
qu'elle y fait : car il y a diuers degrez,
dans chaque Passion. Il y a premierement,
l'esmotion de l'Appetit qui ne sort point
de l'Ame, estant vne action immanente;
en suite le Cœur & les Esprits s'agitent
qui sont les premiers organes de l'Appetit Sensitif; & si la Passion va plus auant,
les yeux, le front, & les autres parties de
la teste s'esbranlent. Que si elle va ius-
qu'à l'execution, & que l'Ame vueille en
effet iouïr du bien & fuïr le mal, elle meut
les parties qui sont destinées à cét vsage,
& enfin elle remuë tout le corps si elle
n'en est empeschée.

De sorte que le Cœur & les Esprits
sont les premieres parties du corps qui
sont meuës dans les Passions. Mais le
mouuement du Cœur n'est pas si sensible
que celuy des Esprits qui se fait voir incontinant sur le visage, à cause qu'ils
portent le sang auec eux, dont l'abord
ou la fuïte altere en vn moment la cou-

leur & la figure du vifage : Ce qui n'arriue pas aux autres parties, & ce pour deux
raifons. La premiere par ce que les Efprits accourent au vifage en plus grande
quantité qu'aux autres, à caufe que les
fens y font logez, qui ont befoin de grands
canaux, par où les Efprits doiuent abondamment & facilement couler. La feconde eft que le cuir du vifage a vne conftitution particuliere qui ne fe trouue
point aux autres parties. Car par tout ailleurs fi ce n'eft au dedans des mains & à
la plante des pieds, la peau eft feparée
de la chair : Mais dans le vifage, l'vne
& l'autre font tellement vnies qu'on ne
les peut feparer l'vne de l'autre fans les
defchirer ; d'où vient que la couleur qui
procede du mouuement & de la qualité
du fang y paroift mieux que dans tout le
refte du corps ; & ce d'autant plus que le
cuir y eft extremement delié & delicat,
ce qui ne fe trouue pas aux mains ny
aux pieds. De forte que les paffions changeant premierement & plus facilement
la couleur du vifage que de toutes les au-

tres parties ; Il faut tenir pour certain qu'en ce cas-là c'eſt le lieu où elles paroiſſent le pluſtoſt & le plus euidemment.

Mais parce que l'Ame eſtant agitée, meut, non ſeulement le cœur, les Eſprits & les humeurs, mais encore les parties qui ſe meuuent volontairement, il ne faut pas douter que celles qui ſont les plus mobiles ſont celles qu'elle eſbranle les premieres, quoy que leur mouuement ne ſerue ſouuent guere à ſon deſſein. Car que peut ſeruir à la cholere de rider le front, de leuer les ſourcils, & d'ouurir les narrines ; ou à la honte d'abaiſſer les yeux, de de rougir & de perdre contenance. Et c'eſt vne choſe aſſeurée que tous ces mouuemens viennent du trouble que la Paſſion met en l'Ame, & qui la precipite à ſe ſeruir de tout ce qu'elle rencontre, quoy qu'il luy ſoit inutile comme nous auons dit.

Puis qu'il n'y a donc point de parties ſi mobiles ny qui reſſentent ſi promptement l'effet des Paſſions, que celles qui ſont à la Teſte, Ariſtote a eu raiſon de luy

donner la première place pour les Signes
Phyſionomiques; & de mettre les yeux au
lieu le plus excellent, puis apres le front
& les autres en ſuitte pour les raiſons que
nous venons d'apporter.

ON pourroit dire que tout ce diſcours fait bien voir que les Paſſions
paroiſſent ſur le viſage; mais qu'il ne con-
clud pas pour les Inclinations, & que
toute cette alteration & tous ces mouuemens qui ſuiuent l'agitation de l'Ame
ſont des Signes paſſagers qui ne peuuent
marquer les diſpoſitions permanentes telles que ſont les Inclinations & les Habitudes. Mais c'eſt toûjours beaucoup que
d'auoir montré que les Characteres des
Paſſions paroiſſent principalement en cette partie, puiſque par la regle de la conuenance dont nous parlerons cy-apres,
ceux qui ont naturellement le meſme air
que cauſe la Paſſion, ſont enclins à la
meſme Paſſion. Quoy qu'il en ſoit ſi le
Temperament, la Conformation & la vertu motiue ſont les cauſes des ſignes per-

*Les inclina-
tions paroiſſent
dans la teſte.*

manens, il eft tres-affeuré qu'il n'y a point
de parties où la vertu Formatrice agiffe
plus efficacement que dans la Tefte, à caufe de l'excellence de fes operations & de
fes organes ; où le Temperament puiffe
mieux fe faire connoiftre à caufe de la
conftitution particuliere du cuir qu'elle
a ; & où la vertu motiue foit plus forte,
& plus libre en fes mouuemens, puifque
c'eft-là qu'elle eft en fon fiege & en fa vigueur.

On peut adioufter à ces raifons que la
grande varieté des organes qui fe trouuent dans la Tefte fournit vn plus grand
nombre de Signes que quelque autre que
ce foit, & qu'ofté la hardieffe & la crainte, & quelques autres qui ont du rapport
auec elles, il n'y a point de Paffion qui
laiffe des marques fur les parties qui enferment le Cœur. De forte que fans difficulté on doit donner la preeminence à
la Tefte, pour ce qui concerne les Signes
Phyfionomiques.

Il

IL semble par ces dernieres raisons que nous vueillions donner le second rang aux Bras & aux Iambes, & que c'est le lieu d'où apres la Teste se tirent les Signes qui ont le plus de certitude, & qui sont en plus grand nombre ; & par consequent que la Poitrine n'est pas si considerable qu'eux. En effet si l'Air, la Contenance & le Mouuement sont des signes plus certains que la Figure, comme Aristote semble dire, ἰσχυρότερα ἐν τοῖς ἤθεσι, ἢ κατὰ τὰς κινήσεις ἢ τὰ σχήματα, mettant la Figure apres les Mouuemens, il est certain qu'ils paroissent beaucoup mieux dans le Geste & dans le Marcher que sur la Poitrine, où il semble qu'il n'y ait que la Figure à considerer.

Les Bras & les Iambes font cōnoiſtre les Inclinations.

Mais il faut se ressouuenir icy de ce que nous auons dit que les Passions se peuuent considerer dans leur esmotion, & dans leur execution, & que l'execution ne suit pas tousiours l'esmotion. Or les Bras & les Iambes sont les principaux organes qui seruent à executer ce que l'Ap-

P p

petit ordonné, & le Cœur eſt le principe
& la ſource de l'eſmotion. De ſorte
que les marques que donne celuy-cy ſont
plus vniuerſelles & plus certaines que
celles des autres, eſtant veritable que le
Cœur eſt touſiours eſmeu dans les Paſſions,
& que toute Paſſion ne va pas iuſqu'à
l'execution. J'adiouſte encore que la Poitrine & les Eſpaules ont auſſi leur maintien & leur mouuement particulier auſſi
bien que les Bras ; Ioint que le mouuement des Bras & la façon de marcher ſe
peut changer par l'accouſtumance , &
non pas la Figure de la Poitrine qui marque touſiours le Temperament du cœur,
& enſuite les Inclinations. Quant eſt
d'Ariſtote , il faut dire qu'il ne compare
pas l'Air & le Mouuement auec la Figure ; mais il compare ces trois enſemble
auec les autres Signes, comme eſt la Couleur , la Voix , la Qualité du cuir , & la
Charnure, qui ſans doute ſont beaucoup
moins certains que ces premiers, comme
nous auons dit. De ſorte qu'il faut tenir
pour conſtant que le plus excellent lieu

d'où ſe tirent les Signes Phyſionomiques
eſt dans la Teſte, le ſecond dans les parties qui enferment le Cœur, le troiſieſme dans les Bras, & dans les Iambes, &
le dernier au ventre.   Car bien que celuy-cy ait quelque droit de diſputer la
preſceance auec les Bras à cauſe de beaucoup de Signes qui s'y trouuent, nommement pour ce qui regarde la Temperance;
il eſt neantmoins tres-certain que la pudeur ne ſouffre pas que l'on conſidere facilement cette partie, d'où vient que les
Signes en ſont moins manifeſtes; & que
meſme ils ne marquent pas premierement
les operations de l'Ame Senſitiue, mais
ſeulement de la vegetatiue, & ce n'eſt
que par accident qu'ils portent témoignage des autres.

EN vn mot, dit Ariſtote, les lieux les *De quels lieux*
plus conſiderables ſont ceux ἐφ ὦν χ *ſe tirent les Si-*
Φϱονήσεως πλείςης Επιπρέπεια γνεται. *In quibus ſa-* *gnes.*
pientia multa apparentia fit. Ce qui ſe peut
expliquer en deux façons. La premiere,
Que les parties où la Sageſſe & la Mode-

ſtie doiuent le mieux paroiſtre , ſont celles qui donnent les plus certaines marques
des Inclinations ; De ſorte que l'Air du
viſage & le maintien du corps, faiſant
principalement connoiſtre la ſageſſe d'vn
Homme , c'eſt auſſi de ces lieux-là d'où
l'on doit tirer les Signes les plus aſſeurez
de la Phyſionomie. Car comme la Prudence porte auec elle vne diſpoſition generale à toutes les autres Vertus ; l'Impru-
dence fait auſſi que l'Homme eſt capable
de toutes ſortes de vices & de deffauts.
De ſorte que les lieux où ces deux qualitez ſe reconnoiſſent le mieux doiuent
donner des marques de toutes les autres
Inclinations.

La ſeconde explication & la meilleure
à mon aduis, eſt que les parties exterieures dont l'Ame ſemble auoir plus de ſoin,
& où elle employe plus d'art & de conduite, ſoit à les former, ſoit à les entretenir , ſont celles d'où il faut puiſer les
ſignes les plus certains des Inclinations :
Parce que l'Ame ſe faiſant mieux voir , &
ſe produiſant en quelque façon plus ma-

nifeſtement en ces parties qu'aux autres,
elle y peut mieux auſſi découurir ſes Inclinations. Or il eſt aſſeuré qu'il n'y en a
point où ſes ſoins, ſa conduite & ſon ad-
dreſſe paroiſſent dauantage que dans les
Yeux, & dans les autres parties de la Teſte;
parce que tous les ſens & la raiſon meſme
y ſont logez: Puis apres dans la Poitrine,
à cauſe qu'elle contient la ſource de la vie,
& que l'Appetit y eſt placé : Enfin dans
les Bras & dans les Iambes comme eſtant
les inſtrumens du mouuement volontaire, qui eſt apres le ſentiment la plus noble qualité de l'animal.

DE tout ce diſcours il eſt aiſé de voir
que l'on ne peut iuger aſſeurement
des Inclinations de l'Ame que par les Signes propres & permanens, & qu'ils ſont
ordinairement tirez de la Figure, de l'Air
du viſage, des Mouuemens, & de la Charnure. De ſorte qu'entre les Signes propo-
ſez par Ariſtote, la Figure & l'Air du viſage tiennent le premier rang. Le Mouuement ſuit apres, dautant que l'animal

ne se meut que par le Mouuement de
l'Appetit : Ainsi il est facile de iuger quel
est l'Appetit par le Mouuement qui est vn
de ses effets. La Charnure tient la troisiéme
place, parce qu'elle marque la matiere dont
le corps est composé ; Or chaque matiere
demande sa forme particuliere, & par les
qualitez de la matiere on connoist les qualitez de la forme. La Peau & le Poil vont
apres, parce qu'ils donnent connoissance
de la Charnure. Enfin la Couleur & la
Voix tiennent le dernier rang, à cause
qu'elles peuuent estre plus facilement
alterées, & particulierement la voix qui
se change en vn moment par les Passions,
par la moindre fluxion, & par cent autres choses semblables.

Des Regles que la Physionomie a
formées sur les Signes Naturels
pour connoistre les Inclinations.

CHAPITRE III.

OMME tous les signes dont
nous auons parlé, pris en détail & separement ne don-
nent pas vn jugement bien
certain, & qu'il faut en auoir
plusieurs pour marquer justement ce que
l'on veut découurir : La Physionomie en
a fait diuerses classes qui comprennent
tous ceux qui se rapportent à vn mesme
but. Et le nombre de ces Classes est tiré
de quatre rapports ou ressemblances que
les Hommes ont auec d'autres choses; vn
Homme pouuant ressembler à vn autre
qui sera agité d'vne Passion, ou aux Hom-

mes d'vn autre climat , ou aux Femmes,
ou aux beftes : Et fur ces quatre rapports
elle a fait quatre Regles generales, qui outre qu'elles feruent à fon deffein , marquent encore la naiffance & les accroif-
femens qu'elle a pris en diuers temps.

Le progrez de
la Phyfionomie.
CAr il ne faut pas douter qu'elle n'ayt
eu fes commencemens & fes progrez
comme les autres fciences qui n'ont pas
tout d'vn coup & en vn mefme fiecle atteint la perfection que le temps & l'experience leur ont donnée. En effet, il y a
grande apparence que les premieres obferuations qui en ont efté faites ont efté
tirées des effets que les Paffions produifent fur le vifage , & qu'ayant remarqué
qu'vn homme qui eftoit enflammé de
Colere , ou abbatu de trifteffe auoit le
vifage de telle forte ; Il eftoit vray-femblable que ceux qui naturellement l'a-
uoient ainfi eftoient enclins aux mefmes
Paffions. Car cette façon de juger des Inclinations eft la plus conforme au fens
commun , & la plus facile à remarquer.
                                        Apres

Apres on s'eſt aduiſé de conſiderer le rapport que les Hommes auoient auec les Animaux, & de juger de la conformité de leurs Inclinations par la reſſemblance qu'ils auoient enſemble. Puis apres on a remarqué celle qui eſt entre les Sexes ; Et enfin celle qui ſe trouuoit entre les Hommes de differents Climats : Car il eſt certain que les Sexes en chaque eſpece ont la Figure du corps & les Inclinations differentes, auſſi bien que les Hommes de diuers Climats, & que ſi l'vn d'eux a la Figure qui conuient à l'autre, il doit auoir auſſi les Inclinations qui luy ſont propres.

C'Eſt-là iuſqu'où l'anciennè Phyſionomie eſt allée : Ariſtote y a depuis adiouſté la Regle qu'il appelle Syllogiſtique. Or bien que les Regles dont les premiers Phyſionomiſtes ſe ſont ſeruis ne ſoient pas mauuaiſes, elles n'eſtoient pas neantmoins aſſez certaines pour eſtablir vne ſcience, parce qu'ils ne les employoient pas toutes en leurs Iugemens, & que meſme ils ne s'en ſeruoient

La Regle Syllogiſtique a eſté adiouſtée par Ariſtote.

Qq

pas comme il falloit, & que la Regle Syllogistique leur manquoit, sans laquelle
les autres sont deffectueuses : C'est pourquoy Aristote les a blasmez, & a montré
par de fortes raisons que leur science n'é-
toit point asseurée.

Deffaut de la premiere Regle de la Physiono-mie. CAr pour ce qui regarde le premier
moyen qu'ils appellent la Conuenan-
ce apparente ἐπιπρέπεια, il y a beaucoup
d'Inclinations contraires qui causent vne
mesme constitution de visage, comme la
Force & l'Impudence. D'ailleurs, l'Air du
visage se change en vn moment selon que
l'Ame est esmeuë, & vn Homme naturellement triste peut auoir le visage gay par
la rencontre de quelque objet agreable.
Enfin cette Regle est fort imparfaite, &
elle renfermoit la Physionomie en des
bornes trop estroites.

Deffaut de la seconde Regle. LA seconde Regle qu'ils tirent de la res-
semblance qui se trouue entre l'Hom-
me & les Animaux est encore plus douteuse, principalement de la façon dont ils

s'en seruoient : Car il n'y a point d'Homme, comme dit Ariftote, qui reffemble
en tout à quelque animal que ce foit ; mais
feulement en quelque partie : Et il y a
raifon de douter fi vne partie eft capable
de faire juger d'vne Inclination propre à
toute l'efpece. Secondement comme il y
a peu de Signes propres & particuliers à
vne efpece, & qu'il y en a beaucoup de
communs ; fi on fait le rapport d'vn Homme à vn animal par les communs, le rapport fera defectueux & ne fignifiera rien,
puis qu'il fe peut auffi bien faire à vne
autre efpece qu'à celle-là. Que fi on le
fait par les Signes propres à vne telle efpece, il y aura toufiours raifon de douter
fi ces Signes-là marquent determinement
vne telle Inclination, veu que chaque animal en a beaucoup d'autres. Ainfi la Figure propre du Tygre eft d'auoir la gueule
fort grande, les oreilles courtes, & la peau
variée ; Mais cela ne peut marquer vne
Inclination particuliere, parce qu'eftant
fort, cruel, & indocile on ne fçauroit determiner à laquelle de ces qualitez cette

Figure peut conuenir. Et partant les Anciens ne pouuoient juger par cette Regle
des Inclinations, foit qu'ils fe feruiffent
des fignes communs ou propres aux animaux.

Comment Ari-
ftote fe fert de
la feconde Regle.
ON dira que par cette raifon Ariftote détruit auffi bien fa doctrine que
celle des Anciens, veu qu'en d'autres endroits il fe fert de cette maxime, qu'vne
telle Figure marque vne telle Inclination,
& que cela fe rapporte aux Lyons, aux
Aigles aux, Corbeaux, &c. Il eft vray
qu'Ariftote fe fert en apparence de la mefme Regle; mais c'eft d'vne autre maniere
qu'ils n'ont fait : Car ceux-cy ne confide-
roient que les marques & les fignes des
animaux : Et enfuite ils concluoient que
celuy qui leur eftoit femblable en cela
auoit les mefmes Inclinations qui fe trou-
uoient dans l'Ame de ces animaux-là. Au
contraire Ariftote ne confidere pas les fignes comme propres aux animaux, mais
comme propres aux Inclinations; Ce que
Baldus n'ayant pas remarqué, fait tom-

ber ce grand Homme en vne contradi-
ction manifeste. Et de fait il enseigne
apres comment il faut faire cette obseruation, & dit, que l'on doit considerer
plusieurs personnes qui ont vne mesme
habitude naturelle, comme seroit par
exemple la Force, & regarder en quel signe particulier ils conuiennent; On trouuera que c'est à auoir la bouche grande,
& les extremitez grosses & robustes. Apres
il faut considerer les animaux que l'on sçait
estre naturellement forts, comme les
Lyons, les Taureaux, les Aigles, & les
Tygres, & trouuant que toutes ces especes d'animaux ont ces parties de la mesme façon, on jugera tres-probablement
que ce sont les marques de la Force. Mais
cela ne suffit pas encore, il faut voir s'il
n'y a point d'autres animaux qui soient
forts & qui n'ayent point ces marques:
Car s'il ne s'en trouue pas, le signe est certain, sinon il est douteux. Et c'est ainsi
qu'il faut faire pour toutes les autres Inclinations. Mais en quelque façon qu'on
puisse se seruir de cette Regle, elle n'est

Q q iij

pas affez eftenduë pour fatisfaire à ce que
la Phyfionomie peut faire, parce qu'il y
a fort peu d'Animaux dont nous connoif-
fions les Inclinations particulieres, & la
Figure des parties qui conuient à ces Inclinations : De forte qu'elle n'eft certaine
que lors qu'elle eft confirmée par les autres, & particulierement par la Regle
Syllogiftique qui fupplée au deffaut de
ces quatre.

Quelle eft la
Regle Syllogifti-
que.
OR cette Regle Syllogiftique marque
les Inclinations & les Paffions prefentes, tout au contraire des autres, parce qu'elle ne demande point de Signes propres ;
mais d'vne Inclination & d'vne Paffion
connuë par ces marques, elle tire la connoiffance d'vne autre qui n'en a point. Et
cette Regle eft fondée fur la connexion
que les Inclinations, les Habitudes & les
Paffions ont entr'elles : Car l'vne eftant
l'effet de l'autre, on peut juger qu'vn
Homme a Inclination à vne telle Paffion
ou Habitude, quoy qu'il n'y ayt point de
figne qui luy foit propre, & qui la puiffe

faire connoiſtre , ſçachant qu'il a celle
qui eſt cauſe de celle-cy. Ainſi apres auoir
ſçeu qu'vn Homme eſt Timide , on peut
dire qu'il a Inclination naturelle à l'auarice, enſuite qu'il eſt meſquin , qu'il eſt
artificieux & diſſimulé , que la crainte le
fait parler auec douceur & ſoumiſſion,
qu'elle le rend ſoupçonneux , deffiant , in-
credule , mauuais amy , &c. Ainſi Ariſtote , donne pour exemple de cette ſorte de
jugement ; Que ſi vn Homme eſt colere &
petit , il eſt enuieux. Mais i'eſtime qu'il y
a erreur au Texte , & qu'au lieu de μικρὸς
qui ſignifie petit , il faut lire πικρὸς , qui
veut dire faſcheux & à qui rien ne plaiſt ,
comme nous dirons en ſon lieu.

Quant aux quatre autres Regles , celles
qui ſe tirent de l'Air du viſage & de la
reſſemblance des Sexes ſont les plus certaines , & les plus generales : Car il n'y a
preſque point de ſigne qui ne ſe puiſſe
rapporter à elles , comme dit Ariſtote.
καλῶς δ'ἔχει πάντα τὰ σημεῖα ἀναφέρειν εἰς τῆς ἐπι-
πρέπειαν, ἢ εἰς ἄρρεν ᾧ θῆλυ. Celle des Climats
eſt plus generale que l'autre qui ſe tire

de la reſſemblance des animaux ; mais elle
n'eſt pas ſi certaine, parce que tous ceux
qui ſont d'vn meſme Climat ne ſont pas
d'vn meſme Temperament , & n'ont pas
tous vne meſme conformation des parties,
& la conſequence n'eſt pas neceſſaire que
parce qu'vn Homme eſt né dans la Grece
il doiue eſtre vain, inconſtant & menteur,
& ainſi des autres.

*Comment l'Art de connoiſtre les
Hommes employe les Regles
de la Phyſionomie.*

CHAPITRE IV.

CE ſont-là les moyens dont la Phyſionomie ſe ſert pour connoiſtre
les Inclinations , & que l'Art que
nous enſeignons doit auſſi employer pour la meſme fin. Mais outre qu'il
en

en a d'autres que ceux-là, & qu'il a bien plus de choſes à découurir qu'elle, il ne veut pas propoſer ſes Regles nuëment comme elle fait, il en veut eſtablir les fondemens auant que de les reduire en pratique.

Comme la premiere porte donc, Que ceux qui ont naturellement le meſme Air & les meſmes Characteres qui accompagnent le mouuement d'vne Paſſion, ſont enclins à la meſme Paſſion : Le fondement ſur lequel cette Regle eſt appuyée eſt la connoiſſance des Characteres des Paſſions. Car il ſeroit inutile de dire que celuy qui a naturellement les Characteres de la Colere eſt enclin à la Colere, ſi on ne ſçait quels ſont les Characteres de la Colere. Cét Art pretend donc de faire la Peinture de chaque Paſſion en particulier, de marquer l'Air & la Figure qu'elle donne à toutes les parties du corps, & tous les mouuemens qu'elle excite dans l'Ame. Car outre que cela ſeruira au deſſein qu'il a de faire connoiſtre les Paſſions qui

Comment l'Art de connoiſtre les Hommes ſe ſert de la premiere Regle de la Phyſionomie.

R r

ne sçauroient se cacher apres en auoir donné tant d'indices : Il montrera par ce moyen celles qui se suiuent l'vne l'autre, & qui ont connexion ensemble, qui est le fondement de la Regle Syllogistique ; & rendra enfin celle-cy vtile pour la connois-sance des Inclinations. Il doit donc di-uiser le Traité des Characteres en vingt-deux Chapitres , dont les vnze premiers parleront des Passions Simples, y compre-nant le Desir , le Ris & les Larmes ; Et les vnze autres traiteront des Passions Mix-tes selon l'ordre que nous auons marqué cy-deuant.

Comment il se sert de la seconde Regle.

POur la seconde Regle qui enseigne Que ceux qui ont quelque partie sem-blable à celles des animaux , ont les mes-mes Inclinations que ces animaux-là : Il faut examiner quels sont les Animaux qui peuuent seruir à fonder cette Regle. Car tous n'y sont pas vtiles, soit parce que l'on n'en a pas fait les obseruations, soit parce qu'ils sont trop esloignez de la Na-ture de l'Homme, comme les Insectes , les

Serpens, les Poissons, &c. Aristote n'en a
employé que vingt-sept en sa Physionomie, à sçauoir quinze de ceux qui sont à
quatre pieds, & sept des oyseaux. Les premiers sont le Lyon, la Panthere, le Cheual, le Cerf, le Bœuf, l'Asne, le Chien, le
Loup, le Porc, la Chevre, la Brebis, le Sin-
ge, le Renard, le Chat, & la Grenoüille.
Les autres sont, l'Aigle, l'Esperuier, le Coq,
le Corbeau, la Caille, les Oyseaux aquati-
ques & les petits Oyseaux. D'autres y ont,
adiousté le Hibou & l'Autruche. Il faut
donc faire autant de Chapitres, où il faudra parler de la nature de ces animaux-là,
& principalement des parties qu'ils ont
ausquelles celles des Hommes peuuent ressembler, & des Inclinations qu'elles si-
gnifient.

Qvant à la troisiesme Regle qui mon-
tre Que celuy qui ressemble aux
Hommes d'vn autre Climat, a les mesmes
Inclinations qu'eux, elle est fondée sur la
Figure du corps & sur les Inclinations de
l'Ame que cause le Climat. Mais parce que

Comment il se sert de la 3. Regle.

R r ij

le Climat se doit considerer, non seulement par la position du Ciel ; mais encore par la nature du terroir, par la situation, par les vents qui y regnent ; il faudra parler premierement de la constitution du corps & des Inclinations que le Climat, chaud, froid, sec & humide apporte ; puis de celles qui viennent du terroir humide ou sec, fertile, ou sterile. En troisiesme lieu celle que donne la situation Orientale & Occidentale, haute & basse, maritime ou mediterranée. Enfin ce qu'y côtribuënt les vêts du Septentrion, du Midy, du Leuant, du Couchant. Ensuite dequoy on descendra à la Figure, & aux Mœurs des Peuples qui dépendent en partie de ces causes, en partie de l'origine qu'ils ont eüe dont ils se ressentent encore, & de la bonne ou mauuaise fortune qui les a accompagnez & qui leur fait changer leur premiere discipline, & leur anciennes façons de faire. Ce traité doit estre long & mal-aisé à executer: Car outre qu'il faut rendre raison de la Figure particuliere de chaque Peuple, & des Inclinations qu'il a, qui est vne chose

fort difficile, il faut encore montrer les
Loix qui leur sont propres, parce que la
Loy, comme dit Platon, est la rencontre de
la verité : Toutes sortes de Loix n'estant
pas bonnes pour toutes sortes de Nations,
mais seulement celles qui conuiennent à
leur naturel; & qui a trouué cette Conuenance a renconté la verité. Quoy qu'il en
soit, il faudra diuiser ce discours en autant
de Chapitres qu'il y a de Climats & les separer apres par les Peuples qui sont en chacun d'eux.

ENfin la quatriéme Regle apprend Que *Comment il se*
les Hommes qui ont quelques traits de *sert de la 4. Re-*
la beauté des Femmes ont les mesmes Incli- *gle.*
nations qu'elles, & au contraire. Elle est
fondée sur la beauté qui conuient à l'vn &
à l'autre Sexe, & sur les Inclinations qui
sont naturelles à chacun d'eux. C'est pourquoy il faudra faire vn discours de la Beauté, & le diuiser en deux Traitez; dont le
premier montrera quelles doiuent estre
toutes les parties qui forment la Beauté
de l'Homme, & les Inclinations qui l'ac-

compagnent : Et le ſecond montrera quelles doiuent eſtre les parties qui compoſent la beauté de la Femme, & les Inclinations qui conuiennent à ſon ſexe. Tout cela ſera deduit en cinquante Chapitres, n'y ayant pas moins de vingt-cinq parties en chaque ſexe qui les rendent differents l'vn de l'autre, y comprenant la Couleur & la Proportion qui ſe doit trouuer entr'elles.

Pourquoy il traite des Temperamens.

MAis parce que ces deux dernieres Regles ſont principalement fondées ſur le Temperament, auant que d'en faire l'examen il faudra traiter des Temperamens, & montrer les Inclinations que chacun d'eux cauſe dans l'Ame, & la Figure qu'il donne aux parties du corps. Ce qui ſe fera en cinquante-deux Chapitres, dont les ſeize premiers traiteront des Temperamens qui conuiennent à tout le Corps ; Et les trente-ſix autres de celuy des parties nobles. Car il y a quatre principaux Temperamens qui reſpondent aux quatre humeurs lors qu'elles dominent toutes ſeules, à ſçauoir le ſanguin, le Bilieux, le

Melancholique , le Pituiteux ; puis chacun
a quelqu'vne des autres humeurs qui domine ſous luy comme le Sanguin Bilieux,
le Sanguin Melancholique , &c. & cela fait
le nombre de ſeize. Enfin chaque partie noble eſt temperée , ou eſt chaude,
froide , ſeiche ou humide ; ou eſt chaude
humide, chaude & ſeiche, froide & humide , froide & ſeiche. De ſorte qu'y
ayant quatre parties nobles , & chacune
ayant neuf differences de Temperamens,
tout cela fait enſemble cinquante-deux
ſortes de Temperamens qu'il faut connoiſtre pour juger des Inclinations.

VOila comment l'Art de connoiſtre
les Hommes ſe ſert des Regles de la
Phyſionomie pour decouurir les Inclinations, & comment ſur de petits fondemens
il forme le plan du plus grand edifice que
la ſcience ayt jamais eſleué. Mais il ne ſe
contente pas encore de cela , il y adiouſte
d'autres moyens dont la Phyſionomie ne
ſe ſert point. Car outre qu'il y employe
les effets meſmes des Inclinations pour les

*Il y a d'autres
Regles que cel-
les de la Phyſio-
nomie pour de-
truire les Incli-
nations.*

reconnoiſtre , à ſçauoir le deſir de faire les
actions , & le plaiſir de les faire ſouuent:
Eſtant vne choſe certaine , Que ſi l'on remarque qu'vne perſonne deſire ſouuent
de faire vne choſe , ou qu'il la faſſe ſouuent auec plaiſir , c'eſt vn ſigne certain de l'Inclination qu'il y a. Outre cela dis-je , elle ſe ſert vtilement des cauſes
éloignées que nous auons marquées cy-
deuant : Car encore qu'elles ne faſſent pas
des jugemens tout à fait certains , elles
fortifient neantmoins ou affoibliſſent celles qui viennent des cauſes prochaines ,
qui ſont comme nous auons dit , l'Inſtinct,
le Temperament & la Conformation des
parties. En effet ſi vn Homme a le Temperament & la Conformation propres pour
les actions courageuſes , & qu'auec cela il
ſoit d'vne naiſſance noble , qu'il ſoit jeu-
ne , heureux , & riche , qu'il ſoit dans les
fonctions militaires , & qu'il ſoit d'vne nation belliqueuſe ; il eſt certain que le jugement que l'on fera de l'Inclination qu'il
a aux actions courageuſes ſera plus aſſeuré que ſi ces circonſtances ne s'y trou-
uoient

uoient pas. Car si auec cette heureuse
constitution il est de basse naissance, s'il
est pauure & malheureux, s'il est vieil,
s'il fait vne profession qui relasche le courage, s'il est d'vn climat trop chaud ou
trop humide, l'Inclination que la nature
luy a donnée pour les actions courageu-
ses sera affoiblie par ces causes, tout esloignées qu'elles soient, & le jugement
que l'on en fera doit estre plus reserué.
Il est donc necessaire de sçauoir les Inclinations que ces causes font naistre, de
les comparer ensemble, & voir de combien elles fortifient & affoiblissent les
autres. C'est pourquoy apres auoir parlé
des Inclinations des Peuples il traite de
celles des Enfans, des Ieunes gens, des Hommes faits, & des vieillards: Puis il descend
aux causes morales qui sont au nombre
de dix-sept, à sçauoir la Naissance Noble
& vile, la Richesse & la Pauureté, la Puissance & la Suietion, la Fortune Prospere
& Aduerse, & le Genre de vie, à sçauoir
l'art Militaire, la Medecine, la Musique,

S s

la Chaſſe , la Dance, la Philoſophie, les Mathematiques , la Iuriſprudence , l'Art Oratoire & la Poëſie, marquant les Inclinations & les mœurs qui accompagnent chacune de ces profeſſions : De ſorte qu'il luy faudra vingt-vn Chapitres pour executer toutes ces choſes. Auſſi apres toutes ces recherches il croit pouuoir découurir non ſeulement les Inclinations preſentes , mais encore celles qui ſont paſſées & celles qui ſont à venir par le changement qui ſe ſera fait , ou qui ſe fera dans le Temperament, & dans les cauſes Morales.

Comment on connoist les actions & les mouuemens de l'Ame.

CHAPITRE V.

EN SVITE il montrera le moyen de connoistre les Actions & les Mouuemens de l'Ame, non pas à la verité ceux qui sont éuidens & manifestes, car il seroit ridicule de donner des Regles pour sçauoir si vn Homme est en cholere quand on le voit transporté de la fureur qu'inspire cette Passion, ou s'il est triste quand il se plaint, qu'il pleure, & qu'il est accablé d'ennuy. Mais comme il y a des Passions qu'il faut preuoir auant qu'elles soient formées ; & que de celles qui le sont, il y en a qui naturellement ne se produisent que fort peu comme la Hayne ; qu'il y en a de feintes comme celles des flateurs ; qu'il y

en a mefme qui font couuertes par des
apparences contraires, comme quand vn
homme veut faire croire qu'il ayme vne
perfonne encore qu'il la haïffe ; Quand on
témoigne d'eftre ioyeux lors qu'on eft
affligé : Enfin les Deffeins cachez , les
Actions fecretes, les Autheurs inconnus
des actions connuës : Toutes ces chofes
dis-je ont befoin de l'art dôt nous parlons,
& des Regles qu'il donne pour les connoiftre. Comme fans doute il y en a,
puifque rien de confiderable ne fe forme
dans l'efprit qui ne fe puiffe découurir
par le vifage, par la parole, par les effets,
& par des circonftances dont on tire des
coniectures affeurées, ou du moins fort
probables.

Il y a deux for-
tes d'actions.

OR comme il y a en general deux
fortes d'actions de l'Ame, les vnes
qui font nuës & telles qu'elles paroiffent,
les autres qui font trompeufes & couuertes de la diffimulation. La difficulté qu'il
y a pour les premieres, eft de découurir
la fin pour laquelle elles fe font. Car

dans chaque Action il y a toujours le mouuement apparent & manifeste, qui est la
matiere, & comme le corps de l'Action, &
l'Intention qui est la forme, & comme l'a-
me de l'action, laquelle est tousiours obscure & cachée. Ainsi quand on combat
contre les Ennemis de l'Estat, l'action de
combatre est la matiere de l'action qui est
éuidente ; mais la Fin & l'Intention en est
cachée, car on ne sçait pas si c'est pour la
gloire ou pour le profit, si c'est par con-
trainte, ou par l'exemple &c. Il y aura donc
vn Chapitre destiné pour connoistre la Fin
& l'Intention des Actions.

Qvant aux autres qui sont couuertes *De la Dissimu-*
de la Dissimulation, il y a bien plus *lation.*
de peine à les découurir, car elle ne se trouue pas seulement dans le corps de l'Action,
mais aussi dans sa Fin que l'on voile de diuers pretextes. Et entre les Actions, les
exterieures se peuuent cacher sous des apparences contraires, & les Interieures qui
sont les Pensées & les Passions, peuuent estre
facilement dissimulées. D'ailleurs, la Dis-

fimulation fe fert de la parole, du vifage,
& des effets, foit qu'elle les employe feparement ou tous enfemble, comme nous dirons plus amplement au Traité de la Diffimulation.

Or les moyens par lefquels l'Art que
nous enfeignons pretend de la découurir,
font au nombre de douze : Le premier eft
d'examiner la feinte par elle-mefme, & de
voir s'il y a de la vray-femblance, fi le vifage dément la parole, & fi les effets s'ac-
cordent ou font contraires à l'vn ou à l'autre. 2. D'obliger celuy qui l'a fait à la
deceler par la perfuafion. 3. Par les peines.
4. Par les récompenfes. 5. Prefentes. 6. ou
à venir. 7. Par importunité. 8. Par le vin.
Le 9. eft de confiderer la perfonne qui agit,
comme fi c'eft vn homme timide ou hardy,
s'il eft en reputation d'eftre fincere ou diffimulé, fi c'eft vn inferieur qui parle. 10. Et
la perfonne enuers laquelle on agit, comme
fi c'eft vn homme que l'on redoute, fi
c'eft vn Prince, vn Maiftre &c. 11. Enfin
on reconnoift encore la feinte par le mouuement fubit d'vne Paffion qui éclate, &

découure ce qu'il y a dans l'Ame, telle qu'eſt la Colere. 12. & la Ioye. Et ſur tous ces diuers moyens il y a des Regles particulieres qui ſeront expliquées en autant de Chapitres.

Mais il faut examiner s'il y a des Regles pour préuoir les Actions de l'Eſprit & les Paſſions de l'Ame, auant qu'elles ſoient formées, & ſi on peut aſſeurer qu'en vne telle rencontre vn Homme aura des penſées raiſonnables, s'il ſe mettra en cholere, ou s'il tombera dans la crainte &c. Pour ce qui eſt des actions de l'Eſprit, comme elles ſont neceſſairement conformes à la force ou à la foibleſſe des facultez qui les produiſent, il eſt certain qu'vn Homme qui aura les organes qui ſeruent à ces facultez bien ou mal diſpoſez, aura de bonnes ou de mauuaiſes productions d'Eſprit, & que l'on peut aſſeurer que lors qu'il ſera obligé de prendre quelque ſentiment, ou de parler ſur vne affaire, il en iugera & en parlera ſelon la capacité que l'on aura reconnuë en luy, comme nous

Comment on peut preuoir les Actions.

auons dit cy-deuant. L'Habitude & l'Inclination font encore la meſme choſe, car ſi l'on ſçait qu'vn Homme eſt Iuſte, Magnifique, Vaillant &c. on dira ſans faute qu'aux rencontres qui ſe preſenteront il aura des ſentimens conformes à la vertu & à l'Inclination qu'il a.

Comment on peut prevoir les Paſſions.

MAis pour les Paſſions on n'en peut faire vn iugement ſi certain, & ce n'eſt que probablement que l'on peut dire qu'vn homme ſe mettra en cholere, qu'il ſe laiſſera emporter à la vanité, ou a telle autre Paſſion; dautant que la raiſon & l'eſtude de la Philoſophie le peuuent retenir, & corriger la diſpoſition qu'il pourroit auoir à ces Paſſions.

Il y a meſme cette conſideration à faire ſur ces mouuemés qu'il y en a de premiers, & de ſeconds : Les premiers nous emportent comme des torrens, & ne ſont pas comme l'on dit, de la Iuriſdiction de la raiſon. Les autres ne ſont pas ſi impetueux & donnent du temps pour les conſiderer; c'eſt pourquoy on les peut plus facilement

ment retenir ; Mais auffi ils font plus mal
ayfez à reconnoiftre, parce qu'ils peuuent
eftre plus facilement corrigez. Au lieu
que le iugement que l'on fait des premiers eft plus certain, eftant tres difficile
que l'habitude foit fi parfaite qu'elle puiffe détourner la nature de ces premieres
voyes & rompre cette forte liaifon qui fe
trouue entre l'Inclination & l'Action.

IL faut encore remarquer qu'il y a des
Paffions que l'on peut appeller Principales & Dominantes, & d'autres qui ne font
que les Compagnes ou les fuiuantes de celles-là. Quand vn Homme eft en cholere,
fa Paffion Dominante eft la Cholere, parce
que c'eft elle qui occupe toute fon Ame,
& à laquelle fe rapportent toutes les autres
qui fe forment en fuite, comme l'Orgueil,
l'Infolence, l'Opiniaftreté, &c. Ainfi la
Trifteffe eft la Paffion qui domine en celuy
qui eft affligé, mais la Crainte, la Langueur,
la Pareffe, la Superftition font fes Paffions
fuiuantes. Enfin il n'y en a aucune, qui
quand elle fe forme dans l'Ame, n'y en ap-

T t

pelle quelqu'autre à ſon ſecours : De ſorte
qu'en connoiſſant la Paſſion dominante,
on peut aſſeurer que les autres y naiſtront.
Mais parce que la connexion qui ſe trouue entre elles eſt plus ou moins forte, &
qu'il y en a dont la ſuitte eſt comme neceſſaire, & d'autres où elle n'eſt que contin-
gente ; Car la Langueur & la Pareſſe ſont
preſque neceſſairement attachées à la Triſteſſe, mais la Superſtition ne la ſuit pas
touſiours : Il s'enſuit de là que la connoiſſance que l'on a des premieres eſt plus aſſeurée, & que celle des contingentes eſt
douteuſe.

Concluons donc qu'il y a deux moyens
principaux pour preuoir les Paſſions à
venir, à ſçauoir l'Inclination & la Connexion que les Paſſions ont enſemble. A quoy
il faut adjouſter la conſideration de la Force ou de la Foibleſſe de l'Eſprit de celuy
qui la doit reſſentir, & de la grandeur du
Bien ou du mal qui luy doiuent arriuer.
Car ſi l'on ſçait qu'vn homme doit receuoir vne grande injure, & qu'il ait l'Eſprit

foible, on ne manquera iamais à dire qu'il
se laissera alors emporter à la cholere.

O N nous obiectera peut-estre qu'il n'y
a point de connoissance certaine des
choses à venir qui sont Contingentes, parce qu'elles peuuent également arriuer &
n'arriuer pas, autrement si on en pouuoit
juger certainement, elles ne seroient pas
Contingentes. Il faut répondre à cette obi-
ection qui regarde toutes les Sciences diuinatrices ; Qu'il y a deux sortes de Contingens, les vns qui ont vne cause naturelle
& reglée, qui dans l'ordre ordinaire des
choses les doit produire. Les autres n'ont
point de cause reglée, mais fortuite ou libre, comme les choses qui arriuent par hazard, ou par le choix de la volonté. Ceux-
cy sont purement Contingens, & ne se peuuent connoistre déterminement en quelque façon que ce soit. Mais les premiers
ne sont pas purement Contingens , & la
connoissance que l'on en a peut estre certaine dans la suite des choses, n'estant point
differente de celle des choses necessaires,

*Si on peut pre-
uoir les actions
contingentes.*

T t ij

sinon en ce que leurs causes peuuent estre
empeschées de produire leurs effets. Les
Actions & les Passions de l'Ame sont de ce
genre-là , entant qu'elles ont Connexion
auec les facultez , auec les Inclinations , &
auec les Habitudes ; car ce sont des effets ,
qui par vne suitte ordinaire dépendent de
ces causes, & quoy qu'il y en ait qui soient
libres, ils ne le sont pas absolument quand
ils procedent d'elles,& qu'elles concourent
auec la cause plus libre, telle qu'est la volonté.

Comment on peut connoiſtre les Habitudes.

CHAPITRE VI.

POVR ſçauoir maintenant ſi l'on peut découurir les Habitudes, il faut ſe reſſouuenir qu'il y en a de deux ſortes, les Intellectuelles, & les Morales, & que celles-cy ſont plus aiſées à connoiſtre que les Intellectuelles. Car il eſt plus facile de iuger ſi vn homme eſt Iuſte ou Temperant, que s'il eſt Medecin, ou Mathematicien. La raiſon qu'on donne de cette difference, eſt que les Habitudes Intellectuelles ne font aucune impreſſion ſur le corps, & ne laiſſent par conſequent aucune marque ſenſible qui les puiſſe faire connoiſtre. Mais cette raiſon ne me ſemble pas aſſez ſolide, parce que les Habitu-

Tt iij

des Morales ne font auſſi aucune impreſſion manifeſte ſur le corps , non plus que
les Intellectuelles.   Il eſt donc plus à propos de dire que les Habitudes Morales ſe
connoiſſent plus certainement , parce que
les Inclinations Morales ſont déterminées
à de certaines Paſſions , leſquelles ſouuent
reïterées produiſent les Habitudes.   Et
comme il y a fort peu de perſonnes qui reſiſtent à leurs Inclinations à cauſe de la difficulté & de la peine qu'il y a de les changer , & que chacun fait ordinairement ce
qui luy eſt plus facile & plus agreable ; de
là vient que la connoiſſance que l'on a des
Inclinations , qui eſt bien aſſeurée , nous fait
probablement iuger des Habitudes qui les
ſuiuent.

Comment on peut connoiſtre les habitudes intellectuelles.

MAis il n'en eſt pas ainſi des Habitudes Intellectuelles , parce que l'Entendement n'eſt pas déterminé à vn Art ,
ny à vne Science , pluſtoſt qu'à vne autre.
Et bien qu'il s'en trouue qui ont plus de
conformité auec l'Imagination qu'auec le
Iugement ou auec la Memoire , le grand

nombre qu'il y en a , laiſſe dans l'indifference l'Eſprit qui ne peut eſtre naturellement déterminé à l'vne plus qu'à l'autre.
Car on peut dire qu'vn Homme eſt propre
pour la Poëſie, pour la Peinture, ou pour
la Muſique,à cauſe qu'il a beaucoup d'Imagination ; & non pas pour la Medecine,
pour la Politique, & pour les autres Sciences qui demandent beaucoup de jugement.
Mais on ne peut aſſeurer qu'il ſoit en effet
Poëte, ou Peintre, ou Muſicien , parce que
l'Inclination qu'il a aux fonctions de l'Imagination , le rend également propre pour
l'vn & pour l'autre. Au lieu que les Inclinations Morales ſont déterminées à de certaines Paſſions , & ces Paſſions à des Habitudes particulieres : De ſorte qu'on peut
aſſeurer par la connoiſſance que l'on a des
Inclinations qu'vn Homme a vne telle vertu ou vn tel vice ; & rarement ſe peut-on
tromper en ces Iugemens , pour la raiſon
que nous auons dite.

ON découure donc les vertus & les vices par le moyen des Inclinations que

l'on connoift, & c'eft le feul moyen dont
la Phyfionomie fe fert. Mais noftre Art en
a d'autres qui font plus certains.

A fçauoir la fin des Actions qui confifte
dans l'élection libre & parfaite, car celuy
qui agit par elle agit neceffairement en vertu de l'Habitude. 2. L'excez & le defaut des
Paffions à l'égard des obiets, car celuy qui fe
fâche fouuent, & plus qu'il ne doit, a fans
doute l'Habitude de la cholere. 3. La Perfeuerance que l'on garde en quelque Paffion. 4. Les effets que les vertus & les vices produifent dans l'Ame & dans le Corps.
Lefquels forment les Characteres des vertus & des vices qu'il faudra décrire felon
l'ordre que nous auons marqué cy-deuant.

Des

Des Signes Astrologiques.

CHAPITRE VII.

VTRE les Signes Naturels dont nous auons parlé, il y en a d'autres que l'on nomme Astrologiques, parce que l'on pretend que ce sont les Astres qui les impriment sur le Corps. Ils consistent pour la pluspart en certaines lignes qui se remarquent principalement sur le front & dans les mains , & que l'on croit estre les effets des Planetes qui dominent sur ces parties.

De quelques obseruations qu'on en a faites on a formé deux Arts, la Metoposcopie & la Chiromance , dont la premiere considere les signes que les Astres ont imprimez sur le Front , & la seconde , ceux qu'il ont imprimez dans les Mains.

C'est à nous à examiner s'il y a quelque

V u

verité en l'vne & en l'autre. Car si elles
peuuent donner quelque connoissance des
Inclinations , & des Mouuemens de l'Ame
comme elles se vantent ; L'Art que nous
enseignons ne les doit pas mépriser : il faut
qu'il les appelle à son secours, puis qu'elles
ont vn mesme dessein que luy, & qu'il ne
faut rien oublier pour tascher à découurir
vne chose si cachée comme est le cœur de
l'Homme.

Mais si elles n'ont rien de certain, & que
ce soient seulement des ieux ou des songes
que l'esprit humain se soit forgez par plaisir ou par erreur , il les doit bannir comme
des sciences vaines & superstitieuses qui
ne sont pas dignes d'entrer en societé auec
celles de la Nature , ny d'occuper les pensées d'vn Homme tant soit peu raisonnable.

Commençons donc par la Chiromance,
car elle est plus connuë que la Metoposcopie, & semble auoir des principes plus éuidens , qui se peuuent plus facilement establir, & qui mesme s'ils se trouuent veritables seruiront de fondement pour l'autre.

Ie ne pretends pas neantmoins y employer d'autres Discours que deux Lettres, dont i'ay defia fait part au public , puis que ce font des pieces qui font partie du deſſein de cét Ouurage , & que l'impatience d'vn amy m'en auoit fait détacher pour ſatis-faire à ſa curioſité. Ie n'en veux pas meſ-me oſter les ciuilitez que i'eſtois obligé de de luy rendre , ny les precautions dont ie m'eſtois voulu prémunir enuers mes Le-cteurs : Car quoy que cela ne ſerue plus de rien à mon deſſein , il ne laiſſera pas de diuertir ceux qui prendront la peine de le lire,& leur cauſer le meſme plaiſir que don-ne quelquefois vn ornement eſtranger , ou vne vieille mode qu'on fait reuenir ſur le Theatre.

V u ij

LETTRE I.

A MONSIEVR B. D. M.

Sur les Principes de la Chiromance.

MONSIEVR,

Quand vous me follicitez de mettre par efcrit l'entretien que nous auons eu enfemble touchant la Chiromance, & que vous tafchez à me perfuader que le public ne doit pas eftre priué des raifonnemens que vous m'auez entendu faire fur ce fujet; Ie me fouuiens de la priere que les amis de Socrate luy firent autrefois de fe faire peindre, & de la confufion qu'il en eut, apres auoir fatisfait à leur defir : Car auant cela on ne s'auifoit prefque pas des deffauts

que la Nature auoit mis ſur ſon viſage , &
on ne commença à les reconnoiſtre & à
s'en mocquer qu'apres qu'ils furent repre-
ſentez ſur la toile. La meſme choſe m'ar-
riuera ſans doute, quand ie mettray ſur le
papier les diſcours dont vous m'aſſeurez
que le recit vous a pleu ; Ils n'auront plus
pour vous la grace de la nouueauté qu'ils
auoient alors ; Ils ne ſeront plus accompagnez du plaiſir de la promenade & de la
conuerſation qui les rendoit agreables ; Et
paroiſſant deuant les yeux , dont le jugement eſt bien plus ſeuere que celuy des
oreilles , ils n'auront aucun deffaut qui ne
ſe faſſe remarquer , & qui ne me charge de
la honte & du regret de vous auoir obey.
Que ſera-ce donc quand i'auray d'autres
Iuges que vous qui eſtes mon amy , &
qui auez de la curioſité pour ces ſortes de
Sciences ? & quand ie trouueray dans le
public tous les Eſprits préoccupez de
cette opinion , que ce ſont des connoiſſances vaines , & dont tous les principes
& toutes les promeſſes ſont imaginaires?
Nonobſtant tous ces perils où vous m'en-

gagez, ie veux bien satisfaire à ce que
vous desirez de moy, & remettre à vn
examen plus serieux les choses que ie ne
vous ay dites que par diuertissement: Car
apres cette seconde épreuue que vous
en allez faire, si vous les iugez de bon alloy,
ie ne doute point qu'elles ne puissent &
qu'elles ne doiuent entrer dans le commerce des Lettres. Et certainement s'il y a
quelque chose de raisonnable dans les
coniectures que i'ay euës, & si du moins
elles peuuent faire naistre le soupçon d'vne
verité qui a esté ignorée iusques à present,
il est iuste d'en donner aduis au public,
afin d'exciter ceux qui trauaillent à la recherche des merueilles que Dieu a cachées dans l'Homme, à faire vne plus ample découuerte de celle-cy, & y adiouster
leurs obseruations, qui pourront acheuer
ce que ie n'auray fait que commencer.
Car quelque basse & vile que soit la Chiromance, la Philosophie y peut trouuer
des sujets qui ne seront pas indignes de
ses plus hautes & plus nobles meditations.
Elle ne dédaigne pas de descendre iusques

aux Arts les plus obſcurs pour les éclairer;
& ſemblable à la lumiere du Soleil qui ſe
meſle auec les choſes impures ſans ſe cor-
rompre & en tire des vapeurs qu'elle eſ-
leue iuſques aux plus hautes regions de
l'air: Elle s'abaiſſe ſans bleſſer ſa dignité
iuſques aux moindres effets de l'Art & de
la Nature & en tire des connoiſſances
qu'elle peut mettre au rang de ſes ſpecu-
lations les plus ſublimes. Et ſans doute
quoy que ie ne ſois pas de ceux par qui
elle puiſſe executer de ſi grands deſſeins;
Ie penſe pourtant auoir rencontré quelque choſe qui n'eſt pas indigne de ſes
ſoings; & qui ne doit pas ſeulement contenter la curioſité de ceux qui ayment la
Chiromance, mais qui peut encore ſeruir
à l'vſage de la Medecine. Car ſi ie puis
bien eſtablir ce principe , QVE CHAQVE
PARTIE NOBLE A VN CERTAIN ENDROIT
DE LA MAIN QVI LVY EST AFEECTÉ,
ET AVEC LEQVEL ELLE A VNE LIAISON
ET VNE SYMPATHIE PARTICVLIERE :
Outre que ce ſera vn grand preiugé pour
la diſpoſition des Planettes que cette Scien-

ce a placées aux mefmes lieux , & dont elle a fait le principal fondement de toutes
fes regles : On en tirera encore de fortes
prefomptions , pour iuger que la bonne
ou mauuaife difpofition des principes de
la vie fe peut connoiftre dans la Main ; &
qu'entre les autres parties du corps il y a
comme en celle-cy des rapports & des fympathies qui ne dépendent point de la diftribution des vaifleaux , ny de la ftructure qu'elles ont , mais d'vn fecret confentement qui les lie & les affocie enfemble.
Ce qui ne fera pas vn petit fecret pour
l'ouuerture des veines , & pour l'application des remedes en certains endroits,
comme nous dirons cy-apres.

C'eft donc à l'eftabliffement de ce grand
Principe que ie pretends m'occuper icy.
Car de défcendre iufques aux regles particulieres de cette fcience & d'en donner les
raifons, comme vous m'auez entendu faire
de quelques-vnes ; outre que ce feroit of-
fencer la feuerité de la Philofophie , que
de l'amufer à des chofes qui font pour la
plufpart fauffes ou incertaines , n'eftant
point

point verifiées par de iuftes obferuations;
ce feroit trop flater l'aueuglement de ceux
qui leur donnent plus de creance qu'elles
ne meritent ; & abufer mefme du temps
que nos occupations nous demandent.

Mais afin que vous ne vous plaigniez
pas de ce retranchement, i'adioufteray aux
difcours dont ie vous ay entretenu, les raifons qui m'ont fait entrer en foupçon qu'il
y auoit quelque verité dans la Chiromance , & qu'elle pouuoit auoir des fondemens plus affeurez que plufieurs ne s'ima-
ginent. Et ie ne doute point qu'elles ne faffent le mefme effet dans l'efprit de tous
ceux qui les voudront confiderer fans préoccupation , puis que les chofes mefmes
qui deuroient la rendre fufpecte, & rebu-
ter ceux qui s'y voudroient occuper , font
celles qui peuuent l'authorifer & faire naiftre l'enuie d'en auoir la connoiffance.

En effet comme le premier & principal
fondement de la Chiromance eft la difpofition des Planettes qu'elle a diuerfement
placées dans la Main : car elle a mis Iupiter
au premier doigt que l'on nomme *Index*,

X x

Saturne au second, le Soleil au troifiéme,
Mercure au quatriéme, Venus au poulce,
Mars au creux de la main, & la Lune dans
fa partie inferieure. Ce fondement dis-je
qui renuerfe l'ordre naturel des Planettes,
& qui par confequent femble eftre pluftoft
vn effet du caprice des premiers Inuen-
teurs de cette Science, que d'aucune raifon qu'ils ayent euë pour les ranger de la
forte ; bien loing de la pouuoir par là rendre fufpecte de fauffeté, eft à mon aduis
vne des chofes qui donne les premiers
foupçons de la verité qui s'y trouue. Car
il faut que l'Efprit humain qui eft fi amou-
reux de la proportion & qui par tout où il
la peut faire couler, ne manque iamais d'en
orner & d'en enrichir fes imaginations,
ne l'ait pas oubliée icy fans fujet, & qu'il
ait efté forcé par la verité des experiences
que l'on a faites, de changer l'ordre des
Planettes qu'il a conferué fi exactement
dans la Metopofcopie & dans mille autres
rencontres où il a eu la liberté d'en faire
l'application. Et fans doute fi c'eftoit vne
pure imagination, il eut efté plus facile &

plus raifonnable de mettre Saturne au premier doigt, Iupiter au fecond, Mars au
troifiéme, le Soleil au quatriéme, & fuiure
ainfi le rang que ces Eftoiles gardent entre
elles, que de les tranfpofer comme on a
fait. Ou s'il euft fallu le changer, il femble qu'il euft efté plus à propos de faire
gouuerner le plus grand doigt par le plus
grand aftre, ou de luy donner celuy qui eft
le plus mobile, que le 3. qui eft plus petit &
le moins agiffant. De forte qu'il y a grande apparence qu'vne fi extraordinaire difpofition des Planettes n'eft pas vn ouurage
de la phantaifie de ceux qui ont les premiers trauaillé à cette Science, mais de la
neceffité qu'ils ont euë de fuiure les raifons
& les experiences qui leur marquoient cette verité.

Mais l'obferuation qu'Ariftote a rapportée dans fon Hiftoire des Animaux, augmente bien ce premier foupçon. Car dans
cét ouurage incomparable où l'on peut dire que la Nature s'eft découuerte & s'eft
expliquée elle-mefme, il affeure que dans
la Main il y a des lignes qui felon qu'elles

X x ij

font longues ou courtes , marquent la longueur ou la briéveté de la vie. Et comme c'eſt là vne des premieres regles de la
Chiromance, il eſt à croire qu'elle ne luy
eſtoit pas inconnuë, & que cét admirable
Eſprit n'euſt pas voulu faire entrer dans vne
hiſtoire qui deuoit eſtre vn des plus beaux
portraits de la Nature, vne choſe douteuſe & de la verité de laquelle il n'euſt pas
eſté bien aſſeuré. Que ſi elle eſt certaine
comme l'experience l'a depuis confirmée,
il n'y a point de perſonne raiſonnable qui
ne iuge que la Main doit auoir vne liaiſon
plus forte auec les principes de la vie, que
toutes les autres parties exterieures où ces
marques ne ſe trouuent point ; Que ces
marques ſont des effets qui doiuent faire
connoiſtre la bonne ou mauuaiſe diſpoſition des principes d'où ils procedent ; Et
qu'enfin il y a dans cette partie des merueilles qui ne ſont pas encore bien connuës,
& que ſi l'on en pouuoit acquerir la connoiſſance on y trouueroit peut-eſtre celle
dont la Chiromance ſe vante.

Enfin qui voudra prendre garde que les

Lignes qui font dans la Main font differentes en tous les hommes ; qu'en vne
mefme perfonne elles changent de temps
en temps ; Et que toute cette diuerfité ne
peut venir d'aucune caufe interne qui
nous foit connuë ; Il fera contraint d'a-
uoüer que tous ces characteres font les
effets de quelque fecrete influence qui les
imprime en cette partie ; Et que ne fe faifant rien en vain dans la Nature, ils ont
leur vfage particulier & marquent à tout
le moins l'alteration qui fe fait dans les
principes qui les produifent. Car de vouloir rapporter ces impreffions à l'Articulation & aux Mouuemens de la Main,
comme quelques-vns ont fait, c'eft vne
chofe qui ne fe peut fouftenir ; puifque
les Articulations font égales en tous les
hommes qui ont pourtant toutes leurs lignes inégales ; Qu'il s'en trouue beaucoup
où il n'y a aucune Articulation, comme
dans l'efpace qui eft entre les iointures
des doigts ; Que les enfans qui viennent
de naiftre & qui tous ont eû les mains
fermées d'vne mefme forte fans faire

presque aucun mouuement, ont neantmoins beaucoup de lignes qui font differentes en chacun d'eux ; Que ceux qui
exercent vn mefme art & qui doiuent par
confequent faire à peu prés les mefmes
mouuemens, les ont neantmoins auffi diuerfes que s'ils eftoient de contraire pro-
feffion ; Qu'en vne mefme perfonne elles
changent , quoy qu'il n'y ait aucun changement dans fa façon de faire ; Et qu'enfin dans le front où il n'y a aucune Articulation, & que tous les hommes remuent
d'vne mefme maniere , il fe trouue encore
de pareilles lignes qui ont la mefme diuerfité que celles de la Main.

On peut encore adioufter à ces confiderations l'antiquité de la Chiromance,
qui doit auoir efté en vfage deuant Ariftote , puis que ce qu'il dit des lignes de
la main eft vne de fes obferuations & de
fes regles ; l'employ qu'elle a donné à tant
de fçauans hommes qui s'y font occupez
& qui l'ont mefmes honorée de leurs
Efcrits ; Et les iugemens admirables
que l'on a faits felon fes maximes. Car

c'eſt vne choſe qui va iuſques à l'eſtonnement que de 45. perſonnes que Cocles
auoit preueu par elle deuoir mourir de
mort violente , Cardan remarque qu'il
n'en reſtoit que deux qui de ſon temps
eſtoient encore en vie , à qui ce mal-heur
ne fuſt arriué.

Mais pour en dire franchement la verité, ce ne ſont là comme nous auons deſia marqué que de legers ſoupçons qui
ne concluënt pas pour la certitude de cette ſcience. Car pour l'ordre des Planettes qu'elle a changé , cela fait bien preſu-
mer qu'elle ne l'a pas fait ſans raiſon :
mais la queſtion demeure touſiours inde-
ciſe, à ſçauoir s'il eſt vray que ces Aſtres
ayent quelque pouuoir ſur la Main & ſi
chacun y a vn endroit particulier qui luy
ſoit affecté. L'authorité d'Ariſtote peut
auſſi eſtre conteſtée : Et toute cette diuerſité de lignes peut auoir d'autres
cauſes & d'autres vſages que ceux que
la Chiromance luy donne.

D'ailleurs quelque ancienne qu'el-
le puiſſe eſtre il y a de vieilles erreurs qui

ont abusé tous les siecles passez; Et quoy
qu'elle ait esté cultiuée par de grands Esprits, il y en a eu de tout temps qui se font
amusez à des curiositez aussi vaines que
peut estre celle-cy. Enfin tous les témoins
& les exemples que l'on apporte pour la deffendre, ne doiuent pas auoir plus de poids
ny plus de force que ceux dont se vante
la Geomance, l'Onomancie, & autres fortes de diuination qui font toutes imaginaires & superstitieuses, & qui pourtant
ne manquent pas de protecteurs ny de
succez dans les iugemens qu'elles font.

D'vn autre costé toutes ces dernieres
raisons ne la condamnent pas tout à fait
& ne font autre chose contr'elle sinon
qu'elles la rendent douteuse, laissant l'esprit dans l'incertitude de ce qu'il en doit
croire & dans le desir de s'en éclaircir.
Or le seul moyen pour arriuer là, c'est
d'en examiner les Principes, & de voir s'il
y a des raisons qui les puissent soustenir:
Car s'il s'en trouue des certains & de bien
establis, il n'y a point à mon aduis, de
personne raisonnable qui ioignant les precedens

cedens foupçons auec la verité de ces Principes, ne confeffe que fi la Science qu'on
a baftie deffus n'eft pas encore bien affeurée, elle le peut deuenir par les diligentes
& exactes obferuations qu'on y peut adjoufter: Et que fi elle ne peut promettre
tout ce que l'Aftrologie luy fait efperer
par les Aftres qu'elle a placez dans la Main;
Elle peut du moins iuger de la bonne ou
mauuaife difpofition des parties interieures qui ont fympathie auec elle, & donner
par là de grandes ouuertures pour la con-
feruation de la fanté & pour la guerifon
des maladies. Car quand elle feroit reftrain-
te dans ces bornes & qu'elle ne fe pourroit
vanter d'autres chofes, ce feroit toufiours
vne Science tres-confiderable, & qui par
l'excellence de fes connoiffances & par l'v-
tilité qu'elle peut apporter feroit digne de
la curiofité des plus feueres Philofophes &
de tous ceux qui s'appliquent à la recherche des merueilles de la Nature.

Ce font là les confiderations que i'ay euës
auant que de mettre à l'examen le Principe
dont i'ay parlé cy-deffus, qui eft à vray dire

Y y

le principal fondement fur lequel la difpofition des Planettes dans les diuers endroits de la Main eft appuyée & prefque
l'vnique fource d'où fe tirent tous les iugemens que la Chiromance peut promettre.

La methode que i'y ay tenuë eft de
monftrer,
1. *Qu'il y a des fituations plus nobles les vnes que les autres.*
2. *Que les plus nobles fituations font defti-nées pour les parties les plus excellentes & que l'excellence des parties fe tire de l'vtilité qu'elles apportent.*
3. *Quelles vtilitez apportent les Mains.*
4. *Que la Main droite eft plus noble que la gauche.*
5. *Que le mouuement commence au cofté droit.*
6. *Que les Mains ont vn plus grand par-tage de la chaleur naturelle.*
7. *Que les Mains ont plus de communica-tion auec les parties nobles.*
8. *Que les parties nobles enuoyent aux*

Mains de secretes vertus.

9. *Que la nature ne confond point les ver-*
tus, & par consequent

10. *Que les vertus des parties nobles ne sont*
pas receuës aux mesmes endroits de la Main.

11. *Que le Foye a sympathie auec le premier*
doigt.

12. *Que le Cœur a sympathie auec le troi-*
siesme doigt.

13. *Que la Rate a sympathie auec le grand*
doigt.

14. *Que toutes les parties interieures ont*
sympathie auec les autres parties de la
Main.

15. *Que le visage est vn racourcy de tou-*
tes les parties exterieures.

16. *Que toutes les parties ont sympathie les*
vnes auec les autres; &

17. *Que la distribution des Veines qu'Hip-*
pocrate a faite pour marquer cette sympa-
thie, n'a point esté entenduë d'Aristote ny
de Galien.

18. *D'où vient la Rectitude que la nature*
garde dans ses euacuations.

19. *Que les Astres dominent dans les diuer-*

ses parties de la Main.

20. *Que les Aſtres gouuernent les parties*
    interieures.

21. *Que la Lune domine ſur le Cerueau.*

22. *Que le Soleil gouuerne le Cœur.*

23. *Que les autres Planetes gouuernent les*
    autres parties interieures.

24. *Que les principes eſtablis reglent beau-*
    coup de choſes douteuſes dans la Chiro-
    mance.

Article 1.
Qu'il y a des
Situations plus
nobles les vnes
que les autres.

POVR donner vn ſolide commencement à cette recherche ; Il faut remarquer qu'il y a trois ordres de SITVATION
dans leſquels toutes les parties des Animaux, ſi on en excepte le Cœur, ſe trouuent placées, le Haut & le Bas, le Droit &
le Gauche, le Deuant & le Derriere. Mais
ils ne ſont pas égaux en origine ny en dignité, & il y a diuerſité de perfection non
ſeulement entr'eux, mais encore entre les
termes & les differences dont ils ſont compoſez. Car le Deuant & le Derriere ſont
plus nobles que le Droit & le Gauche, &
ceux-cy que le Haut & le Bas : Mais enco-

re le Deuant eſt plus noble que le Derriere,
le Droit que le Gauche, & le Haut que le
Bas.

La raiſon de cette diuerſité vient premierement de ce que ces trois ordres de
Situation répondent aux trois dimenſions
qui ſe trouuent en tout corps naturel, la
Longueur, la Largeur & la Profondeur;
comme celles-cy répondent aux trois eſpeces de quantité qui entrent en tout
corps Mathematique, la Ligne, la Surface
& le Solide. Car la ligne fait la Longueur,
& la longueur produit le Haut & le Bas;
De la Surface vient la largeur & de celle-cy
le Droit & le Gauche; Et le Solide produit
la profondeur, comme la profondeur fait
naiſtre le Deuant & le Derriere.

Or comme la ligne eſt plus ſimple &
premiere par nature que la ſurface, & celle-cy que le ſolide; auſſi la longueur deuance naturellement la largeur, & celle-
cy la profondeur; Et en ſuite l'ordre de ſituation du Haut & du Bas eſt plus ſimple &
premier que celuy du Droit & du Gauche,
comme celuy-cy l'eſt à l'égard du Deuant

Yy iij

& du Derriere. De sorte'que la Nature faisant tousiours ses progrez des choses les
moins parfaites à celles qui le sont dauantage, il s'ensuit non seulement que la ligne
& la longueur sont moins parfaites que le
solide & la profondeur ; Mais encore que
la mesme diuersité se trouue dans les ordres de situation qui répondent à chacune d'elles : Et que par consequent celle du
Deuant & du Derriere est la plus noble;que
celle du Droit & du Gauche l'est apres, &
que celle du Haut & du Bas l'est moins,
comme estant la premiere & la plus simple
de toutes.

En effet nous voyons que toutes ces choses ont esté distribuées aux corps selon l'excellence qu'ils deuoient auoir : Car ceux
qui sont viuans croissent premierement en
longueur, & en se perfectionnant ils acquierent la largeur & la profondeur : Les
Plantes ont bien le Haut & le Bas, mais elles sont priuées du Droit & du Gauche, du
Deuant & du Derriere. Il n'y a que les Animaux qui possedent ces dernieres differences ; Encore y en a-t'il qui ne les ont pas

toutes, cela n'eſtant reſerué que pour ceux qui ont les parties mieux diſtinguées & le mouuement plus regulier.

Ce n'eſt pas pourtant à dire que toutes ces ſortes de ſituation ne ſe puiſſent trouuer dans les corps purement naturels, mais elles y ſont incertaines & eſtrangeres n'ayant aucun principe interne qui les arreſte & les détermine, & ce n'eſt que par rapport aux choſes animées qu'elles s'y font remarquer. Car ce qui eſt le Haut & le Deuant d'vn pilier, en peut eſtre le Bas & le Derriere, & celuy qui eſt à Droit peut eſtre mis à Gauche ſans meſme qu'il change de place. Mais il n'en va pas ainſi dans les choſes viuantes & animées, où toutes les differences de ſituation qu'ont leurs parties ſont inuariables, eſtant fixées & determinées par les vertus & par les operations de l'Ame. Voila pour ce qui concerne les genres de ſituation comparez entr'eux.

Mais qui voudra conſiderer les termes & les differences dont chacun eſt compoſé, trouuera encore qu'il y en a touſiours vne qui eſt plus noble que l'autre, parce que

c'en eſt le principe, & que le principe eſt
plus excellent que ce qui en dépend : Car
le Haut eſt le principe du Bas, le Droit l'eſt
du Gauche, comme le Deuant l'eſt du Derriere.

En effet le Commencement eſt vne ſorte de principe, & le commencement des
trois principales operations de l'Ame ſe fait
en ces trois differences de Situation. Car
la Nutrition commence par le Haut, le Mouuement par le Droit, & le Sentiment par le
Deuant. Et de vray la Bouche qui eſt la premiere porte des alimens d'où ils ſont apres
diſtribuez par tout le Corps, fait le Haut
dans tous les Animaux, comme la Racine
le fait dans les Plantes; D'où vient que la
langue Latine appelle hautes, les Racines
qui ſont profondes ; Et l'on a dit que
l'Homme eſtoit vn arbre renuerſé, non
parce que ſes cheueux qui ont quelque reſſemblance auec les racines, ſont en haut
& celles-cy bas; mais parce qu'il a ſa bouche directement oppoſée à celle des arbres:
Car on ne peut douter que la Racine ne ſoit
la bouche des Plantes puis qu'elles prennent

nent par là leur nourriture & que de là elle eſt portée à toutes leurs autres parties.
Le ſentiment commence auſſi par le deuant, car hors le ſens du toucher qui a deu
eſtre répandu par toutes les parties de l'Animal, tous les autres ſens ſont placez au deuant, parce que les ſens deuoient conduire
& regler le Mouuement qui ſe fait toujours
en auant ; & qui commence par le coſté
droit, comme nous monſtrerons cy-apres.
D'où il s'enſuit que le Haut, le Droit & le
Deuant ſont les principes des autres &
qu'ils ſont par conſequent plus nobles
qu'eux.

OR la nature tient cette maxime qu'elle place les choſes les plus excellentes
dans les lieux qui ſont les plus nobles, comme on peut voir dans l'ordre où elle a mis
toutes les principales parties de l'Vniuers;
Et partant il faut que dans l'Hôme qui eſt
le racourcy & l'abregé du monde, les parties ayent auſſi vn rang conforme à leur dignité ; Et que l'on puiſſe dire, non ſeulement que les plus excellentes ſont dans la

Article 2.
De la ſituation
des parties ex-
cellentes.

Z z

plus noble situation, mais encore que celles qui sont dans la plus noble situation sont les plus excellentes. Car il s'ensuit de là que les Mains qui sont au haut, sont plus excellentes que les pieds qui sont au bas, & la Main qui est au costé droit que celle qui est au costé gauche. Mais comme l'Excellence des parties se tire de l'vtilité qu'elles apportent à l'Animal, il faut voir pour le dessein que nous auons entrepris à quoy peuuent seruir les Mains, en quoy elles sont plus vtiles que les Pieds, & quel vsage a la Droite par dessus la Gauche.

Art. 3.
A quoy seruent les Mains.

PRemierement il est certain que tous les Animaux qui sont composez de sang & que pour cette raison on appelle parfaits, ont esté pourueus de quatre organes pour se mouuoir d'vn lieu à l'autre lesquels répondent aux quatre premieres differences de situation que nous venons de marquer, à sçauoir au Haut & au Bas, au Droit & au Gauche. Car il n'y a point eu d'instrumens qui répondent aux deux dernieres, à sçauoir au Derriere & au Deuant, ne se trou-

uant aucun animal parfait qui se meuue naturellement en arriere,& les autres organes
pouuant satisfaire au mouuement qui se
fait en auant,comme l'experience fait voir.
Cette verité paroist dans tous les genres
des Animaux parfaits ; veu que la pluspart
de ceux qui sont terrestres ont quatre
pieds ; les oyseaux en ont deux auec deux
aisles ; les poissons ont quatre nageoires ;
& les serpens font quatre plis differens. Et
toutes ces parties leur sont tellement neceffaires pour le mouuement progressif qui
leur est naturel, que s'il leur en manquoit
quelqu'vne, ils ne le pourroient faire qu'a-
uec peine. Car les oyseaux ne peuuent
voler quand ils ont les iambes rompuës; ny
les poissons nager quand ils ont perdu quelqu'vne de leurs nageoires ; ny les serpens
ramper si on leur a coupé les parties du
corps qui font les derniers plis de leur mou-
uement.D'où il faut conclure que les Mains
qui sont du rang de ces quatre instrumens
qui sont destinez au mouuement progressif, seruent à celuy de l'Homme & que s'il
en estoit priué il ne feroit pas ce mouue-

ment auec tant de facilité. En effet on ne
peut courir qu'auec grande peine quand
on a les mains liées, on ferme & ferre les
poings quand on veut fauter, & dans le
marcher ordinaire le bras fe retire toujours en arriere quand la iambe du mefme
cofté s'auance. A quoy il faut adioufter
que dans l'enfance elles feruent de pieds;
que lors qu'on eft tombé on ne peut fe
releuer fans elles ; & que s'il faut monter
ou defcendre en des lieux difficiles elles
ne font pas moins vtiles que les iambes.
Qui font des marques éuidentes que ces
parties contribuent au Mouuement pro-
greffif de l'homme.

Mais comme la Nature eft vne grande
ménagere des chofes qu'elle fait & qu'elle
en tire tous les feruices qu'elle peut, elle ne
s'eft pas contentée de ce premier vfage
qu'elle a donné aux Mains; elle les a encore
deftinées à tant d'autres employs qu'il eft
prefque impoffible de les marquer & d'en
tenir compte. De forte qu'on a efté contraint de les mettre en paralelle auec l'Entendement, & de dire que comme il eftoit

la forme des formes , les ayant toutes en
puiſſance , les Mains eſtoient auſſi l'inſtrument des inſtrumens, ayant tout ſeul la vertu de tous les autres. Car c'eſt par elles que
l'Homme prend & retient les choſes qui
luy ſont neceſſaires & agreables ; c'eſt par
elles qu'il ſe deffend & qu'il vient à bout de
celles qui luy ſont nuiſibles & dommageables ; Ce ſont enfin les principales ouurie-
res de tous les Arts & les outils generaux
dont l'Eſprit ſe ſert pour mettre au iour ſes
plus belles & plus vtiles inuentions. Et
ſans doute elles donnent vn ſi grand auantage à l'Homme par deſſus les autres Animaux, que ſi l'on ne peut pas dire comme
cét ancien Philoſophe , qu'il eſt Sage parce qu'il a des Mains, on peut du moins aſſeurer qu'il paroiſt Sage, parce qu'il a des
Mains. Apres cela il ne faut pas s'eſtonner
ſi elles ont eſté placées au haut bout comme au lieu le plus honorable , & ſi la Nature les a approchées autant qu'elle a pû du
ſiege de la Raiſon & des Sens , auec leſquels
elles ont tant de commerce & de liaiſon.

MAis quoy qu'elle les ait mises en mesme rang pour ce regard, elles ne luy sont pas pourtant en mesme consideration: Elle traite la DROITE comme l'aisnée & comme celle qui est la premiere en dignité. Car si les choses qui sont les plus actiues sont les plus excellentes & les plus considerables, il faut que la Main Droite qui est plus forte & plus agile que la Gauche, soit aussi la plus excellente. Or elle a plus de force & d'agilité, parce qu'elle a plus de chaleur qui est la source de ces qualitez-là: Et elle a plus de chaleur, non seulement parce qu'elle est du mesme costé que le ventricule droit du Cœur où le sang est le plus chaud & le plus boüillant; non seulement parce que le Foye qui est la source du sang est plus proche d'elle; non seulement parce que les veines de toutes les parties droites sont plus amples, comme dit Hippocrate; mais encore parce qu'elle est placée au costé Droit où le mouuement doit tousiours commencer.

Car comme les esprits sont les princi-

paux organes de toutes les actions du corps
& que la Nature les enuoye plus abondamment où elles doiuent eſtre les plus fortes & les plus penibles; Il ne faut pas douter
que le mouuement deuant commencer au
coſté Droit & tous les appreſts qui luy ſont
neceſſaires & le principal effort qu'il demande ſe deuant faire en cét endroit; il
n'y ait vne plus grande quantité d'eſprits
qui y accourent, qui l'échauffent & qui
le fortifient par la chaleur qu'ils portent
auec eux & par les ſecretes influences
des principes de la vie qu'ils luy communiquent. De là vient que les parties meſmes qui ne ſeruent de rien au Mouuement
& qui ſont de ce coſté-là, ſe reſſentent de
cette force & de cette vigueur qui eſtoit
deſtinée pour cette ſeule action. Car l'œil
droit eſt plus fort & plus exact que le gauche, & la rectitude de la veuë qui ſe fait
par tous les deux enſemble, dépend ab-
ſolument de luy : Tous les organes qui
ſeruent à la generation & qui ſont ce coſté-
là forment les maſles, & ceux qui ſont au
gauche les femelles : Et generalement par-

368 *Difcours fur les Principes*
fant les maladies attaquent plus ordinairement les parties gauches comme celles qui
ont le moins de chaleur & qui font par confequent les plus foibles.

Art. 5.
*Que le mouve-
ment commence
au cofté droit.*OR que le Mouuement commence
naturellement au cofté Droit, c'eft
vne verité qui ne peut eftre conteftée fi
l'on confidere ce qui fe paffe dans tous les
Animaux. Car ceux qui font à quatre pieds
commencent toufiours à marcher par le
pied droit de deuant ; Et les autres qui n'en
ont que deux leuent toufiours le droit le
premier. On porte mieux les fardeaux fur
l'épaule gauche que fur la droite , parce
qu'il faut que le principe du mouuement
foit libre & débaraffé : Et les Peintres n'oublient iamais dans l'affiete qu'ils donnent
à leurs figures , de tenir la iambe gauche
auancée comme on la tient ordinairement
quand on eft debout, dautant que c'eft la
pofture qui met la droite en eftat de fe mouuoir quand on voudra marcher. Il fe trouue mefme des animaux qui n'ayant pû, à
caufe de leur figure, auoir les deux differences

ces du Droit & du Gauche , comme les
Pourpres & tous les autres qui ont leur é-
caille en forme de limaçon, n'ont pas pourtant esté priuez de celle du Droit ; parce
que se deuant mouuoir, il falloit qu'ils euffent le principe du Mouuement.

Toutes ces veritez estans donc ainsi esta-
blies, à sçauoir, Qu'il y a des lieux & des endroits dans le corps qui sont plus ou moins
nobles; Que les plus nobles sont destinez
pour y placer les parties les plus excellentes ; Que l'excellence des parties se tire de
l'vtilité qu'elles apportent ; Et que par consequent les Mains qui par les diuers serui-
ces qu'elles rendent sont placées au haut
comme au lieu le plus noble , doiuent estre
plus excellentes que les Pieds.

Il reste maintenant à monstrer qu'elles
reçoiuent vn secours plus considerable des
principes de la vie , & que toutes les parties nobles leur communiquent quelque
vertu plus grande qu'à quelqu'autre que
ce soit.

AAa

Art. 6.
Que les Mains
ont vn plus grãd
partage de la
chaleur natu-
relle.

A Ce deſſein il faut premierement remarquer que la Nature a plus de ſoin
des parties qui ſont les plus excellentes ;
qu'elle les forme ordinairent les premieres;
& qu'elle apporte plus d'art à les faire, &
plus de preuoyance pour les conſeruer
qu'elle ne fait aux autres. Cela paroiſt dans
l'ordre qu'elle garde dans leur premiere
conformation: Car apres le Cœur & le Cerueau qu'elle ébauche les premiers, les yeux
qui ſans difficulté ſont les plus délicats &
les plus nobles organes, paroiſſent auant
toutes les autres parties, & meſmes auant
qu'il y ait aucun veſtige du Foye, de la Rate
& des Reins.　La Bouche en tous les Animaux eſt auſſi vne des premieres formées
apres les Yeux; Les organes du mouuement
progreſſif ſe voyent en ſuite, & puis on remarque le Foye, la Rate & les autres viſ-
ceres; comme font foy les dernieres & les
plus exactes obſeruations de l'Anatomie.
D'ailleurs nous voyons que les parties hautes ſont pluſtoſt acheuées & que les enfans
les ont plus grandes & plus fortes que les

baſſes; D'où vient qu'ils ont tous la meſme
proportion qui ſe trouue dans la taille des
Nains, & qu'ils ont peine à marcher, parce qu'ils ont les iambes trop courtes & trop
foibles.

Or il eſt certain que tout le ſoin que la
Nature prend des parties, ſoit en les formant les premieres, ſoit en auançant leur
perfection, dépend de la chaleur naturelle
qu'elle leur communique en plus grande
abondance. Car c'eſt l'inſtrument general
de toutes ſes actions & le veritable ſuiet
où reſident toutes ſes facultez. De ſorte
que s'il y a des parties qui ſoient formées
les premieres, il faut qu'elles ayent eu les
premieres portions de cette chaleur qui eſt
toûjours plus pure & plus efficace dans ſa
ſource : Et ſi elles ſe perfectionnent auant
les autres, il faut que ce ſoit par vne application particuliere de cette qualité qui
agit là plus fortement qu'en vn autre endroit; & qui pour ce ſujet eſt inceſſamment
ſecouruë par l'influence des Eſprits qui
l'augmentent & la fortifient. D'où ils s'en-

fuit que les Mains qui font formées aüant
tant d'autres parties & qui fe trouuent plû-
toft parfaites & accomplies que les Pieds,
ont eu auffi vn plus auantageux partage de
la chaleur naturelle & vne plus ample diftribution des Efprits que celles-là n'ont
euë.

Article 7.
Que les Mains
ont plus de com-
munication a-
uec les parties
nobles.

MAIS fi nous voulons confiderer ces
parties dans vn eftat plus parfait &
dans le temps qu'elles peuuent executer
les principales fonctions où elles font defti-
nées, il eft certain que le Cœur, le Foye &
le Cerueau leur communiquent quelque
vertu plus grande qu'ils ne font aux autres parties. Car outre les actions de la vie,
naturelle & fenfitiue qui leur font communes auec elles, le Mouuement progref-
fif leur eft particulierement referué. De
forte que pour faire cette action où il y a
plus de peine & où il faut plus de forces,
elles ont befoin qu'il leur vienne vn p'us
grand fecours & vne plus forte influence
de la part de ces membres principaux, qu'il
n'en eft neceffaire aux autres actions de la

vie. Ainſi il leur faut plus de ſang, plus de
chaleur & plus d'eſprits ; plus de ſang pour
rendre leur conſiſtance plus ferme, plus de
chaleur vitale pour leur inſpirer plus de
force, & plus d'eſprits animaux pour leur
porter outre le ſentiment, la faculté motiue : Car ſans ces conditions-là ces organes
ſont inutiles & aucun mouuement ne ſe
peut faire. En vn mot, puis que les inſtrumens ne ſont inſtrumens que par la vertu
qu'ils tirent de la cauſe qui les employe, il
faut que ces parties qui ſont les inſtrumens
du Mouuement, reçoiuent auſſi des principes du Mouuement la vertu qui les fait
agir ; Et par conſequent ils ont cette vertu
de plus que les autres, ils ont de plus les Eſprits qui la leur portent, ils ont donc auſſi
plus de communication auec les parties nobles qui ſont les ſources de ces eſprits & de
cette vertu.

Cette raiſon eſt à la verité commune
aux Mains & aux Pieds à l'égard des autres
parties ; mais ſi l'on y adiouſte l'auantage
que la ſituation haute a par deſſus la baſſe,
l'excellence des parties qui y ſont placées,

& les soings particuliers que la Nature en
prend, comme nous auons monstré ; elle
fera voir que dans cette distribution d'esprits & de vertus, les Mains ont esté les
mieux partagées, & par consequent qu'elles ont plus de communication auec les
parties nobles que les Pieds, ou quelqu'autre membre que ce soit.

Art. 8.
Que les par-
ties nobles en-
noyent aux
Mains de secre-
tes vertus.

MAIS outre cette communication
qu'elles ont auec elles par le moyen
des veines, des arteres & des nerfs, il y en
a d'autres plus secretes qui ont des voyes
& des passages plus obscurs, & qui neantmoins découurent bien plus clairement la
verité que nous cherchons. Car s'il est veritable ques Lignes de la Main marquent la
longueur & la briéfueté de la vie, selon
qu'elles sont longues ou courtes, comme
Aristote & l'experience nous l'apprennent;
Il faut non seulement qu'il y ait vn plus
grand rapport & vne plus forte liaison des
principes de la vie auec elle, qu'il n'y en a
auec toutes les autres parties où ces marques ne se trouuent point : Mais encore il

eft neceffaire que les parties nobles qui font les fources où ces principes de vie font renfermez, luy communiquent quelque fecrete influence qui ne fe puiffe rapporter aux vertus ordinaires & manifeftes qu'elle en reçoit; puis que le fang ny les efprits, la chaleur ny le mouuement qu'elles luy diftribuent, ne feruent de rien à rendre fes lignes longues ou courtes, ny à marquer la longueur ou la briefueté de la vie.

CEtte fecrete fympathie qui eft entre la Main & les parties nobles eftant donc prefuppofée, en attendant que nous la prouuions plus amplement par des obferuations plus iuftes & plus particulieres: Il faut mettre pour vn principe certain, que la Nature ne confond point les vertus, principalement les formelles & fpecifiques qui ont tant foit peu d'oppofition entr'elles, & qu'elle les fepare toufiours autant qu'elle peut. Car fans mettre en auant les maximes de l'Aftrologie qui a diuifé le Ciel en tant de Planetes & d'Eftoiles, en tant de Signes & de Maifons differentes en vertu:

Articl. 9. *Que la nature ne confond pas les vertus.*

Il n'y a aucun ordre de chofes dans l'Vniuers, où cette verité ne fe reconnoiffe. Dans
les Animaux parfaits les qualitez qui font
neceffaires à la generation ont efté partagées aux deux Sexes ; dans chacun d'eux
les facultez qui gouuernent la vie ont chacune leur Siege particulier ; Et tous les Sens
ont leur organe propre & leur fonction feparée. Qu'on examine les Plantes, les Mi-
neraux & les Pierres, on y trouuera la mefme diftinction : Et fans s'amufer au détail
qu'on en pourroit faire, il fuffit de la remarquer dans l'Aymant où elle eft fi fenfible qu'on n'en peut douter fans aueuglement & fans ftupidité. Car dans vn corps
homogene, dont la compofition eft égale
par tout & où il femble que toutes les parties deuroient auoir vne mefme puiffance;
Il fe trouue neantmoins qu'il y en a quelques-vnes aufquelles les qualitez magneti-
ques ont efté partagées, & qu'il y a deux
poles où elles ont efté placées feparement.
Et fi ce que l'on pretend auoir obferué depuis peu eft veritable, qu'il y a vn Meridien fixe en cette pierre, il faut que tous
les

les autres le soient aussi, & par consequent ils ont chacun vne inclination differente. Tant il est vray que la Nature ayme à separer les vertus, tant elle en hait la confusion & le meslange. En effet si elle ne gardoit exactement cét ordre, les choses se feroient souuent contre son dessein, vne qualité en destruiroit vne autre, & les effets ne répondroient pas à leurs causes ny à la fin où ils sont destinez.

SI cela est ainsi & s'il y a des vertus particulieres que les parties nobles communiquent à la Main, il faut qu'elles ne se confondent point ensemble, qu'elles ne soient pas placées en mesme endroit; Et partant il faut qu'il y ait vn lieu destiné pour celle du Foye, vn autre pour celle du Cœur, & ainsi de toutes les autres.

Article 10. *Que les vertus des parties nobles ne sont pas placées aux mesmes endroits de la Main.*

Mais la grande difficulté est de sçauoir quels sont ces endroits & ces lieux particuliers où ces influences sont receuës. Car bien que la Chiromance nous asseure que le premier doigt a sympathie auec le Foye, le second auec la Rate, le troisiéme auec le

Cœur, &c. Elle n'apporte aucune preuue
conuaincante de cette verité ; Et quelques experiences qu'elle mette en auant
pour la souftenir, elles laiffent toûjours en
doute ceux qui ne se veulent payer que de
raifons, & paffent fouuent dans leur efprit
pour des phantaifies & des grotefques que
la curiofité humaine s'eft forgées. A la
verité qui pourroit bien eftablir cette fympathie par des obferuations qui fuffent
faites dans vn autre reffort que celuy de la
Chiromance, & que la Medecine ou quelqu'autre partie de la Phyfique eût fournies ; il fe pourroit vanter d'auoir décou-
uert le myftere de cette fcience , & d'auoir
trouué l'vnique fondement fur lequel la
verité de tous les autres eft appuyée. Pour
moy ie ne pretends pas apporter toutes
celles qui feroient neceffaires pour en faire la preuue entiere : Ie croy neantmoins
en auoir quelques-vnes qui la peuuent
commencer ; Et qui apres en auoir demonftré vne partie, laifferont vne prefomption
inuincible pour tout le refte, & l'efperance qu'on pourra l'acheuer apres auoir foi-

gneufement obferué ce qui arriue à cét
organe admirable.

L A premiere que nous deuons donc
proposer, eſt pour monſtrer le confentement & la ſympathie que le Foye a
auec le premier doigt que l'on nomme
Index. Elle eſt tirée de la Médecine qui
nous apprend que la Ladrerie a ſa ſource &
ſon ſiege principal dans le Foye ; & qu'vn
des premiers ſignes qu'elle donne pour ſe
faire connoiſtre, paroiſt à ce doigt-là. Car
lors que tous les muſcles de la Main & de
tout le Corps meſme ſont pleins & ſuccu-
lens, ceux qui ſeruent au mouuement de
ce doigt ſe fletriſſent & ſe deſſeichent ;
principalement celuy qui eſt dans le The-
nar, c'eſt à dire, dans l'eſpace qui eſt entre
luy & le poulce ; où tout ce qui eſt de
charneux ſe conſume & où il ne reſte que
la peau & les fibres qui ſont applaties contre l'os. Or cela ne peut arriuer de la ſorte qu'il n'y ait quelque analogie & quelque ſecret commerce entre le Foye & cette partie, puiſque c'eſt vne des premieres

Art. 11.
Que le Foye a
ſympathie auec
le doigt Index.

BBb ij

qui reffent l'alteration qui fe fait dans fa fubftance: Eftant vray de dire qu'il n'y a point de maladie qui corrompe tant la nature du Foye & qui deftruife non feulement fa vertu mais fa fubftance mefme, comme celle-cy, qui pour ce fuiet eft appellée le Cancer vniuerfel du Foye & de la maffe du fang. Galien fans doute ignoroit cette fympathie que le raifonnement tout feul ne fçauroit découurir, quand pour en eftre inftruit il eût befoin qu'elle luy fuft reuelée en fonge: Car il rapporte que s'eftant trouué attaqué d'vne violente douleur qui luy faifoit craindre vn abfçez dans le Foye, il eut aduis en dormant de fe faire ouurir l'artere qui coule le long de ce doigt, & que ce remede luy appaifa en vn moment la douleur qu'il auoit reffentie fort long-temps auparauant. Ce qui marque éuidemment qu'il y a quelque communication particuliere entre ces deux parties & quelque amitié fecrete qui les lie enfemble.

L A feconde obferuation eft pour montrer celle que le Cœur a auffi auec le
troifiéme doigt que l'on appelle Annulai-
re, parce qu'on y porte ordinairement les
anneaux. Car c'eft vne chofe merueilleu-
fe, que lors que la goute tombe fur les
mains, ce Doigt en eft toûjours le dernier
attaqué; Et Leuinus rapporte qu'en tous
ceux qu'il a veus trauaillez de ce mal, le
troifiéme Doigt de la main gauche s'eft
toûjours trouué libre, pendant que les
autres eftoient cruellement affligez d'inflammation & de douleur.

Or comme les parties refiftent plus ou
moins aux maladies felon qu'elles ont plus
ou moins de force, & que la force dépend du plus ou du moins de chaleur naturelle qu'elles ont, il faut que ce Doigt
en ait plus que les autres, puis qu'il ré-
fifte dauantage au mal qu'elles ne font.
Et parce que le partage de la chaleur naturelle vient, ou de la premiere conformation des parties, ou de l'influence que
le principe de la chaleur leur communi-

Art. 12.
Que le Cœur a
fympathie auec
le doigt Annu-
laire.

BBb iij

que ; Et qu'il n'y a pas d'apparence que ce
Doigt qui a la mesme structure & la mesme composition que les autres ait plus
qu'eux de cette chaleur fixe & originelle
qui se départ à la naissance ; il s'ensuit que
celle qu'il a, vient de l'influence que le
principe de la chaleur luy envoye plus
abondamment qu'aux autres ; Et par consequent il a plus de communication, plus
de dépendance & plus de liaison auec le
Cœur, qui sans contestation est le principe de cette chaleur, que n'ont tous les
doigts ensemble.

Cette sympathie n'a pas esté ignorée de
l'antiquité ; Et l'Histoire nous apprend que
les anciens Medecins ont creu que ce Doigt
auoit quelque vertu cordiale, s'en seruant priuatiuement à tous les autres pour
mesler les medicamens qui entroient
dans leurs antidotes ; D'où vient qu'ils
luy ont donné le nom de doigt Medical que la langue Latine luy conserue
encore ; Que c'est vne des raisons pour laquelle on y a tousiours porté les anneaux ;
Et que plusieurs y appliquent des remedes

pour les foibleſſes du Cœur, comme Leuinus dit en auoir ſouuent fait l'experience, & pour la gueriſon des fiévres inter-
mittentes, comme quelques-vns font encore auec heureux ſuccez. Auſſi y a-t'il
long-temps qu'on s'eſt mis en peine de
trouuer la cauſe de l'intelligence & du rapport qui eſt entre ces deux parties : Car
les vns côme Appion dans Aule-gelle, ont
dit qu'il y auoit vn nerf qui procedoit du
Cœur & aboutiſſoit à ce doigt ; D'autres
ont aſſeuré que c'eſtoit vne artere qui fai-
ſoit cette liaiſon ; Et qu'on la ſent manife-
ſtement battre aux femmes qui accou-
chent, à ceux qui font laſſez du trauail &
en toutes les maladies où le Cœur eſt attaqué. Mais quoy que cette derniere opinion ſoit la plus vray-ſemblable, elle n'oſte
pas tout à fait la difficulté, parce que les
autres doigts ont chacun vne artere auſſi
bien que celuy-cy, laquelle vient du meſme rameau & de la meſme ſource que la
ſienne. Ioint qu'il n'eſt pas neceſſaire qu'il
y ait des conduits manifeſtes pour porter
ces vertus, la Nature comme dit Hippocra-

te se faisant des voyes & des chemins se-
crets pour faire non seulement passer ses
facultez mais les humeurs mesmes qu'elle
veut chasser.

Art. 13.
Que la Rate
a sympathie
auec le grand
doigt.

IE pourrois adiouster pour vne troisiéme
Obseruation qui feroit voir la sympathie de la Rate auec le grand Doigt, les merueilleux effets que l'ouuerture de la Salua-
telle produit dans les maladies de la Rate.
Car cette veine coulant ordinairement entre le grand Doigt & le troisiéme comme
dit Hippocrate, ou entre celuy-cy & le
petit, enuoyant quelque rameau au grand
Doigt; on peut tres-probablement croire
que la vertu de la Rate se porte par cette
veine à ce Doigt-là, & que le troisiéme
estant occupé par l'influence du Cœur il
ne peut receuoir celle de la Rate, s'il est
vray que les vertus ne se confondent point
comme nous auons monstré. En effet quoy
qu'en veuillent dire nos nouueaux Practi-
ciens, l'experience iointe à l'authorité des
premiers maistres de l'Art est plus forte que
toutes les raisons qu'ils sçauroient apporter.

ter. Car outre qu'il eſt dangereux de vouloir ſoûmettre toutes les regles de la Medecine au raiſonnement qui ſouuent eſt
foible ou trompeur, & d'abandonner les
ſentimens des Anciens qui ont eſté plus iuſtes obſeruateurs des choſes que ceux qui
ſont venus apres eux; Ie puis dire auec verité qu'ayant fait faire plus de ſoixante
fois l'ouuerture de cette veine dans les fiévres quartes, elle n'a iamais manqué apres
les preparations neceſſaires, ou de faire ceſſer la fiévre, ou d'en rendre les accez plus
legers. Qu'ils n'aillent point raiſonner ſur
la diſtribution ny ſur la grandeur des vaiſſeaux; Comme vn meſme tronc d'arbre a diuers rameaux qui n'ont pas vne meſme vertu, & qu'il y en a qui portét des fleurs ou des
fruits & d'autres qui n'en ont point. Auſſi
quoy que toutes les veines du Bras & de la
Main viennent d'vn meſme tronc, elles
n'ont pas les meſmes employs & ce ne ſont
que des canaux par leſquels diuerſes facultez peuuent couler : De ſorte que celle que
la Rate enuoye, peut toute paſſer à la Salua-
telle ſans ſe partager aux autres; Tout de

mesme que les parties se déchargent seulement sur celles qui leur sont particulierement affectées , quoy qu'elles ayent connexion auec d'autres par leurs vaisseaux &
par leur situation ; d'où viennent les diuers transports des humeurs & les changemens que les maladies font d'vn lieu à
l'autre comme nous dirons plus amplement cy-apres.

Quant à la grandeur des veines qui en
rend les éuacuations plus vtiles que ne
sont celles des petites, c'est vne chose veritable quand il est question de diminuer
la plenitude vniuerselle du corps : Mais
pour décharger quelque partie, souuent
les plus petites pourueu qu'elles luy soient
voisines & qu'elles ayent quelque secrete
societé auec elle, le font plus seurement &
plus efficacement que les grandes. Enfin
puisque c'est vne opinion receuë de tout
temps que l'ouuerture de cette veine est
vtile aux maladies de la Rate comme on
peut voir dans les escrits d'Hippocrate,
de Galien & de tous les Arabes , il n'est pas
vray-semblable qu'elle ait esté approuuée

par de fi grands efprits & qu'elle ait fur-
monté tant de fiecles pour venir iufques à
nous, fans auoir efté fouftenuë de l'experience, puifque la raifon ne pouuoit donner fondement à cette creance. Et fi c'eft
par cette voye que ce remede a efté connu, il ne faut point le mettre à l'examen
des raifons, non plus que les facultez pur-
gatiues ny toutes les autres vertus fpecifiques dont la Medecine eft toute pleine.

Pour reprendre le fil de la preuue que
nous auons laiffée; Nous auons dit qu'il
y auroit lieu d'employer cette obferuation pour eftablir la fympathie de la Rate
auec le fecond Doigt. Mais fi les exemples finguliers pouuoient feruir de preuues aux maximes generales, ie puis affeurer que i'en ay vn qui fortifie merueilleu-
fement cette fympathie. Car ie connois
vn Homme qui eft fujet aux maux de Rate, lequel n'en eft iamais attaqué que le
grand Doigt de fa main Gauche ne de-
uienne froid, ftupide & pafle, comme s'il
eftoit priué de vie. On y pourroit mefme
adioufter l'Hiftoire qu'Hippocrate rap-

Ccc ij

porte au 4. des maladies populaires, de cette femme dont les Hypochondres eſtoient ſi tendus & la reſpiration ſi empeſchée, à qui il ſuruint l'vnziéme iour vne fluxion & inflammation à ce meſme Doigt, dont elle ſe trouua ſoulagée pour quelque temps; quoy qu'aprés la violence de la fiévre & l'abſcés qui ſe forma dans les entrailles la firent mourir. Car on peut conieﬁﬂurer de là, qu'vne portion de l'humeur qui eſtoit dans la Rate ſe déchargeoit ſur ce Doigt comme ſur vne partie qui a liaiſon & conſentement auec elle, & que cette petite décharge luy donna quelque ſoulagement; mais que toute la cauſe du mal ne pouuant eſtre contenuë en vn ſi petit lieu, le reſte cauſa l'abſcés dont elle mourut. Neantmoins pour en parler franchement ce ne ſont là que des conieﬁﬂures que nous ne pouuons faire aller du pair auec les obſeruations precedentes qui ſemblent demonſtratiues de la verité que nous cherchons.

ET il feroit à fouhaiter qu'on en euft
de femblables pour montrer diftin-
ctement le refte des fympathies que les
autres parties interieures ont auec les autres endroits de la Main. Mais dans la negligence qu'on a euë de les chercher, il eft
touſiours vray de dire, que puiſque celles
du Cœur & du Foye font certaines & indubitables, il faut que les autres le foient auffi,
quoy qu'elles ne nous foient pas manifeftes : Et que non feulement le Cerueau &
les autres parties qui ont vne fonction
publique & principale auffi bien que le
Cœur & le Foye ; mais encore la Rate, l'E-
ftomach, le Poulmon, les Roignons &
peut eftre quelqu'autre encore, ayent chacune dans la Main leur lieu propre & affecté auec lequel elles ont confentement &
communication.

Art. 14.
Que toutes les autres parties interieures ont fympathie auec la Main.

DE forte qu'on peut affeurer pour
preuue de cette intelligence fecrete que les parties ont les vnes auec les
autres & pour l'honneur de celle dont

Art. 15.
Le vifage eft vn abregé de toutes parties exte-rieures.

Ccc iij

nous parlons ; Que la Main & le visage contiennent en abregé toutes les parties du Corps : Car celuy-cy est vn racourcy de tous les membres exterieurs, n'ayant aucune partie qui n'ait son rapport particulier & manifeste auec quelqu'vn d'eux ; comme celle-là l'est aussi de toutes les parties interieures n'ayant aucun endroit qui n'ait sa liaison & sa sympathie auec quelqu'vne d'elles. Et sans doute c'est là vne des principales raisons pour laquelle ils ont eu tous deux vne constitution de cuir toute particuliere, & que la peau qui par tout ailleurs est separée des muscles, y est tellement vnie qu'il est impossible de l'en separer : La Nature qui a destiné ces parties pour estre comme les miroirs où se doiuent representer toutes les autres, ayant voulu que la chair y fut iointe au cuir, afin que l'impression qu'elle reçoit des nerfs, des veines & des arteres qui y sont répanduës, se communiquast plus facilement & parust plus promptement au dehors. Ce qui se trouue aussi dans la plante des Pieds qui participent en quelque sorte

aux mefmes aduantages qu'ont les Mains,
& fur lefquels on a eftably la Podomance
qui promet les mefmes chofes que la Chiromance, mais auec moins de fuccez pour
les raifons que nous dirons.

Mais ce n'eft pas feulement entre les
parties exterieures & manifeftes
que cette focieté fe trouue, il y en a vne autre plus generale qui a efté connuë d'Hippocrate,& qui a feruy de fondement à cette ingenieufe diuifion des veines qu'il a
faite au Liure des Os. Car cét admirable
Efprit ayant confideré les diuers tranfports
des humeurs , & les changemens des maladies qui fe font fi fouuent de certaines parties aux autres , a marqué les veines par
lefquelles ils fe pouuoient faire & qu'il falloit ouurir pour y remedier.Et pour y garder vne methode qui en oftaft la confufion,
il a eftably plufieurs chefs & comme diuers
articles, où il a voulu commencer la diftribution de ces vaiffeaux ; Car il a pofé le premier au Cœur, le fecond aux Reins, le troifiéme au Foye , le quatriéme aux Yeux, &

Art. 16.
Que toutes les
parties ont fym-
pathie les vnes
auec les autres.

le cinquiéme à la Teste , d'où il fait sortir quatre paires de veines qui se répandent apres en diuers lieux.

Art. 17.
Que la distri-
bution des vei-
nes qu'Hippo-
crate a faite n'a
point esté enten-
düe.

CE n'est pas qu'il creust que ce fussent là les premieres sources d'où les veines tirent leur origine, comme Aristote, Galien, & presque tous leurs Sectateurs luy ont imposé ; puisqu'il sçauoit qu'elles ont toutes leur racine dans le Foye, d'où elles se distribuent à toutes les parties du Corps pour leur porter la nourriture ; comme il fait voir en suite dans la distribution qu'il fait de la veine hepatique & qu'il·a encore rapportée au 2. liure des maladies populaires : Mais c'estoit pour marquer le consentement qui est entre ces cinq parties & les autres, & les maladies & les symptomes qu'elles se communiquent mutuellement.

Ainsi quand il dit que l'œil gauche reçoit vne veine de l'œil droit, & celuy-cy vne du gauche, il ne faut pas prendre cela à la lettre, comme si veritablement ces veines prenoient leur origine en ces lieux-là : Mais c'est pour monstrer que les maladies

d'vn

d'vn œil fe communiquent à l'autre, comme s'ils auoient des veines qui les leur portaffent directement. C'eft à la verité par le moyen des veines que cette communication fe fait, & ces veines partent mefme de quelque rameau commun ; mais il eft fi éloigné des Yeux qu'on ne peut pas dire précifement qu'ils fe donnent des veines l'vn à l'autre, fi ce n'eft en confideration de cette fympathie qu'ils ont enfemble. Et cela eft fi veritable que fouuent mefme il ne confidere point la continuité des veines dans la diftribution qu'il en fait, puifqu'il monftre que la Tefte & les Poulmons ont confentement auec la Rate, quoy que les veines de la Rate ne foient point vnies ny continuës auec celles de ces parties : parce qu'il fuffit pour le confentement dont il parle, que ces veines ayent communication enfemble par quelque moyen que ce foit, comme nous dirons cy-apres.

Mais pour faire voir plus particulierement le fecret & l'vtilité de cette admirable diftribution, il en faut examiner quelques articles. Car quand il nous apprend

que de ces quatre paires de veines qui fortent de la Tefte, il y en a vne laquelle a deux
rameaux qui partent des Temples & defcendent dans les Poulmons, dont l'vn paffe
du cofté droit au gauche, & va dans la Rate & dans le Rein gauche ; Et l'autre part
du cofté gauche, & va au Foye & au Rein
droit ; & puis aboutiffent tous deux aux
veines Hemorrhoïdales : Ne nous monftre-
t'il pas par là non feulement pourquoy
l'ouuerture des Hemorrhoïdes fert à ceux
qui ont la Nephretique, la Pleurefie,
& la Peripneumonie ; Mais encore pourquoy leur fuppreffion caufe l'Hydropifie
& la Pthifie.   Car bien qu'il y ait d'autres
lieux où il femble que le reflux du fang
qu'elles contiennent fe pourroit faire,
neantmoins le confentement qu'elles ont
auec le Foye & auec le Poulmon, eft caufe
qu'il ne fe fait point ailleurs.

Et fans doute ces rameaux qui en defcen-
dant vont du cofté droit au gauche & du
gauche au droit, nous marquét la caufe que
l'on a tant cherchée inutilemét, pourquoy
les abfcez qui fe font de haut en bas, ne fe

trouuent pas toufiours du mefme cofté où eft la fource de la maladie, mais tantoft à droit & tantoft à gauche ; Quoy que ceux qui fe font de bas en haut gardent toûiours la Rectitude de la partie où eft le fiege du mal : Car fans cette diftribution de veines, il eft impoffible de rendre raifon de tous ces accidens.

Sans elle on ne fçauroit point encore pourquoy la Poitrine & les parties Genitales ont entr'elles vne fi grande correfpondance, que la toux ceffe quand elles fe tumefient ; que leur enfleure fe diffipe quand la toux leur furuient ; Et que mefmes les varices qui leur arriuent corrigent les deffauts qui rendent la voix grefle ou enroüée.

Enfin c'eft l'vnique fecret pour découurir les chemins que la Nature tient dans le tranfport des humeurs qu'elle fait d'vne partie à l'autre, & pour difcerner les veines qu'il faut ouurir en chaque maladie. Car bien qu'elles ayent toutes vne mefme racine, quoy que plufieurs ayent des rameaux communs qui leur deuroient di-

ftribuer également le fang & les humeurs
qu'ils contiennent; Neantmoins la correfpondance & l'amitié qui eft entre les parties, fait que la Nature les pouffe pluftoft
par vne veine que par l'autre, & que choi-
fiffant celle qui eft la plus commode pour
cela, elle laiffe les autres qui luy font proches & qui ont vne mefme origine.

Cela paroift éuidemment dans la fympathie dont nous auons apporté cy-deuant
de fi preffans exemples : Car vray-fembla-
blement c'eft par les veines & par les arteres que coule cette vertu fecrete que le
Cœur & le Foye communiquent à certains
doigts ; Cependant toutes celles qui font
dans la Main n'y font pas employées, &
quoy qu'elles fortent d'vn mefme rameau
il n'y en a qu'vne qui porte la vertu du
Cœur & vne autre celle du Foye : Autrement il n'y auroit point de lieu déterminé pour receuoir leur influence & tous les
Doigts de la Main qui ont des veines & des
arteres la receuroient également, ce qui
eft contre l'experience.

Auffi à vray dire tous ces vaiffeaux ne

font que des canaux & des conduits qui ne
peuuent, non plus que ceux des fontaines,
donner le mouuement aux humeurs. Mais
ce font les Efprits feuls qui les portent &
les entraifnent aux lieux où ils ont ordre
d'aller : Et comme le confentement que les
membres ont les vns auec les autres s'entretient par le moyen de ces Efprits, il ne
faut pas douter que le fang auec lequel ils
font meflez, n'aille comme eux d'vne partie à l'autre & ne faffe en fuite cette admirable harmonie des veines qu'Hippocrate
a remarquée.

Car c'eft là fans doute le fondement fur
lequel luy & les anciens maiftres de la Medecine ont obferué dans vn mefme membre des veines qui auoient correfpondance
auec diuerfes parties ; comme dans le Bras
la Cephalique l'a auec la Tefte, l'Hepatique
auec le Foye, la Splenetique, auec la Rate ; Qu'ils ont toûjours regulierement ouuertes dans les maladies particulieres de ces
parties, ne s'arreftant pas aux foibles raifons que l'infpection des Corps & l'amour
de la nouueauté ont depuis authorifées.

D D d iij

Art. 18.
D'où vient la
rectitude que la
nature garde
dans ses eua-
cuations.

ET certainement si l'on n'a recours à cette direction des Esprits, on ne sçauroit iamais rendre raison de la Rectitude que la Nature garde dans ses mouuemens quand elle en est absolument la maistresse, & que la Medecine imite dans les éuacuations qu'elle ordonne. Car quand dans les inflammations du Foye l'Oreille droite deuient rouge ; Qu'il vient des vlceres à la Main & au Pied droit ; Que le sang sort de la narine du mesme costé ; ou qu'il se fait abscez à l'Oreille droite : Et qu'au contraire tous les mesmes accidens arriuent au costé gauche dans les inflammations de la Rate. Quand dis-je la Medecine commande de faire les saignées du mesme costé qu'est la maladie ; Et qu'elle nous enseigne que toutes les éuacuations qui se font au costé opposite sont perilleuses si elles se font d'elles-mesmes, ou inutiles si elles se font par l'art. Quelle autre raison de cette regularité pourroit satisfaire l'esprit que celle que nous auons apportée ? Car ce que l'on dit des Fibres droites qui entrent dans la com-

pofition des vaiffeaux, par lefquels on veut
que les humeurs foient attirées, eft tout à
fait impertinent : veu qu'elles font incapa-
bles de faire cette attraction comme nous
auons demonftré ailleurs ; Qu'elles fe trouuent également en tous les coftez du vaiffeau & par confequent ne peuuent determiner le mouuement des humeurs à l'vn
pluftoft qu'à l'autre ; Qu'il n'y a pas toûjours des Fibres pour fauorifer cette Rectitude, puifque de la Rate à la Narine gauche, il n'y en peut auoir aucune, les veines
du Nez procedant de la veine Caue auec
laquelle la Rate n'a aucune liaifon ; Et que
enfin les humeurs qui fe trouuent hors des
vaiffeaux, les vapeurs mefmes & les qualitez toutes fimples fe communiquent d'vne
partie à l'autre de la mefme façon, fans
qu'il y ait de Fibres qui agiffent en ces rencontres,& qui, s'il y en auoit, feroient inutiles au tranfport des vapeurs & des qualitez.

De dire auffi que cela fe faffe par des conduits fecrets qui fe trouuent dans les chairs
& qui vont de bas en haut, fans que ceux

qui font d'vn cofté ayent communication
auec ceux de l'autre: C'eft vne pure imagination qui n'a aucune vray-femblance;
puifque c'eft le plus fouuent par les veines
que ces éuacuations fe font; Et qu'il faudroit que les humeurs qui coulent par ces
conduits fecrets entraffent dans les veines
où il n'y a pourtant point de paffages; il
faudroit qu'il fe trouuaft encore des conduits qui allaffent de trauers, puifque les
humeurs vont tantoft du cofté Droit au
Gauche, tantoft du Deuant au Derriere,
& le plus fouuent du Centre à la Circonference. Apres tout, dans l'vne ou l'autre
de ces opinions on ne void pas pourquoy
il y a tant de peril quand la Rectitude n'eft
pas gardée dans les éuacuations des humeurs.

Mais fuppofé qu'elles fe faffent par la
direction des Efprits, il eft aifé de iuger
qu'il faut que la Nature foit fort oppreffée
quand elle ne garde pas l'ordre qui luy a
efté prefcrit, & quand elle s'égare de fon
chemin ordinaire pour fuir l'ennemy qui
la preffe. Car c'eft la mefme raifon pour
laquelle

laquelle les mouuemens qu'elle fait dans
les fiévres aiguës en des iours pairs , font
touſiours dangereux ; parce que c'eſt vne
marque de la violence qu'elle ſouffre & du
deſordre où la grandeur du mal l'a fait tomber qui luy fait oublier les iours impairs
dans leſquels elle doit attaquer la bile qui
eſt la cauſe de ces maladies.

Quoy qu'il en ſoit , la Rectitude dont
nous parlons vient infailliblement des Eſprits qui conduiſent les humeurs dans
l'eſtenduë d'vne moitié du Corps , ſans les
porter à l'autre , s'il n'y a quelque grand
empeſchement. Car la Nature a tant de
ſoing de la conſeruation des choſes viuantes & animées , qu'elle les a preſque toutes
diuiſées en deux moitiez ; afin que s'il ar-
riuoit que l'vne ſouffrit quelque alteration , l'autre peuſt s'en garantir , & conſeruer ainſi en elle la nature du tout. Or cette diuiſion eſt reelle & manifeſte en quelques ſujets, comme dans les graines & ſemences des plantes qui ſont toutes com-
poſées de deux portions, leſquelles ſe peuuent ſeparer ; Et dans tous les membres de

l'Animal qui font doubles. En d'autres elle
eft obfcure & ne paroift pas dans vne feparation actuelle des parties, mais feulement dans les operations qui monftrent
qu'elles ont chacune leur iurifdiction diftincte & leurs interefts differens, comme
eft celle dont nous parlons qui diftingue
tout le corps en deux moitiez, dont l'vne
eft à droit, & l'autre à gauche : Telle encore eft celle qui fe trouue dans les membres
qui font vniques, comme le Cerueau, la
Langue, le Nez, &c. où nous voyons fouuent vne moitié qui eft attaquée du mal,
& l'autre qui en eft exempte, quoy qu'il
n'y ait aucune feparation entr'elles.

S'il eft donc vray que la Nature pour
conferuer vne moitié du Corps charge l'autre de tout le defordre qui luy arriue & empefche que les humeurs qui la trauaillent
ne fortent point hors de fes bornes pour
fe ietter fur l'autre ; il ne faut pas douter
que les Efprits qui font fes premiers & fes
principaux orguanes ne la feruent en cette
entreprife, & que ce ne foit eux qui portent les humeurs d'vn endroit à l'autre

dans l'eſtenduë qu'elle leur preſcrit. Que
s'il arriue que pour faire ce tranſport il
faille ſe ſeruir des veines qui ſont de l'autre coſté , ils n'oublient pas pour cela le
deſſein de la Nature ny les ordres qu'ils en
ont receus , & ne font que paſſer s'il faut
ainſi dire , ſur les limites de leurs voiſins
pour arriuer au lieu où ils doiuent abor-
der. Ainſi quand pour décharger la Rate
des humeurs qui l'incommodent , il ſur-
uient vn ſaignement de nez par la Narine
gauche , il faut de neceſſité qu'elles paſſent
des veines de la Rate dans la veine Caue ,
qui eſt du coſté droit : Mais les Eſprits les
ſçauent conduire de telle ſorte , qu'à la fin
elles retournent ſur la meſme ligne & dans
cette moitié du Corps où la Rate ſe trouue. Mais c'eſt entrer trop auant dans les
ſecrets de la Medecine ; Il ſuffit de dire que
la communication que les veines ont les
vnes auec les autres dans cette ingenieuſe
diſtribution qu'Hippocrate en a faite, procede des Eſprits qui portent les humeurs
de l'vne à l'autre, ſelon le rapport & le conſentement que les parties ont enſemble ,

ou felon la Rectitude qu'elles gardent entr'elles.

Article 10.
*Que les Astres
dominent dans
les diuerses par-
ties de la Main.*
POVR retourner à la Sympathie que les
membres interieurs ont auec les diuerfes parties de la Main ; Ie croy que les raifons que nous auons apportées pour la fouftenir, fi elles ne conuainquent tout à fait
les plus opiniaftres, laifferont du moins
dans leur efprit de grands foupçons de la
verité. Et ie ne doute point que la Chiromance n'en doiue eftre fatisfaite, puifque
luy ayant efté inconnuës iufques icy, elles eftabliffent le principal de fes fondemens ; Et qu'il luy fera facile apres d'y ap-
puyer les maximes de l'Aftrologie qui luy
doiuent fournir la plufpart de fes regles &
feruir de caution à fes plus grandes promeffes.

En effet s'il eft vray que les parties interieures foient gouuernées par les Planetes, & qu'elles reçoiuent de ces Aftres
quelque influence particuliere comme
l'Aftrologie enfeigne ; il faut de neceffité
qu'auec la vertu que ces parties enuoyent

à la Main, celle que les Planetes leur communiquent y foit auffi portée ; Et qu'au
mefme Doigt où le Cœur par exemple influë fa vertu, la Planete qui a la direction
du Cœur y faffe auffi couler la fienne ; n'e-
ftant pas vray-femblable que celle-cy s'ar-
refte au Cœur pendant qu'il fait part à la
Main de celle qui luy eft propre & naturelle : Puifque fuppofé la verité des influences celeftes, on doit dire que de ces deux
vertus il ne s'en fait qu'vne qui eft l'vnique
difpofition effentielle & la proprieté fpe-
cifique de chaque partie. Or eft-il que c'eft
vne conclufion de l'Aftrologie prouuée par
fes principes & par fes obferuations ; Que
le Foye eft gouuerné par Iupiter, la Rate
par Saturne, le Cœur par le Soleil & ainfi
des autres ; il faut donc que le premier
Doigt foit auffi gouuerné par Iupiter, le
fecond par Saturne, le troifiéme par le Soleil &c. puifque ces parties principales ont
fympathie & confentement auec ces
doigts, & qu'elles leur communiquent la
vertu qu'elles ont. Ainfi il ne faut plus
s'eftonner de ce que la Chiromance a chan-

EEc iij

gé l'ordre des Planetes dans la Main ; ny demander quoy elle a pluſtoſt placé Iupiter
au premier Doigt, & le Soleil au troiſiéme,
qu'en vn autre endroit, parce que la Nature du Cœur & du Foye , & la ſympathie
qu'ils ont auec ces Doigts luy ont marqué
ces lieux comme les maiſons particulieres
que ces Planetes ont dans la Main, ainſi
qu'elles en ont dans les Cieux qui leur ſont
affectées.

Toute la difficulté ſe reduit donc à ce
point de ſçauoir ſi veritablement ces Aſtres
gouuernent les principales parties du
Corps , & s'ils leur communiquent quelque vertu ſecrete qui ſoit cauſe de la bonne ou mauuaiſe diſpoſition qu'elles ont.

Mais de vouloir porter cette Queſtion
iuſques où elle pourroit aller, & en examiner toutes les ſuites & les circonſtances
auec la ſeuerité que la Philoſophie apporte en ces matieres; Outre que ce ſeroit mettre en compromis les veritez que l'Aſtrologie met au rang des choſes iugées & que
ſes plus opiniaſtres ennemis ſont contraints
d'aduoüer pour la plus grande part. Cela

demanderoit vn difcours qui pafferoit les
bornes de noftre deffein , & choqueroit
mefme la methode auec laquelle toutes les
Sciences veulent eftre traitées. Car elle ne
veut pas qu'on entre en doute ny en conteftation de toutes les chofes qui s'y rencontrent ; Elle deffend particulierement de
mettre à la cenfure les principes fur lefquels
elles font eftablies, & fait paffer ceux qui
font pris des conclufions des Sciences fuperieures , quelques douteux qu'ils foient ,
auec le mefme priuilege que peuuent auoir
les maximes & les notions communes des
Mathematiques. C'eft affez pour la Chiromance que la Phyfique fouftienne fes premiers fondemens ; Tout ce qu'elle reçoit
apres de l'Aftrologie luy doit eftre alloüé,
ou du moins eftre mis en furfeance iufques
à ce qu'on examine le fonds de l'Aftrologie
mefme.

POVR ne laiffer pas neantmoins le foupçon que les conclufions que celle-cy
luy donne pour Principes , foient tout à
fait imaginaires & contraires à la verité ;

Art. 12.
*Que les aftres
gouuernent les
parties inte-
rieures.*

Il faut faire voir par quelques obseruations qui ne puissent estre contestées; Qu'il y a des parties du Corps qui sont sous la direction particuliere de quelques Planetes.

Cela ne sera pas mal-aisé pour quelques-vnes; Et quoy qu'en reiettant les experiences que l'Astrologie nous pourroit fournir sur ce sujet, nous n'en ayons pas assez d'autres pour faire la preuue entiere de cette verité; Les premieres seruiront de prejugé pour le reste, & laisseront vne conjecture bien fondée pour croire que chaque membre est gouuerné par vn de ces Astres, & que le Principe que l'Astrologie en a fait pour la Chiromance, n'est pas mal estably.

Art. 21.
Que la Lune
domine sur le
Ceruean.

COmmençons donc par le Cerueau. On ne sçauroit contester que la Lune n'ait vn secret empire sur luy, & qu'elle ne luy fasse sentir son pouuoir plus manifestement qu'elle ne fait aux autres: Car il s'enfle & s'abaisse, s'augmente & se diminuë selon que cét Astre est en son croissant ou en son declin. C'est pourquoy la Medecine qui

qui n'ignore pas ces changemens , a foing
que le Trepan qu'elle ordonne foit conduit
auec plus de précaution dans la pleine Lune ; parce qu'elle fçait qu'alors le Cerueau
eft aufli dans fon plein, & qu'en faifant approcher plus prés de l'os, les membranes qui
l'enuironnent , il les expofe au peril d'eftre
plus facilement touchées par l'inftrument.

Mais les maladies de cette partie
qui ont leurs accez & leurs reprifes felon
le cours de la Lune , monftrent éuidemment la liaifon & la fympathie qui eft entr'elles. Car il y en a qui fuiuent fi regulierement fes mouuemens qu'elles en peuuent
eftre les Ephemerides ; Et bien qu'elle foit
fous l'horizon , bien que les malades tafchent par tous moyens de fe mettre à couuert de fes influences , tout cela n'empefche pas que le débordement d'vne fluxion
qui vient à poinct-nommé dans le changement de fes quartiers , ne les faffe fentir
fans les voir dans les Cieux ny dans les Al-
manachs.

Les affauts de l'Epilepfie ne fuiuent-ils
pas pour l'ordinaire les mouuemens de cet-

Fff

te Planete ? N'y a-t'il pas des especes de folie qu'on appelle lunatiques? Et les cheuaux mesmes n'ont-ils pas des maladies de teste qui portent ce nom là, parce que les vnes & les autres suiuent le mouuement de la Lune ? Enfin ne sçait-on pas que les raiz de cét Astre causent des fluxions opiniastres, & font perdre la couleur du visage, si on y est long-temps exposé, principalement durant le sommeil. Or tous ces effets ne se peuuent rapporter qu'aux Influences, parce que la pluspart suruiennent souuent quand elle est cachée sous la terre, & qu'en cét estat sa lumiere ny la vertu magnetique qu'on luy donne, ne peuuent agir sur nous.

Aussi ne doute-t'on plus de la verité de ces qualitez secretes, apres les observations qu'on a faites d'vne infinité d'effets qu'elles produisent; Et entr'autres du Flux de la mer, qui sans contestation suit le mouuement de la Lune, commençant tousiours quand elle se leue sur nostre horizon ou sur celuy de nos Antipodes, & se trouuant en sa plus grande force quand elle a atteint leur Meridien ou le nostre.

Car fi l'on peut demonftrer, comme il nous
feroit facile de le faire, fi ce lieu pouuoit
fouffrir la longueur du difcours qu'il y faudroit employer, fi dis-je on peut demonftrer que le Flux ne peut proceder ny du
mouuement de la terre, ny de la lumiere
des Aftres, ny d'aucune vertu magnetique,
ny par l'impulfion de la Lune, ny par la
Rarefaction que la chaleur faffe dans l'eau,
il ne refte plus que les Influences qui puiffent eftre caufe de cét admirable mouuement ; & qui fans doute le font auffi de
tous les accidens que nous venons de marquer.

OVE fi on les reconnoift dans cét Aftre,
& fi c'eft par elles qu'il a la direction
d'vne des principales parties du Corps; On
ne fçauroit douter que le Soleil qui eft le
Roy & comme le Pere de toutes les autres
Planetes, n'en ait encore de plus puiffantes;
Et que luy qui concourt à la generation de
toutes chofes, ne fe foit referué la premiere
& la plus noble partie des Animaux, pour
en auoir la conduite, & pour luy commu-

Art. 22.
Que le Soleil
gouuerne le
Cœur.

F f f ij

niquer fes vertus. Oüy fans doute , il a
choifi le Cœur pour fon throfne & pour le
lieu de fon exaltation ; Il eft là comme dans
le Ciel au milieu de tous les Aftres, ie veux
dire de tous les membres du Corps qui font
gouuernez par les Planetes : De là il influë
fa vertu'à toutes les parties du petit monde ; Et fi dans fon cours il vient à fouffrir
quelque afpect malin, ce membre s'en reffent & compatit aux defordres de fon fouuerain. En effet on a obferué que ceux qui
font malades fouffrent vne foibleffe extraordinaire dans les eclipfes du Soleil, &
que mefme ceux qui font d'vne complexion delicate reffentent fenfiblement en
eux l'effet de cette conftellation. D'ailleurs la faculté vitale deuient fi languiffan-
te dans les Solftices & dans les Equinoxes,
& lors que de malignes Eftoiles fe leuent
auec luy, qu'Hippocrate a deffendu de fe
feruir alors d'aucun grand remede , que
dix iours ne foient écoulez. Mais il ne faut
pas oublier icy vne obferuation que cét
Homme incomparable a couchée dans fon
Liure des Songes , qui monftrera non feu-

lement la fympathie qui eft entre le Cœur
& le Soleil , mais encore celle que la
Lune & les Eftoiles ont auec les autres parties. Car apres auoir fuppofé que le Soleil
a rapport auec le milieu du corps , la Lune
auec les cauitez qui y font, & les Eftoiles
auec les parties exterieures ; il dit que fi
ces Aftres paroiffent en fonge auec la pureté & la regularité de mouuement qui
leur font naturelles , c'eft vne marque de
parfaite fanté , & qu'il n'y a rien dans le
Corps qui ne fuiue l'ordre & la regle que
la Nature demande. Mais que fi l'on en
void quelqu'vn qui s'obfcurciffe , qui dif-
paroiffe , ou qui foit arrefté dans fon cours,
c'eft vn figne de maladie à venir dans les
parties qui répondent à chacun d'eux. Car
fi ces defordres arriuent aux Eftoiles, la maladie fe fera dans l'habitude du Corps ; fi
c'eft à la Lune, dans les cauitez ; mais fi c'eft
au Soleil , elle en fera plus forte & plus difficile à guerir comme celle qui attaque le
principe de la vie. Le milieu dont il parle
ne fe pouuant entendre que des parties
vitales qui comprennent le Cœur & les

parties qui l'enuironnent.

Or fi cela eft veritable comme la raifon
& l'experience l'ont depuis fi fouuent con-
firmé, il faut conclure de là que puifque
l'imagination forme dans fes fonges toutes
ces images du Soleil pour fe reprefenter la
bonne ou mauuaife difpofition du Cœur,
il eft neceffaire qu'elle ait quelque fondement pour ioindre deux chofes qui font fi
differentes entr'elles, & qu'elle trouue
dans cette partie des qualitez folaires qui
puiffent feruir de modelle aux figures &
aux portraits qu'elle fait de cét Aftre : En
vn mot il faut que les Influences particulieres que le Cœur reçoit du Soleil, foient
les originaux fur lefquels l'Ame fait en dormant toutes ces admirables copies. Autrement pourquoy ne les feroit-elle pas pour
quelqu'autre membre ? Et pourquoy dans
l'inflammation du Foye, par exemple, où
la chaleur eft alors plus grande qu'elle n'eft
au refte du Corps, ne fe reprefenteroit-elle
pas cét Aftre qui eft la fource de toute la
chaleur du monde, auffi bien qu'elle fait
dans les moindres alterations du Cœur ?

Certainement il y a dans cette partie des
vertus fi eftranges & fi cachées, qu'il eft
impoffible de les rapporter aux Elemens.
Car qu'il refifte fouuent aux flammes fans
s'y pouuoir confumer ; Qu'il ne fe puiffe
amollir en boüillant fi on n'en ofte les oreilles ; Que de certains poiffons ne fe puiffent
cuire fi on le laiffe dans leur Corps ; ce
font des effets qui luy font fi particuliers,
& dont il eft fi difficile de rendre raifon
par les qualitez manifeftes, qu'il y a lieu
de prefumer que celles qu'il a, font d'vn
plus haut ordre & ont rapport, comme dit
Ariftote à l'Element des Aftres.

Or fi l'influence que le Cœur reçoit du
Soleil eft caufe que les fonges reprefentent
par les images de cette Planete, les diuerfes difpofitions où le Cœur fe trouue, il
faut qu'il en foit de mefme pour la Lune
& pour les Eftoiles à l'égard des Cauitez du
Corps & des parties exterieures. Et c'eft
de là fans doute que l'Aftrologie a mis fous
la direction de la Lune le Cerueau, l'Efto-
mach, les Inteftins, la veffie & la Matrice,
qui font les plus confiderables cauitez du

Corps ; Mais encore qu'elle a partagé les parties exterieures à tous les fignes du Zodiaque, s'eftant premierement fondée fur cette Doctrine d'Hippocrate, à laquelle elle a depuis adioufté fes propres experiences.

Art. 23.
Que les autres
Planetes gou-
uernent les au-
tres parties in-
terieures.

APRES ces raifons il ne faut pas douter que les autres Planetes n'ayent auffi leurs influences particulieres, & qu'elles ne gouuernent comme celles-là certaines parties du Corps. Mais la Philofophie a eu fi peu de foing d'en faire les obferuations, que hors celles que l'Aftrologie nous fournit, nous n'en auons aucune qui puiffe marquer la direction que Iupiter a fur le Foye, celles de Saturne fur la Rate, &c. fi l'on ne vouloit mettre en ce rang les taches & les fings qui fe trouuent naturellement imprimez fur ces parties. Car l'on affeure que celuy à la naiffance duquel Saturne domine, a ordinairement vne de ces marques fur la region de la Rate; fi c'eft Iupiter, il l'a fur celle du Foye; fi c'eft Venus, elle paroift fur les parties fecretes

cretes, & en a vne autre entre les deux
fourcils. C'eſt pourquoy Dares Phrygius
dans le portrait qu'il a fait de la belle
Helene dit qu'elle en auoit vne entre les
fourcils, que Cornelius Nepos a exprimée
en ces deux beaux vers.

Parua fupercilijs nubes interflua raris
Audaci maculâ tenues difcriminat artus.

Mais ie n'eſtime pas ces obſeruations
aſſez iuſtes ny aſſez confirmées par l'experience pour en tirer vne preuue certaine de ce que nous pretendons. Il ſuffit de
dire que iuſques à ce que l'on en ait fait
vne plus exacte recherche, le Soleil & la
Lune qui ſans difficulté commandent au
Cœur & au Cerueau, nous ſeruent de preiugé pour croire que les Planetes ont vn
empire ſur les membres que l'Aſtrologie
leur a ſoumis : Et par conſequent nous
pouuons conclure que le Principe qu'elle
a donné à la Chiromance n'eſt pas ſans
fondement & qu'il peut ſouſtenir vne
grande partie des promeſſes qu'elle fait.

GGg

Art. 24.
*Que les princi-
pes eſtablis re-
glẽt beaucoup de
choſes douteuſes
dans la Chiro-
mance.*

CE ſont là les raiſons ſur leſquelles i'ay creu que l'eſtabliſſement s'en pouuoit faire; Elles pourront encore ſeruir à regler beaucoup de choſes dont on n'eſt pas bien d'accord dans la pratique de cét Art; & à marquer les cauſes de pluſieurs effets qui s'y trouuent. Car il y en a qui tiennent qu'il ne faut pas s'arreſter à l'inſpection des Mains, & que celle des Pieds eſt auſſi neceſſaire; que la Main Gauche doit eſtre plus conſiderée aux femmes & à ceux qui naiſſent de nuict, & la Droite aux Hommes & à ceux qui ſont nez de iour. Mais l'auantage que les Mains ont par deſſus les Pieds monſtre clairement que l'inſpection de ceux-cy eſt inutile, & que l'on peut voir aux Mains tout ce que l'on doit attendre de cette ſorte de connoiſſance. D'ailleurs la Main Droite eſtant plus noble que la Gauche en quelque ſexe que ce ſoit & en quelque temps que l'on naiſſe, doit eſtre plus conſiderée que celle-cy, principalement en ce qui regarde le Cœur, le Foye & le Cerueau qui ont

plus de communication auec elle : Mais la
Gauche l'emporte par deſſus elle pour ce
qui concerne la Rate & les autres parties
qui ſont du meſme coſté, à cauſe du pouuoir que la Rectitude a en ces rencontres.
Enfin ce que nous auons dit de la longueur, largeur & profondeur fournit les
cauſes de la diuerſité qui ſe trouue dans
les lignes : Car celles qui ſont ſimples montrent que la vertu eſt foible, la longueur
eſtant le premier eſſay qu'elle fait ; Celles
qui ſont croiſées font voir qu'elle eſt plus
forte s'eſtant eſtenduë dans la largeur ; &
qu'elle a fait ſon dernier effort dans celles qui ſont profondes.

Mais ie ne m'aduiſe pas que i'entre in-
ſenſiblement dans le détail des choſes que
i'auois fait deſſein d'éuiter : Ie crains meſme de m'eſtre trop expliqué dans les generales & que ie ne faſſe croire par la certitude que i'y trouue, que i'ay la meſme
creance pour les particulieres. Ie ſuis pourtant bien eſloigné de cette penſée. le iette
à la verité les fondemens d'vne ſcience
qui me ſemblent aſſez ſolides, mais ie ne

trouue point de materiaux pour en acheuer le baſtiment. Car la plus grand'part
des regles & des preceptes dont on en a
voulu faire la ſtructure, ne ſont pas bien
eſtablis; Les experiences qui les ſouſtien-
nent ne ſont pas bien verifiées; Et il faudroit vne nouuelle prouiſion d'obſeruations faites auec la iuſteſſe & l'exactitude qui ſont neceſſaires , pour luy donner
la forme & la ſolidité que l'art & la ſcience demandent. Mais de qui les pourroit-
on attendre , puiſque ceux qui les pourroient faire ne s'y voudroient pas employer ? Et quand les pourroit-on attendre , puiſqu'il y en a tant à faire, & qu'il
y a tant de difficulté à les bien faire ?

S'il s'en trouuoit pourtant qui s'y vouluſſent occuper & qui ne deſeſperaſſent
pas de pouuoir fournir à la dépenſe d'vn
ſi grand édifice, ils vous auroient à mon
aduis obligation de m'auoir engagé à
ſouſtenir leur ouurage & à leur marquer
le fonds ſur lequel ils peuuent trauailler.
Mais ſi i'oſe vous le dire, vous m'en auez
auſſi quelqu'vne; Car ſi vous conſiderez

mes emplois & mes eſtudes ordinaires,
vous verrez bien que ie m'en ſuis ſort
eſloigné pour ſuiure vos inclinations; Et
que ie ne pouuois vous donner vne preuue plus aſſeurée de l'amitié que i'ay pour
vous, qu'en m'expoſant à la cenſure pour
ſatisfaire à voſtre curioſité. Ie ne dois
pas apprehender la voſtre, parce que ie
ſçay qu'elle me ſera fauorable ; mais ie
crains celle du Public de qui il ne faut
iamais attendre de grâce & dont les iugemens ſont toûjours tres-ſeueres & quel-
quesfois iniuſtes. Ne me faites donc pas
comparoiſtre deuant ce rude Tribunal, ſi
vous n'eſtes bien aſſeuré que ie puiſſe éuiter la peine des Eſcriuains temeraires ; Et
ne hazardez pas ſans grande precaution vn
peu d'eſtime que le bon-heur m'a fait acquerir , & à la conſeruation de laquelle
vous deuez à mon aduis vous intereſſer,
puiſque vous ſçauez que ie ſuis,

MONS^r.

Voſtre, &c.

G Gg iij

LETTRE II.

A MONSIEVR B. D. M.

Sur les Principes de la Metopoſcopie.

MONSIEVR,

Ie ne ſçay ſi ie me dois plaindre de
voſtre curioſité qui exige de moy des choſes trop difficiles, ou de la complaiſance
que i'ay pour vous qui me deffend de
vous les reffuſer. Quand vous voulez que
i'appuye les Principes de la Metopoſcopie
ſur des obſeruations Phyſiques, comme
i'ay fait ceux de la Chiromance, vous ne
ſongez pas que vous m'engagez à vn tra-

uail que Cardan , Achillinus & le Con-
ciliator n'ont ofé entreprendre : Et quand
ie vous obeys, ie ne fonge pas auffi que
ie m'expofe à la cenfure de tous ceux qui
verront ce Difcours, & qui me blafmeront
fans doute d'auoir employé mon temps
à examiner des chofes fi vaines & fi de-
criées, & d'auoir par mes coniectures for-
tifié l'erreur de ceux qui leur donnent
trop de creance. Mais enfin puifqu'il faut
faire ce que vous defirez, ayez du moins
vn peu de foin de ma reputation , & faites bien connoiftre à ceux à qui vous com-
muniquerez cette piece , le iugement que
vous fçauez bien que ie fais de ces fortes
de fciences. Car quoy que ie trouue quelques fondemens qui fouftiennent leurs
Principes, & que ie croye mefme que fi
l'on auoit fait les iuftes obferuations qui
feroient neceffaires pour leur donner des
regles , on en pourroit former vn Art qui
feroit tres-vtile & tres-agreable ; Ie tiens
neantmoins que toutes celles que nous
voyons dans les Liures font non feulement
fauffes mais encore temeraires , & que ceux

qui s'en feruent font dignes du mefpris
que la Sageffe a pour ces chofes là, & des
peines aufquelles la Religion les a toûjours
condamnées. Auec cette precaution ie
vous diray donc;

La Metopofco-
pie a de mefmes
principes que la
Chiromance.
QVE le mefme Principe fur lequel la
Chiromance eft appuyée, fert encore de fondement à la Metopofcopie :
Car toutes les promeffes de cette Science
font fondées fur l'Empire & fur la direction que les Planetes ont fur certaines
parties du vifage, comme elles en ont fur
celles de la Main. De forte que fi ce Principe fe trouue bien eftably pour la Chiromance, il ne faut pas douter qu'il ne le
foit auffi pour la Metopofcopie. On peut
mefme dire que les raifons generales dont
celle-là s'eft feruie, font plus preffantes &
plus decifiues en celle-cy : Et que fi elles
donnent là des prefomptions & des apparences de quelque verité, icy elles femblent en donner l'affeurance & la certitude.

En effet, s'il eft vray que les Planetes
ayent

ayent quelque Direction & quelque Empire ſur les parties Nobles, & qu'elles leur
inſpirent leurs bonnes & leurs mauuaiſes
qualitez ; Que ces parties ayent auſſi quelque ſecrete correſpondance auec quelques
Membres auſquels elles communiquent les
bonnes & les mauuaiſes diſpoſitions qu'elles peuuent auoir ; Et que ce ſoit la raiſon
pour laquelle le meſme Aſtre qui gouuerne vne partie Noble, gouuerne auſſi celle
auec qui elle a correſpondance & ſympathie, comme nous auons montré au Diſcours precedent. Si dis-je cela eſt veritable dans la Chiromance, il le doit eſtre
bien dauantage dans la Metopoſcopie ;
Puiſqu'il faut qu'autant que le viſage ex-
celle par deſſus les Mains, la direction des
Aſtres & la Sympathie des parties nobles
ſoient à proportion plus fortes & plus efficaces en cette partie, qu'elles ne ſont aux
autres.

Certainement il n'y a aucune apparence
que le Cœur, le Cerueau, le Foye & les autres
Parties Principales ayent quelque vertu
particuliere qu'elles communiquent à cer-
H H h

tains endroits de la Main, comme les experiences que nous auons apportées en font Foy, & qu'elles n'en fassent aucune part à celle qui est la plus excellente de toutes, qui est l'abbregé de tout l'Homme, & qui est le Miroir où toutes les dispositions du Corps & de l'Ame se representent & se reconnoissent.

Il ne faut point de raisons ny de preuues pour faire voir la verité de ces auantages, ils sont trop euidens & trop connus pour en douter; C'est assez d'auoir des yeux pour en conceuoir plus que les paroles n'en sçauroient exprimer : Mais c'est aussi assez d'auoir le sens commun pour iuger que s'il y a quelques influences que les Parties Nobles & les Astres communiquent aux parties exterieures, le visage les doit receuoir bien plus pures & plus abondantes que quelqu'autre que ce soit.

Quelles sont les parties du visage qui sont gouuernées par les Planetes. TOVS ces fondemens & ces consequences estant presupposées, il faut voir *quels sont les endroits du visage qui ont sympathie auec les parties Nobles & auec*

les Aſtres. Car comme cette Sympathie
eſt fondée ſur des vertus Formelles & Spe-
cifiques , & que la Nature ne confond
point ces vertus comme nous auons montré , il faut qu'il ait vn endroit ſur le viſage qui reſponde au Cœur & au Soleil, vn
autre au Foye & à Iupiter , quelqu'vn à la
Rate & à Saturne & ainſi du reſte ; Et que
chacun reçoiue les vertus & les influences
qui ſont propres & à la partie Noble
qui a ſympathie auec luy, & à l'Aſtre qui y
domine.

La Metopoſcopie vulgaire ne connoiſt
point d'autres lieux où ces impreſſions ſe
faſſent, que le Front qu'elle a diuiſé en ſept
parties pour y placer les ſept Planetes. De
ſorte qu'elle a donné la premiere & la plus
haute place à Saturne, la ſeconde à Iupiter,
la troiſieſme à Mars , la quatriéme au Soleil , la cinquieſme qui eſt ſur le Sourcil
gauche à Venus , celle qui eſt ſur le droit à
Mercure , & loge la Lune entr'-eux deux;
Et quand ces endroits ſont marquez de
quelques Lignes, elles montrent le pouuoir de l'Aſtre qui leur eſt affecté.

Mais i'ay bien peur que cét ordre si aiusté & si regulier ne soit vn ouurage de l'Esprit Humain qui ayme la proportion & la Symmetrie en toutes choses, & qui a creu que ces Astres deuoient estre placez sur le visage dans le mesme rang qu'ils gardent dans les Cieux. La Chiromance a esté bien plus auisée quand elle a méprisé cette proportion, & qu'elle a changé l'ordre des Planetes, les ayant mises dans la Main dans vne situation toute differente : Car cela a fait iuger qu'il falloit qu'elle eust eu quelques experiences qui l'eussent obligée à les ranger comme elle a fait, & à quiter la methode que l'imagination garde si soigneusement en tous ses ouurages où elle ne manque iamais de rapports ny de ressemblances pour establir ses Songes & ses visions.

Et ce qui me fait croire que la Metoposcopie est tombée en cette erreur, c'est qu'il y en a plusieurs qui n'ont pas approuué la situation que les autres ont donnée à ces Planetes, ayant mis Venus en la place du Soleil, & transporté le Soleil & la

Lune ſur les deux ſourcils , & Mercure
entre-eux deux. Et tout cela ſur l'imagination qu'il ont euë , qu'il eſtoit plus à
propos de mettre les deux grands Luminaires ſur les ſourcils , afin de commander
aux yeux qui ſont les parties les plus clai-
res & les plus lumineuſes de tout le viſage. Mais cette conuenance quoy qu'elle ſemble aſſez bien imaginée , n'eſt pas
vne regle qui doiue conduire la Nature ,
elle ſe propoſe des fins & des moyens plus
ſolides que ne ſont toutes ces vaines Chi-
meres; Et ceux qui veulent entrer dans la
connoiſſance de ſes ſecrets , ne s'arreſtent
pas à ces apparences & veulent des raiſons
fondées ſur des experiences certaines &
bien eſtablies.

D'ailleurs la connoiſſance que i'ay euë
d'vn Homme admirable en cét Art , me
fait raiſonnablement douter de toutes ces
ſortes d'arrangement de Planetes ; Car il
plaçoit Saturne au lieu ou le Soleil a eſté
mis par vns , & Venus par les autres. Et
comme c'eſt l'endroit le plus remarquable
qu'il y ait ſur le Front , & que ſi peu de

Lignes qu'il y ait en cette partie, il s'en
trouue toufiours là quelqu'vne ; Il croyoit
que celle de Saturne eftoit propre & naturelle au Front , & que toutes les autres
eftoient Accidentelles & comme Poftiches
qui ne feruoient qu'à marquer les Af-
pects que cette Planete a auec les autres ;
De forte que par la feule infpection du vifage il marquoit iuftement la difpofition
des Planetes comme elle s'eftoit trouuée
au point de la naiffance. Cependant il faifoit des iugemens fi certains fur ces fondemens , & moy mefme en ay fait de fi
eftonnans fur les regles qu'il m'auoit données, que ce m'eft vn fujet de croire non
feulement qu'il y a vne veritable Metopofcopie qui n'eft pas fi vaine & fi trompeufe que quelques vns fe pourroient imaginer ; mais encore que celle que l'on
trouue dans les Liures, & dont on fe fert
ordinairement a de faux Principes & des
regles qui ne peuuent donner la connoiffance qu'on doit attendre d'vn Art fi vtile
& fi merueilleux.

Apres tout quelque place que l'on

donne à ces Aſtres, la Queſtion eſt de ſçauoir, s'il y a des experiences & des obſeruations Phyſiques qui la puiſſent ſouſtenir.
Car s'il falloit s'en rapporter à celles de la
Science, elle en pourroit produire vn nombre infiny ; Et ie pourrois moy-meſme eſtablir le Syſteme dont ie viens de parler, par
celles que i'ay veu faire & que i'ay faites
aſſez ſouuent. Mais comme le témoignage
qu'on rend de ſoy-meſme n'eſt pas iuridic
& doit eſtre ſuſpect, il n'eſt pas iuſte d'en
croire celuy que la Metopoſcopie donneroit en ſa faueur, & il n'y a aucun Art
quelque vain & ſuperſtitieux qu'il ſoit qui
ne peuſt s'eſtablir par ſes propres obſeruta-
tions. Voyons donc ſi nous pourrons trouuer ailleurs des raiſons & des preuues qui
puiſſent affermir les fondemens de cét Art
& donner du moins quelque preſomption
de la verité qui s'y trouue.

Auant que d'en venir là il faut deſabuſer
ceux qui croyent que le Front eſt la ſeule
partie du viſage qui fournit à la Metopoſcopie les ſignes dont elle ſe doit ſeruir.

Car il eſt certain que toutes les autres y
contribuent comme luy : Et il n'eſt pas
croyable que s'il y a quelques ſecrets rapports des Parties Nobles & des Aſtres auec
les parties exterieures, il n'y ait au viſage
que le Front qui aye conuenance & ſympathie auec eux ; Et que les Yeux, le Nez,
& la Bouche qui ſont des parties ſi conſiderables, & que la Nature forme & conſerue auec tant de ſoin, ny en ayent aucune.

En effet les Aſtrologues qui ſe ſont appliquez à cette ſcience ont ſoumis chaque
partie du viſage à vne Planete particuliere. Car ſans parler du Front où ils les ont
toutes placées comme nous auons dit, ils
ont donné l'OEil Droit au Soleil, le Gauche à la Lune, le Nez à Venus, les Oreilles à Mercure, les Iouës à Iupiter, & les
Lévres à Mars : Et ſelon la conſtitution de
ces Parties ils ont eſtably des Regles pour
iuger de la bonne ou mauuaiſe diſpoſition
de ces Aſtres & des effets qu'ils pouuoient
cauſer ſur les perſonnes. De ſorte que ces
Regles & ces Iugemens eſtans du reſſort de
la

la Metoposcopie ; Il ne faut pas douter
qu'elle ne se serue de toutes les parties du
visage, & que ce ne soit vne erreur de croire qu'elle n'ait rien à considerer que le
Front.

Cela presupposé, il faut maintenant voir
les raisons qui peuuent establir la situation
que chaque Planete a sur chacune de ces
Parties.

PREMIEREMENT, si l'on prend garde *Le Soleil & la* que toutes les Passions se font voir *Lune gouuer-* dans *les Yeux*, & que le Cœur & le Cerueau *nent les Yeux.* sont les sources d'où elles procedent, on iugera facilement sur le Principe que nous auons posé, Que les Parties Nobles qui re-çoiuent quelque Influence des Astres, la communiquent aux membres auec qui el-les ont sympathie : On iugera dis-je, que puisque le Cœur & le Cerueau sont gou-uernez par le Soleil & par la Lune comme nous auons monstré, il faut de necessité qu'ils enuoyent aux Yeux les vertus qu'ils ont receuës de ces Planetes.

D'ailleurs, c'est vne obseruation confirmée par quantité d'experiences, Que ceux qui naiffent pendant les ecclipfes ont ordinairement la veuë foible , comme fi ces deux grands luminaires, que l'on peut appeller les yeux du Ciel, communiquoient leur deffaut aux yeux du Corps, auec qui ils ont liaifon & conuenance.

Et il ne faut pas qu'on nous reproche icy que contre la proteftation que nous auons faite, nous empruntons cette preuue de l'Aftrologie : Car elle eft auffi naturelle que toutes celles que la Medecine & l'Agriculture tirent des Lunaifons & du leuer des grandes Eftoiles : Elle n'eft point fouftenuë du calcul fcrupuleux des Aftrologues, & nous ne difons pas comme éux que le Soleil & la Lune fe trouuant en des lieux infortunez , produifent cét effet-là ; Parceque cela fuppofe la diftinction des Maifons celeftes & des Afpects qui appartiennent purement à la Iudiciaire.

Et fans doute ce fut fur ces Regles que fe fit ce Prognoftique admirable qu'Hippocrate rapporte en fes Prorhetiques, où il dit qu'vn Medecin appellé dans vne maladie mortelle, aſſeura que le malade n'en mourroit point, mais qu'il en perdroit les Yeux. Car puiſque cét Homme Incomparable, qui a plus ſceu du prognoſtique de la Medecine que tous ceux qui ſont venus apres luy, confeſſe ingenuëment qu'il ne ſçauoit pas le ſecret pour faire de pareilles predictions; il eſt vray-ſemblable que celle-cy fut faite par les regles de la Metopoſcopie, ſur le principe que nous venons de poſer.

Mais quoy! il ſemble par tout ce que nous venons de dire que les deux Yeux ſont également ſous la direction des deux grands luminaires: Cependant la Metopoſcopie veut que l'Œil Droit appartienne priuatiuement au Soleil, & le Gauche à la Lune. Il ne ſera pas difficile de reſoudre cette difficulté ſi l'on ſe ſouuient de ce que nous auons dit au Diſcours de la Chiromance; Qu'il y a deux ſortes d'Influences que toutes les parties reçoiuent des Parties Nobles, l'vne qui eſt commune & generale; L'autre qui eſt particuliere & ſpecifique. Par la premiere les Yeux ont correſpon-

dance auec le Cœur & auec le Cerueau,
par le moyen de la chaleur vitale & de la
vertu senfitiue qu'ils reçoiuent d'eux : Et
en cét égard il est vray de dire, que le Soleil & la Lune qui dominent fur ces deux
principales Parties, ont aussi vne direction
generale fur les deux Yeux. Mais si l'on
confidere la sympathie & la focieté particuliere que les membres ont les vns auec
les autres, qui est vne verité que nous
auons demonstrée par l'experience & par
la doctrine d'Hippocrate, on verra bien
qu'il y a raison pour croire que le Cœur
& le Cerueau peuuent auoir plus de liaison
auec vn œil qu'auec l'autre ; Et par confequent que l'vn peut estre fous la direction
particuliere du Soleil, & l'autre fous celle
de la Lune. Or comme l'œil Droit est dans
vne plus noble situation que le Gauche,
qu'il est plus fort & plus exact en fon action
que luy, & que c'est le feul qui fait la rectitude de la veuë, comme nous allons montrer ; Il n'y a pas lieu de douter qu'il ne foit
aussi gouuerné par l'Astre qui est le plus
noble & le plus puissant.

Mais que l'œil Droit foit plus fort que
le Gauche, c'eft vne chofe fi certaine qu'elle n'a pas befoin de preuues : Car outre
que toutes les parties droites font les plus
fortes, outre que cét œil eft moins attaqué des maladies que l'autre, & que lors
que les auant-coureurs de la mort détruifent la vertu des parties, il conferue la fienne quelque temps apres que le Gauche eft
tout à fait efteint : Il faut qu'il foit plus
fort que luy, puifqu'il eft plus exact en
fon action. Et vne marque éuidente qu'il
eft plus exact, c'eft que la Rectitude de la
veuë entiere & complete qui fe fait auec
les deux Yeux, dépend de luy feul. En effet
qu'on regarde des deux Yeux quelque objet que ce foit, fi on vient apres à fermer
l'œil Gauche, l'objet paroiftra dans la mefme fituation & fur la mefme ligne où on
l'auoit remarqué auec les deux Yeux : Mais
fi l'on ferme le Droit, l'objet ne paroift plus
dans la mefme ligne, & femble changer de
fituation : Qui eft vne marque certaine que
la Rectitude de la veuë complete vient de
l'œil Droit, puifque la ligne fur laquelle il

Iii iij

void les objets eſt la meſme que celle qui
dirige les deux Yeux.

Venus gouuer-
ne le Nez.

Vant à la preuue que nous auons de
la *Direction que Venus a ſur le Nez,*
elle eſt ſi conuaincante, que les plus opiniaſtres ne la ſçauroient conteſter, preſuppoſé touſiours qu'il y ait quelque Partie
du Corps humain qui ſoit gouuernée par
quelque Planete. Car du conſentement
de tous les Aſtrologues qui eſt meſme approuué par la commune façon de parler de
toutes les belles Langues, Venus preſide à
la Generation & aux parties qui y ſont neceſſaires. Or il eſt certain qu'il y a conuenance & ſympathie entr'elles & le Nez; Et
par conſequent il faut qu'il reçoiue la meſme Influence que cette Planete leur communique, & qu'il ſoit ſoûmis au meſme
empire auquel elles ſont aſſuieties. Ie ne
croy pas qu'il y ait perſonne qui ignore la
conuenance dont nous venons de parler,
puiſqu'elle a paſſé iuſques aux Prouerbes;
Mais tous ne ſçauent pas vne choſe qui la
demonſtre éuidemment: C'eſt que les Sings

naturels qui fe trouuent fur le Nez en fup-
pofent & en defignent d'autres fur ces par-
ties-là, où ils gardent la mefme fituation,
dans laquelle ils font fur luy.

ET certainement c'eft vne chofe admirable & qu'à mon aduis on ne confidere
pas affez, Qu'il n'y a fur le vifage aucune
de ces marques naturelles, qu'il ne s'en
trouue vne autre fur quelque Partie du
Corps certaine & déterminée, qui luy répond particulierement. Car s'il s'en rencontre vne fur le Front, il y en aura vne
autre fur la Poitrine; Et felon que celle-là
fera au milieu, ou plus haut ou plus bas,
d'vn cofté ou d'autre, celle-cy aura les
mefmes differences de fituation. Si l'vne fe
void aux Sourcils, l'autre fe rencontrera
fur les Efpaules; fi fur le Nez, l'autre fera
aux Parties dont nous venons de parler:
fi aux Ioües, l'autre fera fur les Cuiffes; fi
aux Oreilles, l'autre fera fur les Bras & ainfi
du refte.

Affeurement on ne fçauroit confiderer
ces rapports merueilleux fans penfer que

*Tous les Sings
du vifage ont
rapport auec
d'autres.*

la Sageffe infinie de Dieu qui reduit toutes chofes à l'vnité pour luy eftre plus conformes, apres auoir racourcy tout le Monde dans l'Homme, a voulu racourcir tout
l'Homme dans le vifage. Car on ne peut
pas dire que cette correfpondance dont
nous venons de parler foit fimplement dans
ces marques, puifqu'elles font toutes formées d'vne mefme matiere, & par confequent elles ne peuuent auoir plus de rapport auec l'vne qu'auec l'autre : Mais il faut
qu'elle foit dans les parties mefmes, & que
la focieté qu'eiles ont enfemble foit caufe
que l'vne ne puiffe eftre marquée, que fa
correfpondante ne fouffre en mefme temps
la mefme impreffion. Auffi voyons-nous,.
outre le fecret confentement qu'elles peuuent auoir enfemble, vn rapport fenfible
& manifefte dans la fituation & dans la
ftructure qu'elles ont. Car la Poitrine qui
eft la Partie du Corps au deffous de la Tefte
qui eft la plus offuë & la plus plate en deuant, répond iuftement au Front qui a les
mefmes qualitez. Les Parties Genitales font
au milieu du Corps & auancées en dehors,
comme

comme le Nez l'eſt au milieu du viſage.
Les Cuiſſes qui ſont fort charnuës & à coſté, ſe rapportent aux Ioües qui ſont de la
meſme ſorte : Le Sourcil à l'Eſpaule, à cauſe
de l'éminence où l'vn & l'autre ſe trouue.
L'Oreille au Bras, eſtant tous deux à coſté
& comme hors d'œuure, & ainſi des autres.
Ce n'eſt pas pourtant à dire que cette reſſemblance ſoit la veritable ſource de cette
ſympathie, elle n'eſt pas aſſez juſte ny aſſez
exacte pour produire des effets ſi ſemblables ; Et il eſt neceſſaire qu'il y ait quelque
lien plus ſecret qui lie ces parties les vnes
auec les autres, & qui ſoit la principale
cauſe de cette merueilleuſe Harmonie qui
ſe trouue entr'elles, dont ces Characteres
naturels ſont les témoins irreprochables.

L E FRONT eſt ſans doute l'endroit du
viſage où la Metoposcopie trouue plus
dequoy s'employer, & où les ſignes dont elle ſe ſert pour faire ſes jugemens, ſont en
plus grand nombre, plus diuerſifiez & plus
apparens qu'ils ne ſont ailleurs. C'eſt auſſi
la raiſon pour laquelle elle a tiré de cette

D'où viennent les lignes du Front.

K k k

partie le nom qu'elle porte comme de celle qui luy eftoit la plus confiderable & la
plus neceffaire.

Certainement qui voudra prendre garde qu'en vn fi petit efpace qui naturellement doit eftre égal & vny, il s'y forme
vne fi grande varieté de lignes, de poincts
& de figures irregulieres ; Qu'il y en a qui
y naiffent de nouueau, & d'autres qui s'y
effacent ; Que les vnes y font plus profondes ou plus fuperficielles, plus courtes ou
plus longues, plus paffes ou plus colorées ;
Qu'il ne fe trouue pas deux Hommes où
elles foient femblables ; Et qu'en vne mefme perfonne toute cette diuerfité de Lignes fe peut rencontrer. Celuy dif-je qui
prendra garde à toutes ces chofes aura iufte fujet de croire qu'il y a dans le Front
quelque fecret qui eft inconnu aux Hommes, & que les impreffions qui s'y font ont
des caufes plus nobles & plus hautes que
celles qui font dans les Animaux.

En effet toutes les raifons qu'on fçauroit
apporter de ces diuerfes Lignes ne fe peuuent tirer que du Mouuement qui donne

vn certain pli au Cuir où il a accouſtumé
de ſe faire , ainſi qu'il arriue aux jointures:
Ou de la Sechereſſe qui reſſerre la peau & la
fait rider , comme on void aux fruits qui
vieilliſſent & dans les rides que la vieilleſſe
donne à toutes les parties.

Mais il n'y a pas d'apparence que les Lignes du Front ſoient des effets du Mouuement qu'il a accouſtumé de ſouffrir , puiſqu'elles ſont differentes en tous les Hommes , qui pourtant meuuent cette partie
d'vne meſme maniere. Car il n'y a perſonne qui ne hauſſe & ne reſſerre le Front d'v-
ne meſme ſorte ; Chacun a les meſmes muſcles qui ſont deſtinez à ces mouuemens ;
Et la Nature inſpire à chacun les meſmes
motifs pour leſquels ils ſe doiuent faire.

On dira peut-eſtre que la Conſiſtence
du Cuir eſt cauſe de cette diuerſité & que
ſelon qu'il eſt plus delié ou plus épais , les
Plis s'y font plus ou moins facilement. Mais
n'y a-t'il pas vne infinité de perſonnes qui
ont la meſme conſtitution du Cuir , où il
n'y a pas vne ligne ſemblable ? N'y en a-t'il
pas qui l'ont delié où il ne s'en void point.

K K k ij,

du tout? Et ne s'en trouue-t'il pas qui l'ont épais, qui en eſt tout couuert?

La Sechereſſe ne peut eſtre auſſi la cauſe de ces Lignes, puiſqu'on void des enfans d'vn temperament ſanguin qui en ont dauantage que beaucoup de Vieillards decrepits; Et qu'il ne ſe trouue point qu'elles ſoient ſemblables en toutes les vieilles perſonnes, quoy que la Sechereſſe y puiſſe eſtre égale. Ie voudrois bien ſçauoir, ſuppoſé que cette qualité fûſt la cauſe de ces impreſſions; Pourquoy les ieunes gens à qui les rides paroiſſent ſur le Front, n'en ont point aux autres parties? Et pourquoy celles que la Vieilleſſe imprime ſur les autres endroits du Cuir ſont ſemblables en tous les Hommes, & ne le ſont pas ſur le Front?

Il faut pourtant auoüer que le Mouuement & la Sechereſſe y contribuënt: Mais ce n'eſt pas qu'ils en faſſent les premiers traits, ils ſeruent ſeulement à les faire paroiſtre pluſtoſt ou plus fortement. Il y a quelque autre Cauſe qui en trace le premier deſſein, & qui comme vn maiſtre

Architecte fait fes allignemens & commence la befogne que d'autres Ouuriers
acheuent. Car enfin toutes les Lignes font
deffignées fur le Front auec la Naiffance,
quoy qu'elles n'y paroiffent pas d'abord,
elles s'y découurent auec le temps tantoft
pluftoft, tantoft plus tard, tantoft plus profondes, tantoft plus fuperficielles, felon
l'efficace de la Caufe qui les a imprimées,&
felon la nature du temperament de chaque
particulier & des moüuemens du Front où
il s'eft habitué. Puis qu'il eft certain qu'vn
Homme qui fe met fouuent en colere ou
qui eft ordinairement chagrin, s'accouftu-
me à froncer le Sourcil, & fait prendre de
certains plis au Front qui y font paroiftre
les Lignes qui y font tracées, pluftoft &
plus fortement qu'elles n'euffent fait.

Puifqu'on ne peut donc rapporter la premiere impreffion de ces lignes à aucune
caufe qui foit dans le Corps, il la faut chercher hors de luy : Et comme on a des preuues inuincibles qu'il y a de certaines Planetes qui ont la direction de quelques
membres particuliers où elles produifent

K Kk iij

des effets qui ne peuuent venir d'ailleurs, Il faut conclure de là que les Lignes du Front font de cét ordre-là, & qu'elles ny peuuent eftre imprimées que par quelqu'vn de ces Aftres qui ont pouuoir fur cette partie.

Il y a donc deux chofes à examiner icy; L'vne, Quelles font les Planetes qui dominent fur le Front : L'autre, Quelles font les Raifons & les Experiences qui en peuuent eftablir la direction.

Quelle Planete domine fur le Front. L A premiere n'eft pas fans difficulté, à caufe des diuers fentimens de ceux qui ont écrit de cette fcience. Car il y en a qui la foûmettent à vne feule Planete:Plufieurs croyent que toutes y dominent : Mais ceux-cy ne font pas d'accord de leur fitua-tion comme nous auons dit cy-deuant. S'ils auoient apporté quelques preuues pour fouftenir ce qu'ils auancent, il feroit raifonnable de s'arrefter à ce qu'ils auroient decidé : Mais n'en ayant donné aucune nous auons la liberté de choifir, & apres tant d'experiences que nous auons veuë

eftablies fur d'autres principes, noûs pouuons abandonner ceux-cy & nous en tenir
à ceux qui font appuyez fur de meilleurs
fondemens.

Nous iugeons donc qu'il eft plus vray-
femblable que le Front foit gouuerné par
vne feule Planete, que par toutes enfemble;puifque toutes les autres parties du vifage qui font plus nobles & plus vtiles que
celle-là, n'ont chacune qu'vn feul de ces
Aftres à qui elles foient foûmifes. En effet
fi les Parties ont conuenance & fympathie
les vnes auec les autres, & que celles qui
ont correfpondance enfemble foient gouuernées par les mefmes Planetes; fuppofé
que toutes les Planetes dominent fur le
Front,il faudra que chaque partie du Front
où l'on place vne Planete ait rapport auec
les autres membres où la mefme Planete
domine; Et comme les fings font des marques certaines de cette fympathie, il faudra encore que ceux qui fe trouueront fur
luy en defignent d'autres fur tous les membres qui font regis par ces Aftres. Cependant ils n'ont correfpondance qu'auec

ceux de la Poitrine ; Et par confequent le Front ne peut eftre foûmis qu'à la Planete qui commande à la Poitrine. Et comme l'vne & l'autre font les parties les plus of-fuës de tout le corps , & que tous les Os font fous la direction de Saturne , comme l'Aftrologie enfeigne ; Il s'enfuit que cette Planete a fon fiege particulier fur le Front.

Du moins il eft vray-femblable que s'il y a quelque endroit qui foit plus noble en cette Partie, ce doit eftre le lieu où cét Aftre agit plus puiffamment, & où il imprime les Lignes qui font les effets & les marques de fon pouuoir. Et en ce cas la Ligne qui eft au milieu du Front appartiendroit à Satur-ne , puis que le milieu eft comme le centre & le principe des extremitez.

Tout ce raifonnement fait bien voir que le Syfteme du Phyfionomifte dont i'ay parlé eft mieux fondé que celuy de la Me-topofcopie ordinaire , & que hors la Ligne de Saturne qui eft au milieu, & qui eft cel-le qui femble eftre la plus propre & la plus naturelle au Front, toutes les autres ne fer-uent qu'à marquer les rapports & les af-pects.

pects que Saturne peut auoir auec les autres Planetes.

Quoy qu'il en ſoit, il leur attribuoit ces
lignes d'vne autre maniere qu'on n'a pas
accouſtumé. Car il donnoit à Mercure
celle qui eſt immediatement au deſſous de
celle de Saturne, & celle qui eſt au deſſus,
à Mars; celle d'apres à Venus, & la plus haute à Iupiter; & aux plus baſſes qui ſe trouuent ſur les ſourcils, il mettoit le Soleil &
la Lune. Et ſelon la conſtitution que chacune auoit il iugeoit des aſpects dont Saturne regardoit ces Planetes dans l'Horoſ-
cope, ce qui ſe trouuoit conforme au calcul de la Iudiciaire. De ſorte qu'à ſon aduis toutes ces lignes appartenoient autant
& plus à Saturne qu'à ces Planetes & ne luy
oſtoient point l'entiere direction qu'il doit
auoir ſur le Front.

Sur quoy ie ne me puis empeſcher de dire que cét Homme auoit vne ſi exacte
connoiſſance de cét Art, qu'il y trouuoit
des Regles pour marquer l'heure & le iour
de la Naiſſance; Et que moy-meſme m'en
eſtant ſeruy ie ne me ſuis pas trompé dix

L L l

fois fur plus de cent jugemens que i'en ay
faits. Or fi la Science peut aller iufques-là
il n'y a perfonne qui ne iuge bien qu'elle
pourra s'acquiter de fes promeffes dans la
découuerte des chofes moins obfcures &
moins cachées, comme font les difpofitions
des parties nobles , les Inclinations & les
Mœurs des Hommes.

De vouloir apporter des raifons de toutes ces particularitez autres que les experiences que l'Art en a faites , il n'eft pas au
pouuoir de la Philofophie qui a efté negli-
gente à faire les obferuations Phyfiques
qui en euffent pû rendre la verité plus manifefte. C'eft neantmoins toûjours beaucoup de ce qu'elle nous a donné quelque
iour pour découurir qu'il y a des Parties
du vifage qui font fous la direction de
quelques Planetes. Voyons maintenant
fi elle nous aydera à monftrer que Iupiter
domine fur les Iouës.

Iupiter domine
fur les joüës.
ELLE n'y aura pas grand'peine s'il eft
vray que cét Aftre gouuerne le Foye.
Car comme ces parties font les plus char-

nuës & les plus ſanguines qu'il y ait au viſage , & où les alterations du Foye & du
ſang paroiſſent pluſtoſt & plus éuidemment ; Il n'y a pas lieu de douter qu'elles
ne ſoient ſous la meſme direction qu'eux.
Outre que les ſings qui ſe voyent ſur elles
en deſignent d'autres ſur les Cuiſſes qui ont
rapport auec les Ioües, & qui ſont gouuernées par le ſigne du Sagittaire, où eſt la
maiſon de Iupiter. Car nous auons marqué
au Diſcours precedent que les Aſtrologues
ont appris d'Hippocrate à diſtribuer les
Eſtoiles à toutes les parties exterieures du
Corps humain, parce qu'elles ont conuenance & ſympathie enſemble.

Il y a difficulté de ſçauoir ſi Mercure *Mercure gon-*
domine ſur les Lévres comme on dit, ou *nerne les Oreil-*
ſi Mars en doit auoir la conduite. Mais il *les.*
eſt plus vray-ſemblable que les Oreilles
ſoient gouuernées par Mercure, parce que
les ſings qui ſe voyét ſur elles en ont d'autres ſur les Bras qui leur correſpondent. Or
il eſt conſtant dans l'Aſtrologie que Mercure domine ſur les Bras, & que le ſigne de

LLl ij

Gemini où il a eſtably ſa maiſon principale & ſon exaltation, gouuerne ces parties.

Mars gouuerne les Levres.

D'Ailleurs les Lévres ont vn rapport auec le ventre, & les ſings qui ſe trouuent ſur elles en deſignent d'autres en cette partie, qui eſt ſous la direction de Mars. Ioint que les Lévres s'vlcerent dans les fiévres tierces, qui ſans doute viennent de la Bile, laquelle eſt gouuernée par cette Planete. Et c'eſt vne obſeruation qui merite d'eſtre icy exactement conſiderée. Car comme cette vlceration eſt critique, & qu'elle eſt propre à ces ſortes de fiévres, il faut que les Lévres ayent vne ſympathie particuliere auec l'humeur qui eſt la ſource du mal, & que ce ſoit la cauſe pourquoy elle ſe iette pluſtoſt ſur cette partie que ſur quelqu'autre que ce ſoit. Ie ſuis,

MONSIEVR,

Voſtre tres-humble, & tres-affectionné ſeruiteur,

LA CHAMBRE.

Quel eſt le iugement qu'il faut faire de la Chiromance & de la Metopoſcopie.

CHAPITRE VIII.

'EST là tout ce que nous pouuons dire ſur vn ſujet qui n'a point encore eſté examiné par la Philoſophie. Car quoy qu'il y ait eu de grands Eſprits qui ont aymé la Chiromance & la Metopoſcopie, il n'y en a eu aucun qui ait pris la peine d'apporter la moindre raiſon pour en ſouſtenir les Principes.

Ce n'eſt pas que ie croye que celles que i'ay employées à cela puiſſent ſatisfaire ny à l'attente qu'on en a pû auoir, ny à la ſeuerité que la Philoſophie garde en ces matieres. Ce ne ſont à vray dire que des

coniectures & de legeres presomptions,
mais qu'il faut hazarder dans la recherche
des choses naturelles , puisqu'il y en a si
peu où les Demonstrations & les preuues
conuainquantes puissent trouuer leur
place.

Quelques auantages que nous ayons
pour auoir la connoissance de l'Homme,
c'est vn Ouurage si delicat & où il y a tant
de differentes pieces à considerer , qu'il y
en a beaucoup plus que nous ignorons que
de celles qui nous sont connuës ; Et comme
c'est en effet vn petit Monde , l'on peut dire que nous ne connoissons pas plus les
choses qui sont abregées en luy que celles
dont le grand Monde est composé, qui nous
sont tout à fait cachées.

La Teste est sans doute le racourcy de
tout le Ciel, elle a ses Astres & ses intelli-
gences comme luy. Mais si nous remarquons les Estoiles , leur situation & leur
mouuement sans sçauoir quelle est leur nature , ny pourquoy elles sont ainsi disposées ; Nous en pouuons dire autant de toutes les parties du visage. Car sans parler

de la figure de celles qui font les plus confiderables, les Lignes qui font fur le Front
& à l'entour des Yeux, les traits qui font à
cofté du Nez & ceux qui finiffent la Bouche & cent autres qui diuerfifient cette
Partie & qui font diffemblables en tous les
Hommes ; Tout cela dis-je eft facile à remarquer, & l'on iuge bien que la Nature
ne l'a pas fait inutilement: Mais on ne fçait
point à fonds la maniere dont elle le fait
ny la fin à laquelle elle le deftine. Car les
obferuations que l'on a faites pour ce fujet
n'en donnent qu'vne tres-foible connoiffance n'eftant pas en affez grand nombre
ny dans la jufteffe & l'exactitude qu'elles
doiuent auoir. La plufpart mefme de celles qui fe trouuent dans les Liures font temeraires & portent la Science au delà de
fes juftes bornes. En effet tout le reffort
qu'elle & la Chiromance peuuent auoir
ne s'eftend pas plus loin qu'à iuger des difpofitions du Corps & des Inclinations naturelles de l'Ame, & fi elles paffent iufques
à l'audace de l'Aftrologie Iudiciaire qui
veut foûmettre à fa Iurifdiction les actions

libres & contingentes , elles meritent le
mesme mépris & la mesme peine dont la
Religion l'a toûjours condamnée.

Que si elles demeurent dans les limites
que nous auons marquées , il est certain
qu'il y a des raisons generales qui leur sont
fauorables , & qui monstrent éuidemment
qu'il peut y auoir quelque verité. Car on
ne peut douter premierement , Que les
Astres n'agissent par des vertus qui sont differentes de la Lumiere , puisqu'on ne peut
rapporter tous les effets qu'ils produisent
à cette seule qualité, & qu'il faut necessairement recourir aux Influences pour rendre raison du Flus de la Mer,& de quelques
maladies , qui sans difficulté suiuent le
mouuement de la Lune. Secondement ,
qu'il y a des parties du Corps humain sur
lesquelles ces Astres ont vn empire particulier , & que puisque le Cœur & le Cerueau
sont de cét ordre-là à l'égard du Soleil &
de la Lune , c'est vne presomption inuincible que les autres Parties Nobles sont re-
gies par les autres Planetes. Qu'enfin ces
parties ont rapport & liaison auec quel-
ques-

ques-vnes de celles qui font exterieures,
aufquelles elles doiuent communiquer les
vertus & les qualitez qu'elles ont receuës
de ces Aftres.

Or de ces maximes generales il s'enfuit
que toutes les Parties du vifage & de la
Main ont rapport & fympathie auec les
Parties Interieures du Corps & auec les
Planetes qui les gouuernent ; Et que par
confequent on peut découurir les difpofitions de ces dernieres, & en fuite les Inclinations qui les accompagnent par l'experience qu'on a faite de la nature & du pouuoir qu'ont ces Aftres.

Ie fçay bien que les ennemis de l'Aftrologie fe mocquent de toutes les vertus particulieres qu'on leur attribuë. Mais il y a
quelque mefure à tenir entre ceux qui leur
oftent tout, & ceux qui leur donnent trop.
Car il ne faut pas s'opiniaftrer à deftruire
leurs Influences pour la raifon que nous
auons dite, ny leur accorder toutes celles
que la vanité de la Iudiciaire leur a données. Quoy qu'il y ait en cét Art mille fup-
pofitions vaines & ridicules : Il y a auffi de

iuftes obferuations qu'il faut auoüer de bonne foy. Quand on confidere ce que l'Agriculture, l'Art de nauiguer & la Medecine difent du Leuer & du Coucher des Eftoiles : Quand on void que l'Horofcope marque fi iuftement la Taille , le Temperament & l'Humeur de ceux dont on examine la Naiffance : Ne feroit-ce pas vne opiniaftreté infupportable , ou pluftoft vn aueuglement d'efprit de vouloir contefter la vertu des Aftres fur laquelle ces iugemens fe font , & démentir fans raifon des experiences qui fe font faites vne infinité de fois.

Pour moy ie me deffie tellement des forces de l'Efprit humain , & ie voy qu'il y a fi peu de chofes dans la Nature où il puiffe penetrer, que fi la Religion n'auoit declaré que les actions libres ne peuuent eftre foûmifes au pouuoir des Aftres, ie n'oferois par le feul raifonnement de la Philofophie, affeurer le contraire. Quoy ! nous ignorons ce que nous deurions connoiftre le mieux; nous ne fçauons pas mefme ce que c'eft que Penfer, & comment nous penfons, &

nous aurions la temerité de regler le pouuoir des plus grands & des plus admirables
corps qui foient dans le monde, & de croire que ceux-là fe trompent qui leur en
donnent plus que nous ne penfons qu'ils
en ayent.

Il faut donc s'en tenir à l'opinion commune qui leur donne la direction de principales parties du corps, & qui eft appuyée
fur tant d'obferuations & d'experiences
qu'on en a faites. Mais il faut auffi prendre garde de ne fe laiffer pas abufer par les
confequences qu'on peut tirer de cette
verité. Car elle ne s'eftend gueres plus loin
que les principes & les fondemens de la
Chiromance & de la Metopofcopie : Toutes les regles particulieres qu'on a bafties
deffus font ou fauffes ou incertaines. Et
defait, celles qui apprennent à iuger des
actions libres & contingentes font abfur-
des & criminelles ; Et les autres qui s'atta-
chent feulement aux difpofitions corporelles font douteufes, n'eftant pas affez bien
verifiées par de iuftes & d'exactes obferuations. Il feroit à fouhaiter qu'on fe fuft

M.M m ij

appliqué plus ſerieuſement qu'on n'a fait
à cette curieuſe recherche, parce qu'elle
nous euſt donné vne plus ample connoiſſance de cette merueilleuſe harmonie qui
ſe trouue dans les parties du Corps humain
& qui a eſté cauſe qu'on l'a autrefois appellé le Miracle des Miracles. La Medecine meſme en auroit tiré quelque ſecours
pour découurir plus exactement les diſpoſitions des Parties Interieures, & pour faire des jugemens plus certains du ſuccez des
maladies. Enfin l'Art de connoiſtre les Hommes y trouueroit ſes auantages, & ne man-
queroit pas de mettre parmy ſes Regles
celles que ces ſortes de Sciences luy auroient fournies. Mais il n'oſeroit faire entrer dans vn deſſein ſi ſerieux & ſi ſolide-
ment fondé qu'eſt le ſien, des choſes ſi incertaines & ſi mal eſtablies, & qui ſont
meſme décriées comme vaines & ſuperſti-
tieuſes.

De ſorte que ſans aller chercher ſi loin
les Signes qui peuuent découurir les Inclinations, les Mouuemens de l'Ame, les vertus & les vices ; Il ſe contente de ceux qui

font plus proches & plus manifeftes, & qui
fe tirent des Caufes fublunaires.

Le Plan de l'Art de connoiftre les Hommes.

IL fait donc eftat de renfermer toute la
connoiffance qu'il en peut donner en
Neuf Traitez generaux , dont le premier
contiendra

Les Charatteres des Paffions, en 21. Chapitres.

*Le 2. Les Charatteres des Vertus & des Vices ,
en 100. Chap.*

Le 3. Les Temperamens , en 52. Ch.

*Le 4. La nature des Animaux qui feruent à la Phy-
fionomie, en 29. Ch.*

*Le 5. La Beauté de l'Homme & de la Femme ,
en 50. Ch.*

*Le 6. Les Mœurs des Peuples felon les Climats ,
en 60. Ch.*

*Le 7. Les Inclinations qui viennent de l'Aage , de la
Fortune , du Genre de vie , &c. en 20. Ch.*

*Le 8. Traitera de la Diffimulation & des moyens de
la découurir.*

Le 9. Mettra en ordre tous les Signes qui auront
esté puisez de ces grandes sources ; fera voir tout
d'vne veuë ceux qui doiuent découurir chaque
Inclination en particulier , chaque mouuement de
l'Ame , chaque Vertu & chaque Vice , & don-
nera ainsi la derniere perfection à l'Art de Con-
noistre les Hommes.

Quelles sont les qualitez necessaires à celuy qui veut s'appliquer à l'Art de connoistre les Hommes.

CHAPITRE IX.

SI l'Antiquité a eu raison de dire qu'il estoit des Sciences comme des Semences & des Plantes qui ne produisent ia-mais rien si elles ne rencon-trent vn terroir qui leur soit propre : Il est certain qu'il n'y en a point où cette ve-rité soit plus éuidente que dans les scien-

ces Diuinatrices , qui deuiennent fteriles
& inutiles, ſi elles ne rencontrent dans l'eſprit de ceux qui les veulent mettre en vſage, les diſpoſitions qui leur ſont neceſſaires. C'eſt pourquoy Ptolemée nous apprend qu'il ne ſuffit pas d'en ſçauoir les
Regles & les Maximes ; Et que ſi l'on n'a le
Genie particulier que ces Sciences demandent , on n'y peut iamais faire vn jugement
raiſonnable. De ſorte qu'auant que de s'en-
gager dans la pratique de l'Art de connoiſtre les Hommes , il faut ſçauoir quel eſt
le Genie particulier dont il a beſoin & les
Qualitez que l'on doit auoir pour s'en bien
feruir.

Ie ne veux pas rendre la choſe plus difficile qu'elle n'eſt, ny faire venir icy toutes
les Sciences pour tenir compagnie à celle-
cy. Ie pourrois dire que la Medecine &
la Morale luy ſont ſingulierement neceſſaires : Qu'en parlant des Climats & de la
nature de beaucoup d'Animaux , elle ne ſe
peut paſſer de la Geographie ny de la Phyſique : Que traitant meſme des propor-
tions & de la figure des parties , il ſemble

qu'elle ne le puisse faire sans l'Arithmeti-
que & sans la Geometrie. Et qu'enfin ses
jugemens estans fondez sur vn raisonnement continuel, & vne de ses Regles tirant
son nom du syllogisme, il faut que celuy
qui s'y veut appliquer soit excellent Lo-
gicien. Et sans doute qui voudroit passer
plus auant, il n'y a point de Science qu'on
ne peust faire seruir à celle-cy. Mais il
n'est pas besoin que l'on aille consulter
Hippocrate, Aristote, Euclide & Prole-
mée pour s'y rendre capable, & sans auoir
toutes ces connoissances, celle que l'on
peut tirer de cét Ouurage suffira à mon
aduis pour l'apprendre & pour la mettre
vtilement en vsage.

Mais pour ce dernier ie demande à celuy qui veut s'y exercer, deux choses que
ie ne luy puis tout à fait apprendre. L'vne
seruira pour bien vser de cette Science ; &
l'autre pour n'en abuser pas.

*Quel est le ge-
nie propre pour
set Art.*

LA premiere est ce Genie particulier
dont nous venons de parler, dans lequel ie comprends toutes les qualitez de
l'Esprit

l'eſprit qui ſont neceſſaires à cét Art. Car
ie ne m'arreſte pas à ceux qui le tirent des
Eſtoiles : C'eſt vne reſuerie des Aſtrologues qui donnent à chacun deux Genies;
L'vn qui preſide à la vie & qui vient de la
diſpoſition du Ciel à l'heure de la naiſſance : L'autre preſide à la profeſſion que l'on
doit ſuiure, qui ne vient pas de la conſtitution generale des Cieux comme le premier, mais de la diſpoſition particuliere de
quelques Aſtres auſquels ils donnent la direction de l'Art & de la Profeſſion que l'on
doit exercer; qu'ils diſent eſtre Mars, Venus & Mercure dans la premiere, ſeptiéme
ou dixiéme maiſon. Et c'eſt ce qu'ils appellent Aſcendant Eſtoilé qui influë ce Genie, dont les Platoniciens font tant d'eſtat,
& qu'ils ſe mettent tant en peine de connoiſtre & de ſe rendre familier. Mais ce
ſont là des viſions ridicules & dangereu-
ſes qui portent quelque fauſſe image des
veritez que la Theologie nous enſeigne,
& que la Foy & la Philoſophie condamnent iuſtement.

Pour moy ie penſe qu'il faut dire de

NNn

ce Genie particulier, ce qu'Hippocrate dit
de la bonne fortune du medecin, qu'elle
ne vient pas d'vne cause secrete qui produit ses effets sans luy & contre son attente, mais qu'elle procede toute de sa suffi-
sance & de sa sage conduite : En vn mot que
sa Prudence fait toute sa bonne fortune &
celle du malade. Car il en est asseurement
de mesme du Genie qui est necessaire à l'Art
dont nous parlons. Ce n'est pas vn Demon
inuisible qui éclaire l'esprit de lumieres secretes, & qui le porte dans les connoissances particulieres de cette Science ; Ce n'est
rien autre chose qu'vne application iuste
de ses regles, ou plustost c'est la Prudence
qui met en vsage les maximes generales &
les applique iustement aux subjets particuliers.

Or cette Prudence vient en partie de
la Naissance, en partie de l'Estude & de
l'Exercice. Ce qui vient de la Naissance, sont
les qualitez naturelles de l'Esprit, requises
pour exercer vne habitude. C'est proprement l'Εὐφυία des Grecs que nous pouuons
appeller la bonne ou l'heureuse Naissance,

dont il y a de trois ſortes, comme dit Platon, l'vne qui eſt propre aux Sciences, l'autre aux Mœurs, & la derniere aux Arts telle qu'eſt celle que l'Art de connoiſtre les Hommes demande.

LES qualitez naturelles de l'Eſprit qui ſont donc neceſſaires pour le mettre en pratique ſont la force de l'Imagination & la bonté du Iugement. Car bien que la Memoire y ſoit requiſe, à cauſe qu'il faut ſe ſouuenir de beaucoup de preceptes, d'vn grand nombre de Signes, & de la connexion de beaucoup de choſes dont cette Science eſt pleine. Il eſt aſſeuré que le plus grand effort ſe fait du coſté de l'Imagination & du Iugement. Car il faut en vn moment ſe former diuerſes Images, remarquer beaucoup de Signes ſemblables & diſſemblables, & en ſuite faire la comparaiſon des vns & des autres, pour ſçauoir ceux qui ſont les plus forts & les plus foibles: Où il eſt certain que l'Eſprit & le Iugement trauaillent beaucoup plus que la Memoire, qui a ſa prouiſion faite de longue-

NNn ij

main, au lieu que ceux-cy trauaillent fur le champ, & n'ont point de temps pour fe preparer.

Mais à ces qualitez naturelles il faut adioufter deux chofes, la Methode & l'Exercice. Car celuy-cy apporte vne facilité à bien iuger, qui ne fe peut acquerir par d'autres moyens, & donne vne certaine hardieffe, qui fert comme d'enthoufiafme & de fureur diuine en ces Sciences.

La methode ne-
ceffaire pour fe
feruir de cét
Art.

POVR la Methode, elle confifte en certaines Regles generales qu'il faut obferuer pour faire vn iugement affeuré. Voicy celles qui font les plus confiderables.

La premiere eft, qu'il faut foigneufenent examiner les fignes qui viennent des caufes externes, qui font paffagers, & qui font communs, & ne faire aucun iugement par eux.

La 2. vn feul figne ne fuffit pas pour faire vn iugement des Inclinations & des Habitudes, mais il en faut auoir plufieurs. Car c'eft vne fottife, dit Ariftote, de croire à vne feule marque, ἕνι πιϛεύειν τῷ σημείῳ, ἀνθές.

La 3. Quand il y a des ſignes contraires, il faut remarquer ceux qui ſont les plus
forts, & ranger ſon iugement de leur coſté.
Or la force & la foibleſſe des Signes eſt
marquée au chap. 1. du Liure 2.

La 4. Deuant toutes choſes, il faut conſiderer quel eſt le temperament de celuy
dont on veut connoiſtre l'humeur & s'en
ſeruir comme de la Regle qui doit meſurer
tous les autres Signes : Car eſtant l'inſtrument preſent & inſeparable de l'Ame, il
fortifie ou affoiblit les autres Signes ſelon
qu'il leur eſt conforme ou oppoſé.

La 5. Il faut encore examiner ſoigneu-
ſement la force ou la foibleſſe de l'Eſprit :
Car l'vne & l'autre font vn grand effet ſur
les Paſſions & ſur les Habitudes ; Puiſque la
pluſpart des Paſſions s'eſleuent dans l'Ame
faute d'en bien connoiſtre les cauſes. Tel
croit qu'on luy fait iniure que l'on n'of-
fenſe point, & tel eſt ſaiſi d'apprehenſion
qui n'a point ſubjet de craindre. De ſorte
qu'en ces rencontres la foibleſſe d'Eſprit
eſt la cauſe de ces émotions, tout de meſme
que la force du Iugement les étouffe.

NNn iij

La 6. Eſt que l'Eſtude pouuant corriger les Inclinations vicieuſes, & la mauuaiſe nourrirure pouuent alterer les bonnes, il faut adiouſter autant que l'on peut aux marques naturelles, les Morales, & taſcher de décounrir par la parole & par les actions ſi celuy dont on veut connoiſtre l'humeur ſuit ſes Inclinations, ou s'il les a corrigées.

La moderation d'eſprit eſt tout à fait neceſſaire en cét Art.

OR comme toutes ces Regles & toutes ces Obſeruations ſont fort difficiles à mettre en vſage, il faut tenir pour certain qu'il eſt fort aiſé d'y faire beaucoup de iugemens temeraires, & d'abuſer de cét Art ſi l'on n'y prend bien garde. C'eſt pourquoy entre toutes les qualitez qui ſont neceſſaires à celuy qui le voudra mettre en pratique, ie luy ſouhaite particulierement la Moderation d'eſprit, afin de ne ſe precipiter point dans ſes iugemens; & ſur tout de ne faire les mauuais que dans le ſecret de ſon Cœur, ſans que ſa langue & les oreilles d'autruy en ſoient les témoins. Autrement la Religion & la

Prudence ne pourroient ſouffrir l'exercice de cette belle Science, & de neceſſaire
qu'elle eſt pour la ſocieté, elle s'en rendroit
l'Ennemie.

FIN.

Extraict du Priuilege du Roy.

PAR Lettres du Roy il eſt permis au Sieur DE LA CHAMBRE, ſon Medecin ordinaire, de faire imprimer en telle marge & charactere qu'il voudra le Liure intitulé, *l'Art de connoiſtre les Hommes*, auec deſſences à tous Libraires, Imprimeurs & autres, d'imprimer, faire imprimer ny vendre ledit Liure durant le temps & eſpace de vingt années, ſans le conſentement dudit Sieur DE LA CHAMBRE, ſur peine de trois mil liures d'amande, de confiſcation des Exemplaires, de tous dépends dommages & intereſts, comme il eſt plus au long contenu eſdites Lettres de Priuilege. Donné à Paris le 2r. Avril 1659. Signé, Par le Roy, BERAVLT.

Et ledit Sieur de la Chambre a choiſi Pierre Rocolet, Imprimeur & Libraire ordinaire du Roy & de la Maiſon de Ville, pour imprimer, vendre & debiter ledit Liure, pendant le temps porté par leſdites Lettres, ſuiuant l'accord fait entr'eux.

Acheué d'imprimer pour la premiere fois le 26. Septembre 1659.

www.ingramcontent.com/pod-product-compliance
Lightning Source LLC
Chambersburg PA
CBHW050545270326
41926CB00012B/1923